探索之道

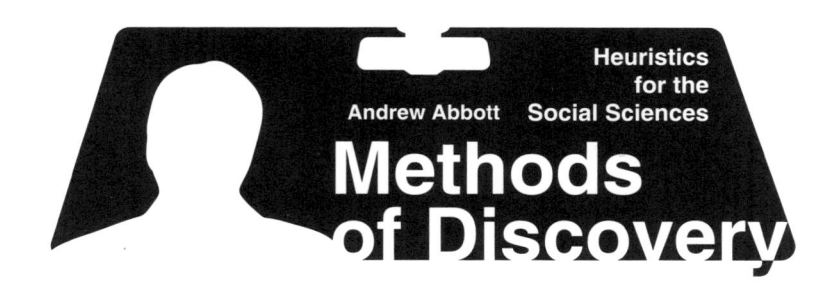

Heuristics for the Social Sciences

Andrew Abbott

Methods of Discovery

社会科学的启发式研究法

[美] 安德鲁·阿伯特 著

宋奇、杨端程 译　　周忆粟、高远致 校

上海文艺出版社
Shanghai Literature & Art Publishing House

Cum omnis ratio diligens disserendi duas habeat partis, unam inveniendi alteram iudicandi. Cicero, *Topica* 1:6

每一认真的论述理论都包括两个部分：一是寻找，二是判断。[1] 西塞罗，《地方论》1∶6。

---

[1] 摘自《地方论研究》，徐国栋著，北京大学出版社，2016 年。——译者注

目 录

致中国读者　　/ i
致谢（2004年版）　　/ vi
致读者（2004年版）　　/ viii

第一章　解释　　/ 001
　　一、解释　　/ 006
　　二、方法　　/ 010
　　三、解释程序　　/ 022

第二章　基本争论与方法论实践　　/ 036
　　一、基本争论　　/ 037
　　二、方法与争论　　/ 047
　　三、批判的循环　　/ 053
　　四、从批判到启发　　/ 066

第三章　启发法导论　　/ 070
　　一、启发法的观点　　/ 070
　　二、常规科学的惯常启发法　　/ 078
　　三、话题与备忘清单　　/ 081

第四章　一般启发法：搜索与论证　　/ 097
　　一、搜索式启发法　　/ 100
　　二、论证式启发法　　/ 107

第五章　一般启发法：描述与叙事　　/ 123
　　一、描述式启发法　　/ 123
　　二、叙事式启发法　　/ 131

第六章　分形启发法　　/ 146
　　一、实证主义与诠释主义　　/ 151
　　二、分析与叙事　　/ 155
　　三、行为主义与文化主义　　/ 162
　　四、个人主义与涌现主义　　/ 166
　　五、实在论与建构论　　/ 170
　　六、语境主义与非语境主义　　/ 174
　　七、选择与约束　　/ 181
　　八、冲突与共识　　/ 183
　　九、超验知识与境遇知识　　/ 188

第七章　观点与谜题　　/ 192
　　一、检验观点　　/ 193
　　二、他人　　/ 201
　　三、文献　　/ 206
　　四、品味　　/ 211

　　　　五、个性　　/ 214
　　　　六、谜题　　/ 222

术语表　　/ 229
参考书目　　/ 238
索引　　/ 245

致中国读者

这是为中译本新写的序言。我写这个并不是因为我的想法发生了重大改变——实际上变化不大。我也不认为书中的例子需要更新。当我写原版时，引用的例子就已都是经典书籍和论文了，直至今日仍是如此。写这份新序言的真正原因，在于中国学生和美国学生是完全不同的受众。在撰写这本书的时候，我还没有指导过很多中国学生，我对中国的了解，仅限于大学期间选修过的中国历史课程，以及阅读过的几部伟大的中国古典小说的翻译本。

但是现在，我已经教过几十名中国学生，并开始思考中美教育轨迹的差异。也许，中国读者阅读这本书的方式与美国读者不同。毕竟，中国读者在小学教育期间的大部分时间都在学习如何将识字量和读写量提高到3000字以上，并且背诵熟记几十首经典古诗。也许这种教育经历决定性地塑造了一个人如何面对人生后来阶段的智识挑战，比如说，如何写一篇研究性论文。

与此同时，美国人通常成长在倡导个性的文化中，每个人都被鼓励成为独特、不同和特别的人。尽管在一个拥有三亿人的国家中，就像在一个拥有十四亿人的国家中一样，真正的独一无二事实上是不切实际的。也许本书的问题意识——即努力阐述一些独特想法的必要性——可能来自一种特别美国式的困惑。

然而我觉得，中国学生和美国学生在写第一篇研究性论文时所面临的情况是一样的。因为他们都是在阅读完大量文献之后才开始做研究，而文献中的理论似乎已经采用各种研究方式、反复论证了每一条可能的论点。我们通常会感到，我们的研究不过是对A教授理论或B博士谜题的简单运用。我们常常在想，该怎样才能超越"A教授的分析非常适用于这个场景"或者"我的数据很好地支持了B博士的方法"的表述。可以肯定的是，在自然科学研究中，通常只需要上述这样的研究结论，因为许多自然科学是累积性的，所以增量型和标准化的研究可以成为研究生涯的有利开端。但在社会科学研究中，由于其分析类型众多、数据种类各异，我们渴望的不仅仅是简单的重复性研究。社会科学的研究目标是说一些新的东西，而以往的文献如同泰山之于山东，给人以压迫感和挑战。

正如我在本书中所论证的，解决上述矛盾的答案就是——找到关于现有数据的新的研究问题，并找到以新的方式看待这个新问题的思想观点。本书的主体部分就展现了一些发现新观点的方法。

诚然，创造力无法传授。正如约翰·杜威所说，"任何思想、观点（idea）不可能以观点的形式由一个人传达给另一个人。"我们总是被传授"事实"而不是"观点"。但是当你实践这本书中的例子时，它们就会鲜活起来，引发你对新观点的思考。例如你会发现自己说，"哦，互联网实际上只是'地方化'的重塑。从真正意义上说，与五十年前相比，互联网时代的人际联系远没有之前那么广泛。"你会突然明白第四章中所说的"进行逆向思考的论证式启发法"是什么意思，因为这就是对流行的不言自明之理进行反向思考，以便发现一种新的东西来研究（比如上述例子中，"现代社会比以往任何时候都更加地方化"就是一种新思路）。

因此，在这本书中，我试图提供一些帮助孕育新想法的技巧，这些技巧使我们能够发现新的东西去论证和研究。我在英语中使用了一个古希腊单词来标记这些技巧——即"heuristics"（启发法）。因此，本书第一章以解释开篇，介绍解释的一般方法，第二章描绘各种社会科学的一般方法路线图，这些章节为全书奠定了基础。然后，本书第三章提供对启发法的导论性介绍，以及在第四、第五和第六章中分别论述三种特定类型的启发法，即搜索和论证式启发法、描述和叙事启发法、分形启发法。

这本书以"观点与谜题"（ideas and puzzles）一章作结。在那里，我尝试探索如何找到那些能够激发生产性思考而非令人停滞的谜题。这是研究中最艰巨的任务，就像指导自己的学生一样，我也只能给读者以建议和鼓励。在本书的所有章节中，仅这一章稍显陈旧，因为在本书出版后的几年里，社交媒体已经开始主宰世界。在社交媒体的世界里，人们在真正形成个人思想之前就已经开始分享想法，所以我关于训练和发展个体思想的一些建议可能会有所变化。

  确实，如果我要修订这一章的话，我想在本序言中明确表达最重要的一个变化。我要更加强调那种有计划的、忙碌的、不必要的快节奏生活所带来的危险，这也是现在年轻人正过着的生活方式。因此，我会特别强调第五节的后半部分：请记住，你和你的观点都需要安静独处。今天的学生很难慢下来，花时间静思。但想要进行深入思考，就必须要避开音乐、通知和设备的嗡嗡声和响铃声。不要电话、不要电脑、什么都不要。事实上，练习正规的冥想以清空头脑，让新的想法涌入是一个好主意。这是基于我个人经验的建议。在这本书出版之后，我意识到我自己的生活有点失控了。于是我就开始了这样的冥想，结果收获了海量的新想法，以至于不得不发明一个特殊的"索引笔记本"系统来处理超量的洞察力和创造力。（关于新想法的笔记本系统在我的《数字论文》（*Digital Paper*）一书中有所描述。）

  但不管怎样，我对《探索之道》这本书本身没有做任何改动。作为一位 74 岁的人，我不明白每天花五个小时使用微信或脸书（Facebook）是什么感觉。所以除了警告读者如此长的屏幕使用时间很危险之外，我什么也做不了。因此，我保留了这本书我第一次写它时的样子。但好消息是，无论如何，通信和传播领域的革命会为无数篇新的社会科学论文写作提供素材，这对所有有抱负的社会科学家来说都是一件好事！你只需要启发式地思考这场传播革命。

  我的致谢与 2004 年的英文版保持一致，因此在此予以保留。

但有一点可以进一步强调。在 2004 年版中，我感谢那些参与我课程的学生，因为正是在课堂上我才形成了本书中提出的观点。今天，我对学生们的感谢更加深切。本书出版后的几年中，我陆续增加了"探索之道"的课程，也有机会指导了几十篇学士论文、硕士论文和博士论文。这些学生教会了我更多关于启发式方法的重要性，并且让我认识到杜威的信念是多么正确——观念不能以观念的形式教授。即使是启发法也不能真正作为观念进行传授。尽管我的许多学生已经读过这本书，但不知何故，只有通过人际的交流接触和"学徒式教学"，这本书才真正对他们有了生命力。

完成这本书之后几年的时光和经历，使我必须在它的中译本中添加一份特别必要的致谢：我感谢自 2000 年以来我有幸教过的众多中国学生。正是他们的兴趣和提问重新点燃了我在大学时期已被费正清先生激发出来的对中国的浓厚兴趣。他们的研究项目和无尽的研究中国的劲头，让我一次又一次地关注现代中国提出的挑战性问题。同时，他们的研究和努力使得中国学界对我的理论研究和实证研究产生了兴趣。我欠他们一声感谢。

最后，我要谢谢我的中国读者。世界上有很多书需要阅读，很感激你们选择了我的著作。

安德鲁·阿伯特
2021 年 12 月 30 日

致谢（2004年版）

这本小书起源于拙作《学科的混沌》（Chaos of Disciplines）。我在撰写《混沌》时意识到，我关于社会科学发展的理论同样隐含着对"社会科学研究如何做"的看法。当杰夫里·亚历山大（Jeffrey Alexander）提议将其写下来的时候，我答应了。但《混沌》中生发出的令人兴奋的分形启发法（fractal heuristics）的概念很快就成了某种更宽泛的尝试的一部分，这种尝试就是写一本学生们可能迫切需要的书：介绍社会科学中想象力的运作机制，以满足学生们的迫切需要。社会科学的本科和硕博研究生教育高度聚焦于"有用"（Lieberson, 1985），以至于日渐扼杀了学生们在研究中的兴奋之情。通过使用不小的篇幅介绍上个世纪的社会科学家们在研究实践中是如何保持这种研究的兴奋感的，我希望我所写的这本书也能够告诉读者如何保住它。

这本书完成于我的教学间隙，很大程度上基于本人作为一名老师指导课程论文、毕业论文、博士论文的经验。首先，感谢在芝加哥大学上过我的课和接受过我的博士论文指导的学生们。他们教会我很多东西：有的通过口头表达直接告诉我，也有的是通过自身的挣扎间接地告诉我，而我对于这些挣扎所提供的帮助常常徒劳无功。尤其，我感谢社会学研究与论文写作计划（Sociological Inquiry and Thesis Proposal）课上的同学们，他们帮助进一步澄清了本书的观点，希望这本书保留了我们交流时的一部分兴奋之情。我也感谢圣迭戈、哈佛、牛津和奥斯陆等地的大学的听众，以及社会科学历史协会（Social Science History Association）一次会议中的听众，他们都听过本书第一章的内容介绍并反馈了评论。

2001年牛津大学的希拉里学期（Hilary Term）期间，我在该校的纳菲尔德学院（Nuffield College）小住，在那里完成了这本书主要章节的设计和很大一部分写作任务。我本人感谢纳菲尔德学院院长与老师们的支持。在2002年对哈佛大学社会学系的短暂访问中，我完成了第六章——这是本书最早构想的章节，却是最后才完成的（这也司空见惯了），感谢哈佛社会学系对我的热情招待。艾琳·约克（Erin York）担任我的研究助理，她在撰写自己优秀的硕士论文之余，完成了本书各类学术资料与资源的检索工作。最重要的是，感谢乔治·波利亚（George Pólya）所树立的典范，我从他的著作《怎样解题》（How to Solve It）中最早体会到启发法的重要性。本书可能取得的成功要归功于他令人愉快的启示。当然，本书可能的失败无疑应该归咎于作者本人。

2003年11月于芝加哥

致读者（2004年版）

一个令人惊讶的事实是，很多优秀的学生在开始写课程论文或本科毕业论文时，甚至在写博士毕业论文时，都会因没什么可说的而感到恐惧。这些学生懂研究方法。他们也懂研究材料与数据。但在他们看来，自己的学术贡献将是平平无奇或无足轻重的。

学生们有这样的感觉一点都不奇怪。他们的大脑被老师们塞满了文献和研究方法，一点空隙都没留。学生们当然会认为，一切都已经被研究过了；自己上周刚读过呀。同样，学生们在提出理论性论证时，当然也会像松鼠用各种垃圾搭窝一样，把来自不同地方的观点混杂在一起；他们从未学习过自主地创建理论性论证。难怪学生们会感到不知所措。

到底要怎么样做，才能在研究中说出点东西来？这需要两点。首先是找到一个谜题（puzzle），也就是社会世界中奇怪、反常、让人出乎意料或耳目一新的事物。然后是清晰的观点，以回应、诠释或解决上述谜题。其他所有东西——研究方法、文献、数据描述——实际上不过是门面装饰。一项优秀研究的核心，是有一个谜题和一个观点。

虽然我在《探索之道》的最后一章中讨论了研究谜题，但本书的主要目的是帮助读者找寻研究观点。与此同时，本书虽然谈及了很多研究方法，也提及了研究中该如何使用它们，但本书并非是关于研究方法的。与之相反，本书实际上是关于那些可以让方法变得活起来的创造力的。

创造力无法被传授。正如约翰·杜威（John Dewey）所言，"任何思想、观点不可能以观点的形式由一个人传达给另一个人。"（1966：159）我们可以教授某个观点的背景、条件和起源。但观点本身则无法被传授。学生要想真正拥有，就要在自己的内心创造这个观点。简·奥斯丁（Jane Austen）在《傲慢与偏见》（*Pride and Prejudice*）中说得更直白："我们人人都喜欢指指点点，然而指点的东西又不值得一听。"

尽管如此，我仍会传授提出研究观点的一些基本技巧，希望以此为读者提供社会科学探索的工具。我还将阐释这些用于发明和探索的工具，如何与那些被普遍认为能产出高质量成果的主要方法紧密相连。

本书所面向的基本读者群体是本科生。不过大部分内容对于硕博研究生甚至部分学者也有价值。在本书的写作期间，我常想起学术研究中曾被遗忘的一些重要的事（毫无疑问，我还会再次遗忘它们）。我们都在同一段旅程中，都试图讲述一些有趣的东西，都会养成不好的习惯，也都努力地以新的方式重新想象社会世界。

注意：本书试图在正文中将学术八股保持在最低限度。一般而言，当提到某位作者和成果题目时，如果不需要界定这个参考文献的独特性，那么文中不再进一步注明出处。文中提及的所有论文和著作都在书末的参考文献中展示。我同样也尽最大可能地减少了尾注。[*]

---

[*] 编者按：英文版尾注在本中文版中已转为脚注。

第一章

解释

科学是严谨与想象力的对话。一方提议,另一方评价。每一次评价带来了新提议,对话如此持续下去。

很多人认为社会科学是独白,而非对话。他们把社会科学当作以正式问题收尾的长篇演讲,而现实则对于这些问题谦恭地回答"是"或者"否",就像维多利亚时代的小说里不自然的女主角一样。不过,好学者不会相信这种"独白"的比喻。他们完全了解直觉与方法之间的持续互动,就如同他们知道在现实令他们困惑时他们仍会持续琢磨它。在实践中,社会科学更像是现代的肥皂剧,而非老派的浪漫剧。

当然,把社会科学比喻成独白更容易被理解。很多杰出的著作讨论了社会科学的各种机制:如何提出问题、如何进行研究设计、如何获得材料与分析材料、如何进行推导。的确,很多著作还讨论了完成这些任务的特定方式,即所谓的各种"方法":民族志、问卷调查、二手资料分析、历史与比较方法等等。这自然有其价值。

但此类著作忘记了另一种声音:由奇思妙想、出人意料与新颖创造所构成的想象力的声音。社会科学的探索维度,往往比我们所认为的更加系统。社会科学家们运用想象力招数,也就是心智技巧来促进探索。这些心智技巧就像下国际象棋的招数,是开局、发展与实现可能性的准则。其中一些是一般性招数,蕴含在论证与描述的本质中,另一些普遍存在于各个学科的概念性议题之中。所有这些招数都在所有方法中发挥作用。它们组成了社会科学的启发法(heuristic),也就是社会科学中发现新观点的手段。

我们需要启发法,因为社会现实经常与方法论要求相差甚远,这在上文中提到过。作为社会科学家,我们旨在说出社会生活中一些有趣的——也许甚至是真实的——事情。不过,若把研究方法当作独白,它往往只能从社会现实中获得吝啬的回复。比如,即使采用最好的问卷,研究者也只能获得非常小的相关系数;或者通过持续几个月充满热情的民族志观察,只能获得傻子都能看出来的陈词滥调;抑或通过数年勤苦的档案工作,只能获得无聊的故事。社会科学需要更机智的追求者,它需要严密,也需要想象力。[1]

所以,这是一本关于启发法的著作,一本支持社会科学的想象力的著作。因为我是一名社会学家,本书中使用的大部分例子来自社会学。不过,因为各个社会科学学科多有交叉,并

---

[1] 正如伟大的人类学家埃文斯-普里查德(Evans-Pritchard)曾说过的:"除了彻头彻尾的傻子,谁都能做田野调查,只要他研究的人群之前没有被研究过,那么这个学者能自动地做出原创性的知识贡献……谁都能提供新的事实,重要的是提供新的观点。"(1976:243)在伊姆雷·拉卡托斯(Imre Lakatos 1970:132ff.)更加理论化的措辞中,研究项目最重要的品质是其"启发式力量",即持续产生新观点、指出通往新发现的道路的能力。

非所有的都是社会学例子。各个社会科学学科有共享的研究主题、理论和（意料之外地）大量的方法论。它们从各种历史偶然中发展出自己的取向，而不是被组织成一个得到清晰界定的系统。大致说来，经济学围绕着一个理论概念（"约束之下的选择"的观点）组织，政治学围绕着社会组织的一个侧面（权力）组织，人类学围绕着一种方法（民族志）组织，历史学围绕着时间性的一个方面（过去）组织，社会学围绕着一系列主题（不平等、城市、家庭等）组织。因此，这些学科之间不存在单一的区分标准。结果就是，当某个学科变得太无聊时，其他学科取笑它，将它最有价值的观点偷走，并在其他地方更好地使用。所有这些不断的变动意味着，一本启发法著作会有广阔的覆盖面，本书即是如此。

*

本书的前两章介绍社会科学研究的目标、手段与假设。鉴于解释是社会科学的目的，我以"解释"开篇，然后介绍了一些方法类型，这是社会科学家为获得严谨性所尝试的诸多方法中的一部分。这些方法贯彻了第一章介绍关于解释的不同概念，是"解释程序"（explanatory programs）的具体实现。

第二章转向更常见的取径（approach）。我根据九组概念性议题描绘了各种研究方法的特征。首先介绍这些概念性议题，然后给出研究方法的惯用描述（第一章中略过了这一部分），这一描述认为研究方法最好通过这九组议题来界定。在这之后，我放弃常规，转而探讨每种研究方法对其他方法的批评。这些批评显示出研究方法之间的无尽循环（理论和实践上均如此）。

此外，各概念性议题自身也将通过这个过程显示出它们并非固定不变，而具有不稳定、分形的特征。这些议题不仅用于区分不同的方法，它们还用来区分每种方法内部的不同路径，以及那些路径之内的更细小的路径中亦复如是。诸如此类。

第一章和第二章因为这些理论说明而显得比较沉重，在这之后的内容更加有趣。本书的主旨是激发想象力，但也需要保持清晰的严谨性，否则我们就没办法区分想象力和愚蠢了。区分这两者要求我们稳妥地理解何为"解释"、为什么寻求解释，以及社会科学中存在哪些不同的解释及解释程序。也要求扎实地掌握关于严谨性的更传统的思路，我在第二章呈现了这一内容，此外它还呈现了社会科学里冗长的经典方法论争论和无穷无尽的"主义"（最终我会把这些"主义"从僵死的方法论争论改为鲜活的启发法）。

在第一章和第二章阐明严谨性的基础上，本书再转向想象力。第三章讨论了启发法的一般概念，并阐明了两种最简单的启发式策略：常规科学的加法启发法（additive heuristic）和使用备忘清单（commonplace lists）来产生新观点。第四章详细考虑了那些寻找可以从其他领域移植过来的新颖性的一般启发式招数，并通过改变我们现有的论证来创造新颖性。第五章转向时间和空间的启发法，这种启发法通过改变对社会现实的描述和想象来产生新观点。我们在第二章提出了一些基本争论与方法论议题，而在第六章我们会检验这些议题产生的招数，比如在诠释传统中走一步实证主义的棋。最后，第七章讨论了如何评估启发法带来的观点。也就是当好的观点出现时如何辨认出它。

本书引用了远至 20 世纪 20 年代、近至 1999 年的例子。并不是只有最新的成果才是好成果。牛顿就是一个很好的例子。中世纪的学者关注运动的本质与起源,牛顿抛弃了这个问题,从而成为最伟大的当代科学家。他通过以下假设解决运动的难题:(a)运动存在,和(b)运动倾向于维持自身状态。通过这些假设(现在我们会说,他已经可以宣布胜利了),他发展和系统化了物理世界运动规律的一般化解释。也就是说,通过放弃"为什么"(why)的问题,牛顿几乎彻底解决了"什么"(what)的问题。他的例子教给我们,转换问题是强大的启发式技巧。

社会科学中也有完全一样的技巧。塔尔科特·帕森斯(Talcott Parsons)是 20 世纪中叶美国的权威社会学家,他的研究所面临的主要难题是如何解释社会变迁。帕森斯认为社会行为被规范(norms)所支配,规范继而被价值所支配,价值又被更一般化的价值所支配。在此类系统里,变迁只是被理解成一种局部故障(local breakdown),是以某种方式脱离指导规范的问题事件。之后的学者解决这一"解释变迁"问题的方式不同:他们假设社会变迁并非反常,而是事务的正常状态。基于这个假设,那些挑战帕森斯的历史社会学家能够发展出更有效的描述,来解释社会运动、革命和广义上现代性的兴起。这正是牛顿式做法:历史社会学家不再解释变迁,而只是假设变迁是常态。然后,他们需要做的就是找到变迁发生方式的规律之处(当然,历史社会学家们也应该继续解释稳定性,但他们基本上忘了这回事!)。

因此，以往的成果和新的成果一样，都能为启发法提供有价值的范例。这意味着向读者们介绍社会科学启发法的基本工具包的同时，我也能介绍这些工具包产生的伟大知识传承。下面，让我们从解释开始说起。

一、解释

社会科学旨在解释社会生活。对于社会科学家来说，三件事可以让一个特定论证（argument）成为解释。首先，当一种解释让我们能够干预被解释的事物时，这一解释才成之为解释。例如当我们能够管理经济事务时，就解释了经济；或者当我们知道如何消除贫困时，就解释了贫困。

其次，当我们不再寻求关于某事的更进一步的说明时，我们就说这个说明解释了某事。解释是一种充分说明（an account that suffices），它通过将我们当前的问题带入常识的世界，使其立即变得可理解，从而让我们可以继续解决下一个问题。因此，社会生物学家们认为，当他们表明利他行为仅仅是自私行为的意外结果时，他们就解释了利他行为。他们不再进一步研究，因为他们认为自私行为是不言自明的，不需要解释。

第三，当我们有了关于事物的一种特定类型的论证——这是一种简洁、独一无二、或许优雅、甚至反直觉的论证——我们常常说我们有了对该事物的一个解释。因此，我们也许认为弗洛伊德心理学比常识心理学更好，因为前者的推敲更为精细、结构更为复杂、观点更出人意料。在这第三种意义上，一种说明能成为解释，是因为它呈现了一种令人愉悦的形式，因为它以某种方式结合了简约与复杂。

这三者中的第一重视角，即语用（pragmatic）视角，是最常见的。这一视角认为，解释是让我们得以干预现实的说明。就拿解释细菌性疾病来说吧，发现某种致病细菌就解释了对应的疾病，因为通过发现细菌，人们就发现了可以阻止疾病的事物。需要注意的是，这种语用路径最适于解释那些存在某种必然因果关系的狭颈（narrow neck）的现象：即某种元素是现象发生所绝对必需的，而这种元素被外部行为清晰界定并服从于外部行为。正是此类狭颈特性——特定有机体的必要存在——使得细菌性疾病比癌症、心脏病和关节炎更容易治疗，后者是由成千上万小型随机事件的互动所"导致"。在研究这些疾病时转向超微观层面，正是期望发现可能存在狭颈的新领域，如必要的某种特定基因或酶。不过，社会科学相对来说很少有现象存在这种狭颈模式。所以正如我们下文所见，社会科学中语用范式的解释取径有所不同。

解释的第二重视角有所不同，这种视角意味着，有了当前的解释，我们可以停止寻求更多的说明了。这种解释的做法是把研究对象从不那么好理解的世界转移到更易于理解的世界。效益主义哲学是一则不错的研究范例，它试图在不涉及任何群体现象时解释所有人类行为。效益主义哲学家试图证明，汇聚起每个人对自身利益的系统性追求（多次重复的个人现象），就将产生一个对所有人而言最佳的社会世界。社会现实只是个人现实的加总。效益主义者认为一些显而易见的社会现象，如人们在没有明显组织的情况下和谐相处（这对效益主义者来说是难以置信的现象），必须被解释为个人行为的某种总体结果。

第二重视角不是语用视角，而是语义（semantic）视角。在这种视角下，解释意味着从一个概念世界转移到另一个概念世界。这将解释定义为将现象从一个分析范畴翻译到另一个，直到到达我们直觉上感到满足的最终领域。所以效益主义者将亲社会行为"解释"为个人自利的结果，因为他们认为个人主义自利行为比其他解释更加真实、更加符合直觉，它不需要进一步解释。这便是一个可以作为解释的"最终领域"。

当然，不同学派有不同的作为解释的最终领域。效益主义者与其信徒（也就是经济学家）习惯于把现象翻译到熟悉的领域来识别：偏好与约束影响下的个人。而人类学家也习惯于将完全一样的偏好翻译到熟悉的文化领域。在科学哲学中，解释的语义视角往往被称为还原（reduction），而上述差别让这种称呼显得略带尴尬。还原一词暗示解释存在层级体系，如"涌现"（emergent）现象被"还原"到"底层"现象。这种视角在自然科学里也许说得通，如人们常见的把化学现象还原到物理化学，最终还原到物理现象。但在社会科学里这个视角价值不大，因为各个学科与研究传统的最终领域在任何意义上都不相通，它们之间也没有任何次序。

解释的第三重视角来自解释自身的特点，这一点之前已经提过了。一则解释令人满意的原因常仅仅来自逻辑上的美妙和说服力。事实上，有时候我们虽然完全不相信一个解释，但仍认为其美妙并令人满意。这是大部分人初读弗洛伊德时的反应。

他的说法也许有效、也许无效，但多么优雅！多么简洁且有说服力！让·皮亚杰（Jean Piaget）早期关于儿童智力起源的成果引发很多类似的反应。从一些微小的假设出发，他竟然产生了如此多的洞察！反思性的生活催生了对优美论证的需要。我们也许不喜欢其前提、内容或者结论，但都欣赏复杂与清晰的诱人混合。[1]

关于解释的规范写作往往采用第三种视角。解释与论证的性质有关——具体来说，是与逻辑结构有关。在20世纪关于解释最著名的论文里，卡尔·亨普尔（Carl Hempel）认为，做出解释意味着证明被解释案例的初始情况符合某些一般覆盖律（covering law）的假设条件（1942）。例如，有覆盖律认为一个政党占据议会绝对多数时，就有能力对国家产生巨大影响。然后，我们就展示某个政党拥有绝对多数的特定案例，比如1997年工党在选举中获得压倒性胜利之后的英国。覆盖律（一个党占据议会的绝对多数，就有巨大影响力）与经验前提（1997年工党占据议会的绝对多数）的结合，合乎逻辑地引出经验结论（工党对国家有强大影响）。这样，我们就可以声称解释了工党在1997年之后的年月里对英国政策的强大影响。通过证明特定案例符合一般规律的条件，结合这一规律本身，我们就能用规律的结论来解释特定案例的特定结果。

亨普尔看待解释的视角关注说明的逻辑形态，也就是各部件结合的方式。这是解释的句法（syntactic）视角，强调说明一

---

[1] 很多学者都做出过关于"优美"的科学论证，如Chandrasekhar（1979）。

下：句法不是帮助我们行动的能力（语用视角），也不是将一个现象翻译到凭直觉理解的领域（语义视角）。

正如我所说，社会科学的目的是在三重视角中选择其一，来对社会生活进行解释。一个世纪以来的经验已经教给社会科学家们一些可行的标准途径。[1]

二、方法

社会科学家有一系列研究方法，这些方法是从事研究的典型化路径，由进行严谨科学研究的惯例和公认程序构成。每种方法松散地串联着某个社会科学家的共同体，这个共同体认为这一方法是研究的正确路径。不过，没有哪种方法是某个学科的独占财产，而且可能除了人类学之外，也没有哪个学科主要围绕着一种特定研究方法而形成。[2]

你可能会认为，各种各样的社会科学研究方法构成了某一整体解释性努力的不同版本，或者它们至少在某个总体系统框架中占据逻辑性的一部分，但在实践过程中情况并非如此。这

---

[1] 句法、语义与语用是所有符号系统的三个基本元素，解释这些词汇本身就构成了一个例子。见 Morris（1938）。

[2] 表示"研究方法"的词汇一直在变。确切地说，一种方法是用来进行严谨知识探索的一系列常规步骤的集合。方法论（在字面意义上）是对方法的探讨。这样的话，民族志或者标准因果分析（SCA）是一种方法，而关于民族志或标准因果分析的探讨是方法论。在实际情况中，方法论经常被用于意指"方法"，比如大家在研讨会上经常听到的问题，你的方法论是什么？需要注意的是，方法（method）的形容词在使用中一般不是有条理的（methodical），而是方法论的（methodological），这个词既是方法的形容词，也是方法论的形容词。本书试图在全文中延续方法与方法论的传统分野。

些方法远未能构成一个统一的大计划，反而是在某种程度上彼此分立甚至常常相互敌视。事实上，许多社会科学家不假思索地使用的研究方法都默认了（其他社会科学家使用的）其他方法是无效的。但似乎没人很在乎这件事。各种方法论传统一直共存，且在大多数时间里愉悦地忽视对方的存在。

因此很难找出最佳方式来对研究方法进行分类。研究方法的基本问题——如何提出问题、如何设计一项研究、如何进行推断、如何获得材料与分析材料——其中任何一个都可以用于给研究方法分类。如果根据材料搜集的类型进行分类，能得到四种基本的社会科学方法：

1. 民族志（ethnography）：通过人际互动搜集材料
2. 调查（surveys）：通过对被访者的问卷调查或正式采访搜集材料
3. 档案分析（record-based analysis）：通过正式的、组织化的记录（人口调查、会计账簿、出版物等）搜集材料
4. 历史（history）：使用以往的记录、问卷调查甚至是民族志

如果以如何分析材料来分类，与之对照的是三种研究方法：

1. 直接诠释（direct interpretation）：由一个个体的思考与综合推理来分析（如叙事）
2. 定量分析（quantitative analysis）：使用某种统计学标准方法来进行因果推理的分析方法
3. 形式建模（formal modeling）：创造模仿世界的形式系统（formal system），然后用其来进行模拟真实性的分析

如果以如何提出研究问题来分类，那么将多少案例纳入研究范围就很重要。这一标准能够区分三种研究方法：

1. 案例分析（case-study analysis）：研究一个独特范例的大量细节
2. 小样本分析（small-N analysis）：在较少数量的案例中寻求相似与不同
3. 大样本分析（large-N analysis）：通过研究大量案例来突出普遍适用性，这些案例一般是随机选择的

界定方法时，可以使用这些类别中的任何一个。此外，将这些分类系统放在一起，将得到 4×3×3=36 种可能的子类型。事实上，其中大多数子类型已经在某些时候被某些学者使用过了。

鉴于没有一份公认的研究方法清单或类别目录，我这里只列出五项取得过显著成功的方法论传统：民族志、历史叙事、标准因果分析、小样本比较和形式化。其中大部分以各种方式相互混合，不过如果需要，我们之后可以再探讨这些混合方式（实际上，小样本比较会被作为混合方法的范例贯穿全书）。需要指出的是，这五项范例并没有穷尽全部研究方法。事实上，它们代表了从不同角度对方法进行分类的思路。民族志是一种数据搜集方式，叙事是一种撰写方式，小样本比较是一种数据规模的选择，标准因果分析是一种一般化的分析路径，形式化是使用纯粹抽象数据的特定分析路径。再重申一遍，不存在一个基本标准对各种方法进行分类，也没有一些简单指标对它们进行排列。方法论传统和其他社会现象类似，由携手合作、相互批评的人创造，他们也借鉴其他传统。它们是活生生的社会

造物，不是一元系统里的抽象分类。以下五个方法中，每一个都是鲜活的知识追求样式，传承漫长、成果辈出。

（一）民族志

民族志意味着研究者生活在研究对象的社会情境之中，在某种程度上成为其中的参与者。参与程度从单纯的观察到成为原住民、从偶然参与到全天候融入不等，研究者也可以进一步辅以访谈、来自重要信息提供者的指引、评估官方记录等方式。

在田野调查开始前，民族志学者虽然会有大致的谜题或疑问，但对研究问题的思考一般还没有深入细节。在民族志学者推进研究时，会产生大量的田野笔记：事件、访谈、观察、对个人反应的反思等方面的记录，以及海量的谈话和互动的逐字记录。民族志学者在田野情境中进进出出，试图在保持局外人视角的同时，也获得局内人视角。通过持续地阅读、重读田野笔记，民族志学者提出新的问题和新的探索路径。这种持续的思考难度很大，导致研究者经常在田野体验中迷失方向，这在人类学家布罗尼斯拉夫·马林诺夫斯基（Bronislaw Malinowski, 1989）著名的田野日记中非常明显。

田野工作结束后，民族志学者回到家里，对着成百上千页笔记冥思苦想。研究问题更清晰了。在对不成熟的数据进行分类与再分类整理、思考和重新思考后，研究中的关联与主题开始浮出水面。他们的最终成果往往是某种专著，其中的一些章节提出问题（问题此时才变得清晰），一些章节设定好民族志情境，一些章节展示田野中获得的大量数据，最后提出理论洞见。

以 E.E. 埃文思-普里查德（E. E. Evans-Pritchard）的《阿赞德人的巫术、神谕和魔法》(*Witchcraft, Oracles, and Magic among the Azande*) 为例。埃文思-普里查德在 1926 年到 1930 年间数次长期客居于阿赞德人之中。有趣的是，他进入田野的研究目标与最终完成的并不相同："当我到赞德地区的时候对巫术没有兴趣。但阿赞德人有兴趣，所以我不得不跟随他们的引导。"（1976:242）作为这种指引的结果，埃文思-普里查德完成了一本里程碑式的著作，不但探索了巫术，也探索了非凡的阿赞德人的各种形而上学想法。其中心问题最终变成了阿赞德人为什么持有对超自然和不可观察事务的信仰。埃文思-普里查德为这个问题提供了一种功能性回答，也就是对巫术、神谕和魔法的信仰主要被用于固化现存的社会与文化现状。不过，这句对书的简化总结掩盖了其高度的丰富性。读者们在读这本书的过程中，不但追问阿赞德人的信仰，也会追问自己的信仰。

（二）历史叙事

历史叙事是另一种方法论传统。历史著作大多是描述性的，分析特定时间、地点的事态究竟是什么的问题。不过，历史学家经常提出特定的叙事问题：最常见的是，为什么某个事件会发生？历史学家使用很多方法回答这类问题。历史研究的一大部分工作是收集所研究时期和地点的已发表或归档材料，即所谓的第一手材料。虽然也许有点令人感到意外，但历史材料通常是异常丰富的。我们常常了解了太多过去的细节。结果就是，历史方法往往变成了在这片古老数据的汪洋大海中寻找重要材料。

历史方法的核心是阅读文献。进行有见地的、对一手材料的历史阅读，成功阅读的前提是要对产生这些文献的时代和地点拥有广泛的甚至可以说是全面的了解。这往往不仅意味着了解相关的历史记录，还包括掌握外语（或者母语的古代形式），并且要能识别不同历史时期和地域差异对语言和存世文件的种种影响。历史学家（或任何使用历史方法的社会科学家）都在走独木桥，要平衡对史料的过度阐释，抑或是阐释不足。阅读史料的时候不应该超出上下文，但历史发现的艺术经常在于指出对那些上下文的先前理解在何处出了偏差。可见，阅读史料看似易事，实则充满挑战。

类似民族志学者，历史学家也同时推进着多项任务：检索文献、阅读文献、寻找更多文献、组织初始论证、改正前人的诠释。就像民族志学者一样，历史学家要在最初一大堆杂乱的具体细节中组织出一个综合的视角（a synthetic view），这一过程漫长而痛苦。长久以来，历史学家已经习惯于将艰苦的研究过程隐藏于优雅的文字之下。毫无疑问，历史研究提供了各种社会科学学科中最好的写作文本，而且也许是唯一被非专家出于个人兴趣广泛阅读的社会科学。其结果是，好的历史研究，尤其是历史叙事，看上去简单、毫不费力。不过，这种简单极具欺骗性。

A. J. P. 泰勒（A. J. P. Taylor）的《第二次世界大战的起源》（*The Origins of the Second World War*）是历史著作的经典范例，这一著作名声在外、又充满争议。泰勒的这本书旨在说明为什么欧洲会在1939年这一年爆发战争，其革命性价值之一就在于提出了这个研究问题，而之前的学者将希特勒发动战争看做不言自明的。泰勒的研究材料包括成千上万的文件、回忆录、欧洲所有语言的已出版的作品。和绝大多数一流史学研究一样，完成这本书需要方法论的努力，对海量材料的阅读、提出后被否定的诠释、发现后被丢弃的素材等，都隐藏在泰勒流畅、讽刺的行文风格之下。他的基本诠释是德国在两次大战之间的外交政策是精彩的（而又成功的）机会主义，直到无缘无故地侵略苏联和对美国宣战之前，希特勒都可以称得上足智多谋。在出版数十年后，这本书依然在引起一些人的愤怒。

（三）标准因果分析

标准因果分析（Standard Casual Analysis, SCA）需要大量案例、测量其各个方面，使用统计模型来对这些测量之间的关系进行推断，然后使用推论来认识从数据中观察到的相关模式的肇因。

因果分析首先界定可纳入研究讨论范畴的全体案例。这可以是任何东西：人、组织、家庭、国家、城市。然后诸案例被某种标准的尺度所测量，这些变量可以是无序的分类，如种族、性别、研究生学位、职业，或者眼睛的颜色。也可以是有序的分类，如著名的五级态度量表，"非常不同意""不同意""无偏好""同意"和"非常同意"。或者可以是连续量表，如收入、财富、年龄、教育水平。标准因果分析的主要难点在于发现、测量和评估这些变量的分布。类似于民族志和历史研究，数据收集任务看上去很简单，但若研究者不仔细的话，却极易得到糟糕的结果。

每项研究中都有一个变量被当作因变量。也就是说，分析人员试图认识其他各种变量（自变量）对这一因变量的影响。在数学意义上，分析者试图将因变量替换为一系列自变量的加权组合。例如，如果因变量是收入，那么要看多少比例的教育、多少比例的职业、多少比例的性别等放在一起，可以在多大程度上预测收入。这一路径存在高度的数学复杂性，也有不同的做法来估算结果，但其基本取径一直是通过调整权重，来发现能够对因变量进行最佳预测的自变量加权和。不过需要注意的是，一项研究里的因变量可能是另一项研究中的自变量，反之亦然。

分析者通过提出因果故事（causal story）来选择变量，这些故事意指着某些变量对其他变量有强大影响，例如用出生区域来预测个人对种族问题的立场。需要注意的是，要用数学方法尽力来控制变量间的相关性。不论是教育水平还是职业，都能单独对收入进行较好的预测，但如果两个变量放在一起，预测效果并不会变成原来的两倍，因为它们之间存在高度的相关性。

这类研究的一个经典范例是彼得·布劳和奥蒂斯·达德利·邓肯的《美国的职业结构》（*The American Occupational Structure* by Peter Blau and Otis Dudley Duncan）。在这部杰出的著作中，布劳和邓肯希望理解那些影响人们所从事职业的因素，尤其是父母的职业在多大程度上影响了孩子的职业。两万名男性受访者填写了问卷，回答了种族、职业、教育背景，以及父母的职业、教育背景和就业情况等各种问题。职业不是以类别（医生、律师等等）区分，而是被换成了单一连续声望量表。因此，实际因变量是受访者在接受调查时（1962年）所从事职业的声誉。布劳和邓肯在其基本模型中表明，决定受访者当下工作地位的最重要影响因素是受教育水平和首份工作地位（因为受访者中男性年龄跨度较大，有一些从事过多种工作），而受访者父亲的教育与工作所产生的几乎所有影响，都通过这两个"干预"变量来实现（即父亲的教育背景与父亲的职业影响受访者的教育背景与首份工作，进而影响受访者在1962年时所从事的工作）。布劳和邓肯的研究还得出了几十项其他发现，推动开创了长达二十年的"职业地位获得"过程研究。

（四）小样本比较

我们可以对单个案例的历史或当下实际进行详细分析，也可以对很多案例进行统计学分析。在这两者之间有一条中间道路：小样本比较（Small-N Comparison）。典型的小样本比较研究少量案例，从3个到大致12个不等。案例可以是很多种类的东西：官僚机构、国家、社会服务组织、社区，或者其他任何形式的社会组织。

小样本分析的具体材料搜集方式多种多样。可以是用民族志来比较几个不同田野地点，也可以是用历史来比较国家或阶级的不同发展轨迹。小样本比较通常在民族志和历史学传统中出现，往往是一种纳入更多（且不同）的案例来提升一般化程度（generalization）的做法。有时也会反过来，被量化研究者用于聚焦少量案例提升自己对变量的"理解"。[1]

小样本比较试图结合单案例与多案例分析的优势，同时避

---

[1] 定量研究有时确实也会对一些案例进行深入分析，如 Paige（1975）。

免各自的劣势。一方面，它保留了每个案例的大量信息。另一方面，它比较了不同案例以检验论点，这是单案例分析无法做到的。通过进行详细的比较，它试图回应对单案例分析的典型批判：单个案例不能得出一般化的结论；同时也回应对多案例的典型批判：过度简化，让变量脱离语境从而改变了其意义。

小样本分析是社会科学中众多研究领域的特性。比较政治学和历史社会学都以小样本比较为基础，这两个学科都严重依赖个别案例的二手文献。相比之下，多数人类学家基于对几十个案例的分类而直接通过单案例分析走向抽象一般化（例如在有关亲属关系、图腾崇拜或者民俗的研究中那样），只有人类语言学家经常比较数量相对较少的案例。

小样本分析的经典范例是巴林顿·摩尔的《专制与民主的社会起源》(Barrington Moore's *Social Origins of Dictatorship and Democracy*)。这本书比较了英格兰、法国、美国、中国、日本和印度的现代化路径。德国与俄罗斯也被纳入研究视野，但较为简略。摩尔的素材包括数百本历史著作，涉及各个国家的某个方面。在海量阅读、比较和思考后，摩尔理论化了三种基本的现代化道路，每种都依赖于传统农业阶级——地主与农民——如何应对商业化农业的到来和资产阶级的崛起。第一种是英格兰、法国和美国的道路，一个强大的商业中产阶级推翻了地主阶级，或强迫他们接受中产阶级提出的条件，其结果是民主制。在德国与日本，资产阶级革命失败了，在资本主义兴起过程中，地主阶级决定了其形态与动力，其结果是法西斯主义。在中国和俄罗斯，庞大的农民群体成为革命的主力军，阻碍了资本主义的发展轨迹,导致了资本主义先进阶段中的革命者与农民之间的长期僵持。摩尔的著作刺激了20世纪70至90年代的比较政治学和历史社会学的发展。

(五)形式化

也存在完全不需要研究材料的社会科学方法,或者说,它们使用典型化事实(stylized facts)。这些不是常规意义上的研究方法,而是需要通过某种"类事实"输入,推理社会现实的模式。因此,它们处于理论与方法的中间地带。

此类形式化的一个范例是生命表(life table)分析。生命表是对一批人(传统上是10万个个体)在 n 年后生活状态的描述:存活人数、特定年份死亡人数与比例、存活人员预期寿命等。通过结合生命表与出生率信息,就可以算出人口年龄分布、调查代际结构、预测未来的家庭结构、推进其他诸多颇具价值的人口统计学项目。研究者并没有搜集新的信息,只是简单地把已有信息中隐藏的细节计算出来而已。

当然,形式化在经济学中发展最为成熟,以至于有时会与整个社会现实都失去联系。不过不只是经济学,形式化思维是整个社会科学中的重要思维方式。伟大的人类学家克洛德·列维-斯特劳斯(Claude Levi-Strauss)对神话的分析是高度形式化的,他将神话分解两个维度:线性、叙事维度和非时间、结构维度(1967)。社会学家哈里森·怀特(Harrison White)将就业市场(例如牧师或大学校长的就业市场)比作电子空穴系统,是空缺的职位而非处于移动中的求职的人才有主动权(1970)。

数学地理学家将政治边界的排列看作普适性数学关系的产物（Haggett, Cliff, and Frey, 1977）。

形式化比其他方法论传统更依赖于借鉴。形式化本质上是可移植的，很多使用形式化的学者以借鉴闻名。经济学家从热力学中借鉴了很多形式化分析，社会学家从物理学和生物学中也借鉴了形式化分析。

此类形式化的一个范例是托马斯·谢林（Thomas Schelling）著名的种族隔离模型，这一模型最初发表于 1971 年，又在他的杰出著作《微观动机与宏观行为》（*Micromotives and Macrobehavior*）中再版。谢林模型假定存在两类人，其中一类远多于另一类，而且两类人都想居住在某个街区。两个群体有类似的"宽容度分布"，这个术语描述了群体中的人们愿意生活在两类人群混合社区的程度。每个群体中，宽容度最高的那些人愿意作为少数群体（占到三分之一）生活在这样的混合街区，而宽容度最低的那些人只能接受纯粹由本群体组成的完全隔离街区。谢林表明，在这些条件下，两种稳定均衡只能在街区是完全隔离的条件下才能达到。他继续证明，如果两类群体规模相等，并且每个群体中宽容度最高那部分人能够更加宽容，那么就会有稳定的五五开均衡。他也证明，如果数量较大的群体包含了更多不宽容的人，就会有一个稳定的整合均衡（因为较大群体中的人不会不断搬来这个街区，从而将较小群体中宽容度低的人吓跑）。

谢林模型需要的不是现实数据，而是典型化数据（stylized data）。不过，他的模型揭示了一组重要且反直觉的发现。在人口规模差异巨大时，更多宽容有时候反而带来更严重的隔离，这时即使相对宽容的人们也很难创造一个种族融合的社区。[1]

民族志、历史叙事、标准因果分析、小样本分析和形式化这五个范例是相当成功的方法论传统。每种方法都有自己的风格和自己的支持者，并以异常多元的方式与其他各种方法结合起来。重申一遍，虽然民族志和叙事在某种程度上分别与人类学和历史学联系起来，但这些方法论传统并未与任何一个学科绝对绑定。而且，这些方法并不是基于一种特定的方法论分类模式来区分的。如前所述，其中有些是分析方法，有些是搜集材料的做法等。它们只能说是实践，是从事社会科学研究的各种做法。严格地说，使用、传授和发展方法的学者共同体制造了这些方法。它们是鲜活的传统，不是抽象的配方。

三、解释程序

研究者可能会感到迷惑，如何在这些彼此相反的方法中做出选择？是不是特定方法适用于特定的假设或经验问题？常见的回答会说"是"。以往的方法论著作常常会在这个地方提供一个清单，说明何种方法适用于何种问题。但对于这个适用性问题，我的回答却是否定的。针对特定问题而言，并不存在特定

---

[1] 显然，当我们仔细审视事实时，我们会发现情况要比预想中的严重得多。黑白种族间的相互容忍远没有谢林模型所假设的情况那么乐观。因此，美国那些在黑人占比超过20%时依然能保持稳定融合的社区实在是非常稀有，这一现象并不令人感到意外。

的好方法。所以这里没有此类清单。相反，不同方法事实上旨在完成不同目标；它们都设想着不同种类的解释。本章余下部分将主要完成这一论证。然后第二章会说明，对于"适用方法"的标准思维为何是建立在对方法的错误假设上，最终导致适用性（suitability）概念的崩溃。好消息是崩溃开启了启发法，而这正是我们所孜孜以求的。

首先来看一下不同方法如何试图完成不同任务。为此，我们会将第一节和第二节放在一起，把刚刚探讨过的研究方法与前述三种广义解释联系起来。

这三种广义解释是解释程序，也就是思考解释问题的总体风格。每项解释程序都有不同版本，有的版本更具体，有的更抽象。三种解释程序分别有具象（concrete）和抽象（abstract）版本，也就产生了总共六种可能性。此处先给出整个分析的简化版本：

1. 民族志是语义解释程序的具象版本
2. 历史叙事是句法解释程序的具象版本
3. 形式化是句法解释程序的抽象版本
4. 标准因果分析是语用解释程序的抽象版本

需要注意，有两种可能性未被纳入。语用程序的具象版本没什么可说的，其实简单地说就是实验法。除非把心理学——涉及大量实验——也当作社会科学，否则社会科学一般不怎么做实验。另一个缺失项需要说得详细一点：语义程序的抽象版本。尽管这种方法没有统一的名称，但它可能是现在各个社会科学学科中发展最快的方法。

我把这个分析画成右边这样一张图。三个维度是三种类型的解释，其中每个维度的原点都关注日常生活殊相和常识事件，这是每种解释程序的锚点，扎根于日常世界。从这个基础出发，"普遍化"（universalizing）意味着沿着每条解释轴线从原点向抽象移动。句法程序解释这个世界的方式是将特定行为和关系进行越来越抽象的建模。语义程序解释这个世界的方式是将社会细节纳入越来越一般化的模式中，寻求跨越时间或社会空间的规律性。最后，纯语用程序试图对潜在干预或致因（cause）所产生的影响进行越来越清楚的辨析。

读者千万别把这个小小练习当作方法的明确分类，它只是一种认识路径，帮我们来理解这一事实：多种多样的研究方法只是完成不同任务的各种做法。尤其重要的是，此处并非像很多经验社会科学那样认为所有解释都涉及对因果关系的思考，我们应该将"解释"这个概念与"理解某种事物的致因"分开。社会科学对于理解事物起因的认识已经变得非常狭隘，这与法律等领域形成鲜明对比，它们对因果关系的看法更宽泛。

以下来更详细地介绍一下这个论点。先说关照具体细节的程序，即那些关注实在、真实的事件，而不是抽象存在的程序。例如，民族志是对具体事件的语义解释的典范，而历史叙事是对具体事件的句法解释的典范。两者都在图中原点附近，只是在不同的象限。这不是它们在时间性上的差异所致，而是总体解释风格的差异所致：一边是翻译－语义风格，另一边是叙事－句法风格。

第一章　解释

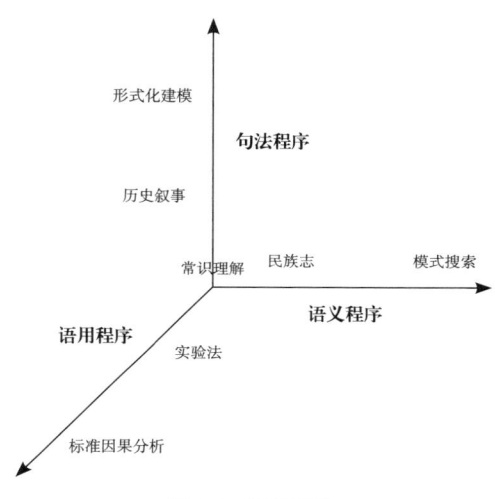

```
            ↑
     形式化建模
              句法程序
     历史叙事
          常识理解   民族志      模式搜索
                      语义程序     →
   语用程序
           实验法
    ↙
  标准因果分析
```

图 1.1　解释程序

关于时间性多说两句。在解释中，时间性特别重要，有些解释关注过程，关注嵌入动态时间中的社会生活。有的解释主要关注静态"当下"发生的复杂相互关系，认为社会生活发生于给定结构中，这一结构在给定时间段内是固定的。[1] 非常重要的一点是，所有解释程序都有时间性和非时间性两个版本。例如存在时间性版本的历史学（修昔底德的《伯罗奔尼撒战争史》[Thucydides's *History of the Peloponnesian War*] 这样的历史叙事）、非时间性版本的历史学（特定时间的描述，如刘易斯·纳米尔爵士的《乔治三世时期的政治结构》[Sir Lewis Namier's *Structure of Politics at the Accession of Geroge Ⅲ*]）。时间性也可以用于对方

---

[1] 我们不应、也无需认为这些思维模式有高下之分，也不要认为他们存在某种因果关系。在因果关系研究领域的文献中，一方认为因果关系必须考虑时间变化，而另一方认为因果关系决不能考虑时间变化，两者各自拥有杰出的拥趸。

法进行分类，不过鉴于时间对启发法的重要性，后面再对此进行详细探讨。此处要强调的是，时间性不是解释类型或者更广义上解释程序的区分维度，所有解释都需要以某种方式纳入对时间的考量。[1]

  这里回到主线。在民族志中，解释行为主要是语义层面的。在其巨著《西太平洋上的航海者》（*Argonauts of the Western Pacific*）中，马林诺夫斯基解释了特罗布里恩岛民划船往来于群岛以交换贝壳的行为：通过充分介绍岛民的文化和社会生活情况，让读者理解了这些行为的原因。我们明白岛民们如何看待自己的行为，我们认为他们的行为合理，若我们处在他们的位置，也会如此行事。田野工作者将他们的世界翻译成我们能够理解的世界，虽然有时这种翻译并不完美。一般而言，民族志完成这一任务的方式包括提供细节、展示分歧，以及将陌生人的奇怪习惯嵌入其日常习惯中，并将其日常世界与我们的日常世界联系起来。当然，民族志研究者也许还有其他的专业目标。回到之前提到的范例，在《阿赞德人的巫术、神谕和魔法》一书中，埃文思-普里查德煞费苦心地说明，巫术观念具备解释不幸事件的认识论功能与社会功能，他通过这一论点阐明了自己关于文化的功能理论（functional theory of culture）。但对巫术的解释与其说来自功能主义解释的句法，不如说是来自埃文思-普里查德的翻译能力：将阿赞德人的行为翻译成西方人可理解之事务的能力。例如，埃文思-普里查德在即席评论中，对阿

---

[1] 本书作者阿伯特教授重视时间性，另有著作《攸关时间》《过程社会学》对此进行详细探讨。——校者注

赞德人使用毒药神谕（poison oracle）来管理日常生活的行为做了语义翻译。阿赞德人在做日常决策时，一边提出是或否的问题（例如，我今天应该做民族志研究吗？），一边喂小鸡小剂量的毒药。由小鸡的状态做出决策：活下来（是）或死掉（否）：

> 我总是备有毒药，一是自己家里要用，二是邻居要用。此外，我们根据神谕的判决来管理我们的事务。可以说与我了解的阿赞德人一样，我发现这是一种管理家庭和事务的理想方式。（1976:126）[1]

使读者信服的是这一自生自发的细节，而非埃文思-普里查德的功能主义理论。《阿赞德人的巫术、神谕和魔法》在解释上的成功，源于其语义而非句法上的优点。

当然，民族志也可以拥有语用或句法的优点。对毒品文化的民族志研究也许是对该文化进行实用干预的唯一有效手段。与此同时，列维-斯特劳斯功能主义人类学的首要优点是句法上无与伦比的优雅，甚至有时成为一种盲目的狂热。不过，作为解释程序的民族志主要是语义程序，最主要的优势仍是翻译。

相比之下，长期以来的历史哲学文献清楚地表明，叙事分析的主要优点来自句法。阿历克西·德·托克维尔（Alexis de Tocqueville）的《旧制度与大革命》（The Old Regime and the French Revolution）说明了为什么法国大革命会爆发，这本书里

---

[1] 引文转自中译本《阿赞德人的巫术、神谕和魔法》，埃文斯-普里查德著，覃俐俐译，第280页，北京：商务印书馆，2006。——译者注

有时会用到社会生活的一般规律,我们认为它解释了革命,因为托克维尔讲述了一个易领会的、合理的故事,故事里的一系列事件受到前述规律的支配,不可避免地导向革命。读者不会留意托克维尔对一般因果律(general casual law)的假设(例如,"掌握大量权力的人不会放弃权力"),而是会注意将法国与读者一起带入革命漩涡的曲折故事。

当然,句法力量绝非抽象。日常生活中的大部分解释是通过讲故事来完成的,这正是叙事方法有说服力的原因。诚然存在一些相当抽象的叙事概念:进化(赫伯特·斯宾塞[Herbert Spencer]的社会学)、习性化(马克斯·韦伯[Max Weber]的社会学乃至遍及心理学)、辩证冲突(马克思主义社会分析),如此种种。但这些概念都是针对纯学者的。大家认为历史叙事可以做出解释,其根本原因在于叙事是常识解释的句法,也是我们所有人一直在使用的方法,所以无须为其正当性辩护。事实上,史学的分析哲学家从未完全证明叙事如何做出解释,他们只是一遍一遍地重复说,叙事进行了解释。

与民族志方法类似,叙事方法在解释上也有其他优点。叙事常常将研究导向更简化的语义平面。叙事理想的易领会性(Gallie,1968)和重演(Collingwood,1946)与民族志的语义原则相同,这两个原则测量了叙事在何种程度上能让读者理解其中的参与者,亦即当读者代入书中角色时,也将采取书中角色已经进行的行为。叙事也有语用的优点。在任何特定情境下采取行动的第一步通常是建立一套叙事,来说明事情何至如此。不过再强调一遍,这些都不是基本优点。严肃叙事具备解释力,是因为我们时时刻刻都在用不严肃的叙事。可以说，叙事是日常理解的句法。

因此，民族志与叙事所代表的解释程序诉诸常识世界，前者诉诸日常体验的常识内容，后者诉诸日常生活的基本解释句法。在这两项程序变得更为抽象和形式化的过程中（这意味着在图1中远离原点），产生了社会科学的两大解释实践的流派。一方面是建模（modeling）与模拟（stimulation）试图将解释句法给形式化，具体体现在所谓的句法解释程序中。这一解释实践是具象层面的叙事方法的抽象版。另一方面，我们同样将语义形式化，它体现在一系列大致可归为数据降维（data reduction）与模式搜索（pattern search）的技巧集合中。这类方法在抽象层面完成民族志在具象层面所做的工作，可以称之为语义解释程序（这是之前省略的重要组成部分[1]，其最普遍化的版本是模式搜索）。

形式建模和模拟具体体现了通过抽象化提升句法解释的努力（形式建模是非时间性的，模拟是时间性的）。句法解释程序的关键特性是优雅，如果其中的一套陈述能够严密、综合、简洁地提供社会现象的形式化再现，它就被认为"解释"了这些社会现象。在非时间性维度，这类程序体现在博弈论、经典微观经济学、社会流动分析的马尔可夫传统、网络理论的群论版本等研究上。不过，句法解释程序的时间性维度——以模拟表现得最鲜明——在社会科学中追随者仍然较少，其例外是杰

---

[1] 也就是本章第三节开篇提到的、值得详细探讨并快速发展中的方法。——译者注

伊·弗瑞斯特（Jay Forrester）在20世纪60年代对工业、城市与世界动态的典范研究，此外时间性句法解释也假借博弈模拟（simulation games）重回学术舞台。这些多种多样的方法有着令人惊讶的优雅，有的体现在数学上，有的在简洁性上，有的在产生意外结果的能力上，有的在极端的自洽上。对于抽象思维而言，这些方法全部都是清晰、简洁的，而且能带来智力上的深切愉悦。

同时，这些方法极度不关心语义，不关心模型与现实的关系。某些模型存在着多元的应用方式，并且得到了很好的展现。欧文·费雪（Irving Fisher）通过借鉴统计热力学方法的衣钵，把微观经济学系统化了（在20世纪早期），这种模型假设气体与人有同样的行为模式。群论（当代代数的一个特定分支）既用于晶体学和纯数学中，也在社会学网络理论中，甚至在人类学亲属关系分析中有较多应用。博弈论既被用于心理实验，也跨越到解释股票市场和对家庭规划决策进行建模。当然，句法程序的支持者认为语义其实无足轻重，他们表示，这些经验事实都拥有同样普遍化的语义样态，所以可以写出其抽象句法。

但大部分读者会发现，句法程序的语义假设相当不可信。若任何特定社会情境都可以得出十个不同的模型，那么博弈论模型的意义何在？我们必须基于语义基础在这些模型中做出选择，而句法程序对语义层面的解释却是一片空白。如果微观经济学坦白地承认，在不削弱整个架构的假设的情况下，无法从系统内部生成偏好，那么欣赏微观经济学的优雅又有什么意义呢？本质上，微观经济学告诉我们，如果我们能解释人们想做什么,那么这就能解释他们做了什么。那又如何?

总之,句法程序以语义上的不确定性和局限为代价,换来了优雅和广阔。句法程序通过优雅与高度普遍化的论证来进行解释,与此相反,语义程序通过另一种抽象方式来寻求解释社会现实。它直接简化社会世界中的复杂性,将其转换为普通读者通过日常解释的句法就可以理解的简化描写。因此,聚类分析(cluster analysis)和多维标度(multidimensional scaling)这样的技法,将包含巨量细节的材料转为简单的分类与图示。例如,皮埃尔·布尔迪厄(Pierre Bourdieu)证明消费模式构成了一种阶级区隔的语言,以此"解释"了法国的消费模式〔在其著作《区分》(Distinction)中〕。布尔迪厄在同一张地图上,将文化素材(cultural material)偏好的原始数据转化为定位商品类型和人的类型的图形,通过使用这种标度技法(scaling technique)视觉化地展示了消费模式的"几何学",读者读罢之后会发现,具有常识就足以理解这种关系了。

语义程序在心理学中很强大,在市场研究中尤其强大。市场营销人员经常使用聚类分析,将美国消费者简化为一百种左右的基本类型,语义程序在此展示出相当重要的语用力量(例如通过消费者的互联网使用来认识其消费偏好的技巧)。尽管如此,语义程序的语用力量仍然比较弱,主要进行一次性分析(one-time analysis),使语义程序是静态的。它可以概要地描绘事务的一种状态(a state of affairs),但不能说明事务如何变化。网络分析是这种抽象语义解释的一个典范,其信徒也没有真正将网络的时间性发展给概念化。近期,有的研究者开始考虑将模式搜索技巧用于历时材料，这时句法才发展到语义程序的领地。简而言之，与句法程序一样，某类研究方法的力量来自另一类方法的模糊之处。

到目前为止，我已经描述了句法程序的具象与抽象版本（分别是历史与形式建模），以及语义程序的具象与抽象版本（分别是民族志与模式搜索）。社会科学解释中还存在第三类抽象做法，也就是在图 1 中，从原点出发沿着语用维度的移动。说来也奇怪，这一程序取得巨大成功，以至于社会科学家已经忘了其根基是语用。作为社会科学因果分析的标准形式，这类程序进行横截面分析（如结构方程模型［structural equation model］或路径分析［path analysis］）或时间性分析（如久期模型［durational model］）。鉴于标准因果分析程序在经验社会科学中的主导地位，下文将对其进行详细考察。

标准因果分析范式起源于其方法的理性化，这些方法最初被用于诠释现实中的实验。正如之前展示的，这些方法将数据（案例）中的复合特性拆分，将其看做抽象、普遍属性（变量）的交集。然后，在这些变量中分离出一个变量——主观选定的因变量——并寻找其他变量（被称为自变量）对其产生的影响。交互作用——两个或更多变量"共同"产生的影响——被视为次要的。

和最初设想的一样，这一方法在解释上的极大优点是语用/实用（pragmatic）的。在 20 世纪二三十年代，罗纳德·费雪（Sir Ronald Fisher）爵士和其追随者发明了统计技术来测试实验操纵的效果。是否要增加肥料？A 土壤是否比 B 更好？他们在一些土地上施肥，在另一些土地上不施肥，以测试效果，并提出解释结果数据的概率理论。他们并未怎么关注原因，如植物为什么生长、如何生长，要点在于决定是否采取某类行动，而不是理解其机制。鉴于最初的应用是实验，这些统计技术在服务语用目标时的解释相当有说服力。在实验场景下使用时——正如现在心理学常做的那样——它们仍然有说服力。

不过，在20世纪之后的时间，这一路径被用于非实验材料，并与因果性的新观念结合起来。这催生了混合解释程序：标准因果分析。现在，这一程序在经验社会科学的各个学科中非常普遍。标准因果分析仍然与语用有一定的相关性，例如这一方法仍被用于评估研究。不过，其主要目标现在不是语用的，而假装是句法的。所以我们（使用之前提到的加权范式）说，公务员系统中的工资差异是性别、科层制、工会化等所"导致的"（caused by）。当然，在语义意义上，整个变量的表述都是幻象。性别与科层制这两个词并未指向真实的实体。性别与科层制并非独立存在，而只是实际事物的属性（properties，在这一案例中，是公务员系统的属性）。所以这一"属性"句法必须被更进一步的语义参照系所证明。必须通过某种方式，为性别与科层制等抽象事物之间关系的说明提供经验意义。经济学里，这种语义关联来自行为的形式化、简化模型，所以标准因果分析传统里的典型经济学论文，一般在开篇位置通过大量形式化和计算来证成其标准因果分析。在社会学和政治科学中，这种外部关联来自一套简化叙事。所以社会学和政治科学中的标准因果分析论文，不是以经济学家的计算开始，而是以常识性质的历史叙事开始，采用如下形式："在这种或那种条件下，这些或那些人倾向于做这些或那些事。"这些故事试图通过到达日常理性理解的语义世界，来证成"变量层面的句法"。因此，为了成为解释，标准因果分析必须将变量层面的因果句法与不相关的语义关联结合起来，从而成为现实看来更可靠的句法路径：经济学中的程式化行为，社会学中的易领会的叙事。

所有这些复杂性的原因在于，标准因果分析程序事实上根本没有因果基础。它被设计出来的最初目的是辅助决策，是语用/实用的。被伪装成一个句法程序后，它变得粗鲁且愚蠢（学起来也非常难，它的基本原理——正如这个冗长的讨论所表明的——相当折磨人）。鉴于其隐含假设是现实中存在类实验情境（实际上几乎从来没有），其强大之处在于阐释某个变量相对其他变量的语用影响大小。不过，这一方法甚至不能阐释因果力（causal force）的作用方向，或各项致因如何共同作用，所有这些判断都要从其他领域中借用。[1]

总之，天下没有免费的午餐。解释程序中任一领域的充分发展，都会最终错失很多其他的方面。尤其是在语用程序主导社会科学六十年后，当下的社会科学正处于语义程序与语用程

---

[1] 为了节约篇幅，我在这里不再详细探讨标准因果分析程式的时间版本。不过事实上，同样的分歧也影响着它们。它们诚然嵌入在时间里，以此获得了横截面研究所欠缺的语义意义上的逼真性。但这些方法仍然停留在变量的语义层面，和以叙事方法理解事件发展过程大不相同。久期法（durational method）可以预测"特定"事件，比如一项法律的通过或者一家报纸的成立，但这是建立在横截面研究所使用的非实体变量（而非复变量［complex variable］）上，这些变量大同小异。所以，标准因果分析程式的时间版本在语义层面上仍然与大家熟悉的社会生活有很大距离。

序逆转的时刻。语用程序仍然是思考社会政策的最佳程序，但如果我们试图理解事情发生的原因和过程，语用程序并不是最佳选项。

第二章

基本争论与方法论实践

上一章在理解社会生活的宏观解释程序中界定了标准方法，这一章我们转向对这些方法更为传统的理解，根据这种理解，这些方法具体体现了我们对于科学与社会生活的假设。本章首先讨论关于这些假设的主要论争，然后通过这些争论来界定第一章介绍的研究方法。

也正是在此，本书离开了方法论讨论的标准路径。通常的方法论著作会在此处花费一章的篇幅来分析每种方法的细节，很多杰出的作品都如此安排。与之不同，本书展示了在更近距离的观察之下，那种常规、简单的方法图景是如何变得支离破碎的。首先，每个方法对其他每个方法都提出了深刻批判，这些批判的维度各有不同、差异极大。结果各种各样的方法论批判可以形成追逐自己尾巴的圈子。这些方法并未像人们声称的那样吊死在一棵树上（定量对定性、科学对阐释，或诸如此类的）。这种循环的特征保证了开放性和启发法意义上的丰富性。其次，这些主要争论自身也是分形的，争论在各个方法中越来越精细的层面重复出现。结果，这些争论的作用往往不是僵化的立场而更多作为方法论资源和发明与探索的研究招数起作用。

本书随后（第六章）会表明，这些争论事实上为我们产生新观点提供了最为丰饶的资源。

一、基本争论

第一章中，这些方法被我大致归类到解释的不同程序中。更常见的做法是在某些基本的社会科学争论中去界定这些方法。我将列举九组基本争论。

（一）实证主义和诠释主义

前两组争论关心的是严格意义上的方法论（methodology proper）。社会科学中有一派认为社会生活可以被测量。这些测量独立于社会语境，可以被不同的人所重复，也可以通过精度和效度等指标来比较。相反，另一派认为对社会生活的测量是不可能的，或者说，可被测量的事物无足轻重、没有价值（实际上是同一回事）。事件只是表面上可以被测量，实际上，其意义在互动过程中获得。因此并不存在去语境化的、普遍意义下的测量。

这组对抗非常激烈。第一类社会科学采用测量与计算的形式，第二类采用互动与诠释的形式，这两种观点分别被称为实证主义（positivism）和诠释主义（interpretivism）。[1]

---

[1] 熟悉阿伯特教授作品的读者会发现，这一个章节的九组争论，其中多数都出现在了他先前的理论著作《学科的混沌》（Chaos of Disciplines）中，那里讨论了六组。由于在中文文献中这些术语有不同的译法（如 interpretation 既可以作"诠释"也可以作"阐释"），我们在每组争论第一次出现于正文时标注了它们的英文，供感兴趣的读者交叉检索。——校者注

（二）分析与叙事

社会科学中的第二类重大争论——之前章节已经介绍得很清楚——关注分析的类型。很多社会科学家认为，讲好故事对于描述事物而言已然非常充分了。对他们而言，叙事足以解释。相反，也有很多社会科学家认为，只有更加抽象一些的分析才能做出解释。通常这种解释强调因果关系。在这一视角下，说明某件事情为何发生，不能仅仅靠讲故事，而是列举个体力量在"剔除其他事物的影响以后"（net of other things）所产生的各种影响：种族对收入产生什么影响，教育对职业产生什么影响，等等。第二类争论是叙事与分析的对抗。

这两类争论——实证主义/诠释主义和叙事/分析，说起来都非常简单。但无论如何强调它们的重要性也不过分。它们在社会科学的各个学科中都非常普遍，大部分方法论思考总会以某种方式涉及这两类争论。

前两类争论关注严格意义上的方法论，而关于社会现实自身本质的争论——社会本体论的争论——同样对方法产生重要影响，所以我们也要将其纳入视野。

（三）行为主义与文化主义

第一组本体论争论关注的是分析领域（analytical realms）。很多社会科学家区分了社会结构和文化。笼统地讲，社会结构（social structure）指有规律、日常的行为模式。人口统计现象可能是最好的范例，出生、死亡、结婚和迁徙过程看上去有自身的规律性，在探讨人口学意义上的寿命和未来人口数量趋势时，可以不理会人口以外的现象，或者人口事件本身的"意义"。相反，语言或宗教的发展很难用这种行为主义术语来探讨，语言与宗教是文化系统，是人们理解和管理生活的符号系统，研究者不能忽视其意义。

社会结构与文化在分析方法上的区别有一个明显的方法论化身（methodological avatar）。行为主义（behaviorism）方法论立场拒绝考虑文化和意义，认为只能考虑结构和行为，而非意义。而对立的立场没有标准名，我将其称之为文化主义（culturalism）。对于这一立场而言，符号系统是社会生活的索引和编码，不研究符号系统就不能理解社会生活。行为主义/文化主义争论明显接近实证主义/诠释主义争论。但类似其他各种争论一样，将二者进行交叉也许有助于得到新发现。假设一个研究者同时是实证主义者和文化主义者，这意味着致力于使用实证方法研究文化现象。事实上，这种学者确实存在，例如测量、计算原始人群中分类系统多重意义的人类学家。

（四）个人主义与涌现主义

关于社会世界本质[1]的第二类争论——我们同样已经遇到过——是个人和涌现。一些社会科学家认为，原则上说，社会世界中唯一存在的实体是人类个体。所有行为都是人类个体做的，所有看上去是"涌现"的（社会）行为，都仅仅是个体过程的意外后果。方法论个人主义（methodological individualism）

---

[1] 即社会本体论。——译者注

程序可以在历史上追溯到以下概念：个体基于自利的交往产生了我们所观察的社会世界，18世纪早期伯纳德·曼德维尔（Bernard Mandeville）的《蜜蜂的寓言》（*Fable of the Bees*）对这一观点最早作了较为成熟的阐述。作为一种一般化的科学程序，方法论个人主义更加古老，原子论（atomism）认为世界是由微小单元连接在一起构成的，方法论个人主义可以追溯到原子论这一漫长的科学传统。

涌现主义者（emergentists）有所不同。对他们而言，社会是实存的。在更晚近的社会思想中，埃米尔·涂尔干（Émile Durkheim）强烈坚持社会层级的明确实存。在他的名著《自杀论》（*Suicide*）中，特定国家与特定人群里，不同时间的自杀率有着惊人的稳定性，这被用于证明社会力量的存在不能化约为个体事件的结合。实际上，社会科学方法中的涌现主义假设相当常见。虽然很多社会科学家否认马克思主义类型的阶级的存在，但很少有人会否定作为社会群体的职业或是作为社会行动者的商业机构的实存。

（五）实在论与建构论

第三类本体论争论关注这一问题：社会现实中的事物和特性是持久现象，还仅仅是根据需要在社会互动中被生产（或再生产）出来的？例如，如果询问调查对象的族群情况，可能只是鼓励他们编造一个答案。在日常生活中，被访者可能不根据族群来界定自己。或者以同性恋为例，全国性数据披露，有同性性经验的人数远远大于自认自己是同性恋的人数。如果研究性经验，我们得到一组数据；如果研究身份认同，我们得另一组小得多的数据。在这种情况下，性别身份认同能用问卷来测定吗，还是只能在互动行为中被显露出来？

这里再次出现两种立场，即实在论（realism）和建构论（constructionism）。根据前者，社会过程是这样组成的：定义明确的人和群体，在具体环境中，进行明明白白的行动。而若根据后者，社会过程的组成方式来自人们在互动的过程中建构身份认同与自我；人和人的行为只在互动过程中才有意义。在第二类视角下，人们获得民族身份，（有时）是因为其所处的互动要求其这样做：比如被拥有强烈民族认同的他人质疑，或民族身份可能带来物质利益的情况下等。如若不然，很多人不会拥有任何意义上的民族性，类似的逻辑可能也适用于同性恋认同的形成。

（六）语境主义与非语境主义

实在论与建构论的区分（有时，也称为社会现实的客观视角和主观视角）与另一项争论重叠：语境思维和非语境思维。[1] 在认识社会生活的语境模式中，只有了解社会表达或行为所发生的语境，才能理解其意义。比如一个人自称是政治上的自由主义者，但只有知道其比较对象，才能理解这一陈述的实际内容。此人可能是面对新基督教右翼讲话的中间派共和党成员，也可能是与所有共和党成员相比较的左翼民主党成员。还有，

---

[1] Context 这个词在中文里既可以做"语境"也可以作"情境"。这两个译名在本书中交替出现，不做区分。——校者注

比如称一个社区比较混乱，可能并非意指某种抽象意义上的混乱，而是与周边社区相比，这一社区相对较为混乱。需要注意，后者这个描述可能既是对社区状态的陈述，也潜在地是对因果事件的一种预测性陈述。某个社区可能因为其相对周边社区的混乱，于是吸引来特定类别的人群，而当被另一类社区所包围时，它恰恰可能失去这些类别的人群。从这一视角来看，不存在能够被绝对标准所测量的混乱，只存与周遭语境相关的混乱。相反，在非语境模式下，混乱或自由主义的意义不论如何都是不变的。显而易见的是，这种非语境的假设对于问卷调查方法至关重要。在发放问卷时，我们假设了所有反馈者意识中的参照系一致。[1]

因此，有几组围绕社会现实之本质展开且具有方法论意义的重要争论。第一项争论涉及社会领域与文化领域的分析性差别，体现在方法论上就是行为主义和文化主义之差别。第二项长期存在的争论是在个人论和涌现论之间，体现在方法论上就是方法论个人主义和方法论涌现主义的差别。其三是实在论与建构论的配对，第四项则是与之有些亲缘的语境主义与非语境主义的配对。每一组争论都对方法论立场有重要影响。

---

[1] 或者，反馈者参照系的分布独立于我们着意调查的关于他们的事物。在这种情况下，回答中的错误可以被看作噪音。当然，问题在于研究者很难了解，这些参照系与我们要调查的事物之间是不是有相关性，如果没有新数据，这就很难确定。

（七）选择与约束

然而，不是所有的社会科学争论都与方法或本体论相关。有些争论关注解释对象的类型，也就是社会生活中什么值得研究。首先是选择还是约束？在很多方面，这是个人主义与涌现主义争论的另一个版本。尤其是对经济学家而言，理解社会的关键在于理解人们如何做出选择，或者理解群体的决策后果。（经济学家感觉已经搞明白了选择标准——预算约束下的效用最大化。问题存在于搞清楚如何做出这些选择，以及各种群体同时做出此类决策时所产生的社会后果。）

然而，对于其他很多社会科学家而言，理解社会的关键在于——正如经济学家詹姆斯·杜森贝里（James Duesenberry）的名言所说——"为什么人们没得选"（1960: 233）。在这一视角下，社会结构约束并引导着个体。只有在经济市场等特别设计的制度结构中，人们才可能不受约束。否则人们会被社会力量、社会安排和社会联系所塑造，它们阻止自由选择发挥决定性的作用。

（八）冲突论与共识论

另一个长期存在的争论关注的是冲突论和共识论。共识论立场认为，人们的内在本质是杂乱无序的，因而社会秩序是不稳定的，但社会组织和制度会阻止人们自我毁灭。（读者也许发现了，这一观点沿袭自英国哲学家托马斯·霍布斯。）从这一立场出发的标准问题是，为什么社会系统中没有充满冲突？人们往往会在规范、规则和价值观等——也就是被这一立场称为社会制度的那些机制——当中寻找答案。大部分采用"共识论"立场的研究旨在发现隐藏的规范和规则，这些规范和规则维持着社会环境的稳定。从塔尔科特·帕森斯（Talcott Parsons）所发现的宏观社会价值观，到类似欧文·戈夫曼（Erving Goffman）发现的互动仪式中的细微规则，都不乏共识论研究。

冲突论立场（其系谱可追溯到马克思和卢梭）立场恰恰相反，持冲突论范式的理论家会这样发问：为什么有如此多的冲突？他们的答案是，人的内在是好的，但生活被社会制度所压迫，这带来破坏性的社会行动。冲突范式的理论家也寻找隐藏的规范与规则，但将其看作冲突的秘密来源，而不是对抗冲突的可见堡垒。冲突论范式的思想家总是以社会冲突作为起点，回溯追寻其原因，因为他们认为，在人类本性中并不存在冲突。与之形成对比的是，共识论范式的理论家从冲突向前出发，追问后果，他们相信冲突在人类本性中自然存在。

在问题所在上出现了两组重要争论：选择／约束和冲突／共识。很明显，冲突与共识立场各有政治支持者：冲突论派联结着左翼自由派思想，共识论派联结着保守思想。（约束与选择之间往往有一样的分野）。这些政治立场自身也经常关联到一个更进一步的争论，即关于知识本质的争论。

（九）超验知识与境遇知识

很多社会科学研究偏爱跨越时空的知识，这是支持"超验"（transcendent）或"普适"（universal）知识的传统"科学"立场。另一支同样强大的立场认为这种知识不存在，知识总是基于境遇（situated）的。后者往往依据建构论立场，认为行动建立在社会生活之上，因此只有参与者才能基于其自身所处的时空来正确界定事物，他们对自己现实的了解无人能及（这一点当然是不少调查问卷学者会接受的）。

这些立场在政治倾向上的态度大有差别。普适主义者（universalist）或者说超验立场一般被认为在政治上偏保守，而左派被视为强调时空边界的境遇性知识。与此同时，大部分左翼自由派社会科学做的都是将普适的道德观点（例如，"压迫是坏事"）应用于原本不会接受这些普适观点的时空。因此这一联系并非内在一致。

*

对社会科学中重大争论的简短回顾，就在超验/境遇知识争论这里结束了。本章以纯粹的方法论争论开始：实证主义/诠释主义和分析/叙事。然后关注本体论的争论：行为主义/文化主义，个人主义/涌现主义，实在论/建构论，和语境主义/非语境主义。随后谈论的是关于问题所在的重大争论：选择/约束和冲突/共识。最后，正如我们所见，将社会科学界定为超验的或是境遇的，捕捉到了关于社会科学知识的来源和地位的许多差异。我在表 2.1 中罗列了所有这些争论的概要。

表 2.1　基本争论

方法论争论
- *实证主义*：现实可以测量。
- *诠释主义*：意义产生自人际互动，因此不存在抽象意义上的测量。

- 分析：只有因果机制能做出解释。
- 叙事：故事能够做出解释。

社会本体论的争论
- 行为主义：社会结构（如惯常行为）是分析的恰当基础。
- 文化主义：文化（如符号系统）是分析的恰当基础。

- 个人主义：人类个体及其行为是社会科学分析的唯一实际客体。
- 涌现主义：社会涌现实际存在，不可化约为个体，而且可以是社会科学分析的实际客体。

- 实在论：社会现象具备持续性和稳定性，应注重分析社会现象持续、稳定的特质。
- 建构论：社会现象在人际互动中被不断地再生产，应注重分析这种再生产。

- 语境主义：社会现象都是基于语境而存在的，不能排除语境去进行分析。
- 非语境主义：社会现象拥有独立于其所处语境的意义（且能够被分析）。

问题所在的争论
- 选择：应注重分析社会行为者为何、如何做出选择，以及选择的后果。
- 约束：应注重分析控制人类行为的结构性约束。

- 冲突：解释为何社会冲突如此多。
- 共识：解释为何没有出现更多的社会冲突。

> **知识类型的争论**
> ·超验知识：知识应该适用于所有的时间和地点，应该是"普适的"。
> ·境遇知识：知识的应用范围是有限的，知识总是本地化或独特的。

二、方法与争论

介绍第一章里那些研究方法时，最常用的手段是用这些基本争论来界定各种方法，而不是根据各种灵活的解释程序来界定（也就是我在第一章中的处理做法）。表2.2总结了对每种方法的立场的传统看法。

表2.2　方法及其立场

争论	民族志	历史叙事	标准因果分析	小样本分析	形式化
方法论争论					
实证主义/诠释主义	诠释主义	诠释主义	实证主义	D	实证主义
分析/叙事	叙事？	叙事	分析	D	分析
本体论争论					
行为主义/文化主义（社会结构/文化）	行为主义→文化主义	~	行为主义	D	行为主义
个人主义/涌现主义	涌现主义	~	个人主义	D	个人主义
实在论/建构论	建构论	~	实在论	D	实在论
非语境主义/语境主义	语境主义	语境主义	非语境主义	语境主义	非语境主义
问题意识争论					
选择/约束	~	D	选择？	~	选择
共识/冲突	~	~	~	~	~
知识争论					
超验/境遇	境遇	境遇	超验	D	超验

若某个方法一般接受某种立场，单元格中将标注该立场。问号（？）意味着立场并不明显。D意味着"拒绝"承认争论存在。波浪号（~）意味着在争论中不持立场。

（一）民族志

在涉及这些争论时，民族志一般被认为是定位比较清晰的。从方法论角度说，它具有高度的诠释性，普遍关注意义的多重微妙性。虽然两次世界大战之间和战后早期的民族志研究中，充斥着对社会功能和正式社会结构（如亲属制度）的直白分析，不过民族志一般是叙事性的。

同样，在本体论意义上，民族志也出现了定位上的变化；早期的典型研究更重视行为和社会结构，而非文化，不过在20世纪最后二十五年里，文化在民族志研究中占据了主导地位。民族志几乎从来没有采用方法论个人主义或强烈的实在论倾向。它总是高度语境化的（虽然语境类型各有不同）。经典时期的民族志研究将社会从更为宏大系统中孤立出来，但它们总是采用将地方场景置于一个完全语境化的方式来思考。相反，当代民族志的主要关注，恰是全球与本土语境的冲撞，而很少研究本土语境的细节。在问题意识维度上，民族志研究不太关注选择／约束或冲突／共识的争论，一般也没有太强烈的"选择"假设，只是在1960年到1990年期间，民族志（如同其他社会科学学科那样）出现了从共识到冲突的转变。最后，民族志实际上在自定义层面就开始重视境遇化的知识，民族志中很难再产生普适知识。在早期民族志当中，对功能与社会结构（如亲属关系）的强调，催生了相当程度的一般化工作，但此后"文化分析"的洪流却将大部分普适化工作驱逐出了民族志研究。今天的民族志领域内，唯一的普适性表述只有关于文化和意义的创造和诠释在不断流变这一点。

（二）历史叙事

类似于民族志，历史叙事也有强烈的诠释色彩。多重意义与歧义已然司空见惯。当然，历史叙事是一种叙事，这既是其修辞方式，也是其提问与理解的模式。叙事是一种修辞这种观点在过去三十年饱受攻击，这种攻击既来源于社会科学史研究的发展（使用标准因果分析研究历史问题），也来源于新兴的趋势，即对多元声音的关注，这对19世纪和20世纪前期历史编纂学的宏大叙事提出了质疑。但历史研究中的研究问题一般仍以叙事方式提问——为什么A发生了而B没有发生？——人们在很大程度上仍然通过故事所编织的网络来理解社会现实，而不是系统性的社会或文化结构。

在本体论争论中，历史叙事只在语境主义议题上有鲜明的立场，其一直坚持将任何历史研究嵌入所在时间与地点的总体知识中。同样，虽说还是有一些弹性，但历史叙事依然比几乎其他所有的社会科学方法都更强调语境。在行为/结构和文化的议题上，历史叙事的观点不一，有时强调其中一个，有时强调另一个。在个体与涌现上也是如此。过去四分之一世纪里，政治史不再那么受重视，一般来说这意味着更重视涌现群体及其历史，不过整体上史学家没有强烈偏好。在实在论与建构论上同样如此，历史叙事无可避免的过程性特征，使其倒向建构论立场，但叙事中必须呈现的大量细节却也凸显了实在论，以有别于海量信息的杂乱无章。

在问题所在上，历史叙事总是强调选择与约束二者之间的对话。确实，历史写作的主要标志之一，就是坚定地拒绝整个选择/约束争论。另一方面，冲突和共识一直是推动历史叙事的主导动力，它们往往被结合在一起，用于叙述冲突的加剧与平复（正如在很多关于社会运动的文献中所见）。

最后，历史叙事和民族志一样，总是强调语境化知识。历史学家最后一次严肃地预想普适进程已经要追溯到19世纪中期了，那时以斯宾塞的社会达尔文主义和马克思的辩证唯物主义为代表（而在不远的未来，全球化可能是一个候选）。确实，世界史目前正流行起来，因此我们可能正走向历史领域中一种新的普适主义观念。

（三）标准因果分析

在很多立场上，标准因果分析是民族志与历史叙事的反面。它是实证的，相信社会可以被测量，乃至必须被测量（尽管在实践中有时存在难度）。它有强烈的分析色彩，只有在猜想变量间关系或因果力时，才会采用叙事。

本体论意义上，它总是分析由某些属性界定的个体单位，因此一般侧重于个体。（我们当然可以设想一种以涌现的连续性为数学基础的涌现论标准因果分析——例如基于数学拓扑学的标准因果分析——但这种方法尚未"涌现"。）相比于文化，标准因果分析更重视行为/结构，而且在很大程度上拒绝语境，因为语境主义给其所使用的统计方法增添了很多麻烦。整个"变量"思想的要点在于，将特定案例的特定属性从语境中剥离出来，这一语境是由案例中其他的属性所构成。同样地，标准因果分析有强烈的实在论假设，因为它假定了固定的、给定的意义。

标准因果分析在问题所在上的立场更加开放。在用于社会学时，这一方法的假设之一是自变量能够自由决定因变量，所以该方法不太受约束喜欢。例如，在职业成就模型中，标准因果分析拒绝承认这一事实：从业者特征以外的因素决定了绝大多数职业的整体规模。（职业的规模在很大程度上被经济中的生产模式所决定。）不过也有一小派社会学家，即所谓"网络分析学者"，基于标准因果分析假设直接研究约束。与之相对的是，标准因果方法在冲突/共识问题上持不可知论。最后，标准因果立场采取了强烈的普适主义，这的确是其吸引力的基础之一。标准因果分析的所有目标，都是为了获取超越本土性的知识。

（四）小样本比较

如前所述，小样本比较是混合方法。这一方法保持民族志与历史叙事在诠释与叙事上的精细，同时增加分析强度，以回应标准因果分析。在本体论上，小样本比较保持了民族志和叙事的开放性，既不强调个体也不强调群体，既不强调行为/结构也不强调文化，小样本比较既可以进行实在论分析，也可以进行建构论分析，只不过类似民族志和叙事分析，倾向于建构论的同时也高度语境化。标准因果分析在涵盖诸多案例的同时，剥离了语境信息，与之相比，小样本分析的核心恰恰是保留了这些语境信息。

通过这一办法，小样本分析希望生产既有境遇感、又有普适性的知识。一方面，通过保留案例细节来生产境遇化、语境化的知识；另一方面，通过纳入多个案例，来将案例的特定属性从总体过程中分离出来。在面向社会生活的问题所在上，小样本分析没有强烈偏好，既不强调约束也不强调选择，既不强调冲突也不强调共识。相比之下，小样本比较在知识目标上有独特立场。其基本目标是将境遇知识与超验知识结合起来，从而实现方法论上的不可能。

（五）形式化

形式化在很多方面都是方法中的极端。它几乎可以说是绝对的实证主义，却奇怪地不进行任何测量。事实上，形式分析的大本营（也就是经济学）对社会事实的测量，可能比社会科学的其他学科都要少。同时，形式化绝对地认定，精确与有效的测量是可以实现的。

不言而喻，形式化是分析性的，而不是叙事性的，不过博弈论——形式化方法理所当然的成员——至少拥有抽象叙事这一研究取径的兆头。叙事形式化也是 20 世纪 50 至 70 年代文学结构主义的特点，通过列维-斯特劳斯进入社会科学，但它没有成为可持续的标准方法。

本体论上，形式化总体上是个人主义、实在论的，并强烈关注行为/结构，而不是文化。形式化是非语境化的，虽然也存在语境的形式模型，如谢林隔离模型和其他传染模型，但这些模型里，语境呈高度形式化。

在问题所在上，形式化通常更重视选择，而非约束。在冲突/共识议题上，形式化持不可知论，并绝对奉超验知识为圭臬。

三、批判的循环

我们不难对前述标准方法的基本哲学立场进行粗略的描绘。实际上，描绘其立场不仅有助于我们更清晰、更容易地理解这些方法，还强调了它们之间的龃龉之处。在对这些争论进行辨析后，我们也许会认为：研究方法覆盖了从民族志和历史叙事到小样本比较，再到标准因果分析，以及最终形式化——这是一个从具体到抽象的伟大转变。实际上，通常人们会把本章第一节所讨论的绝大多数争论归结为一个庞然大物，它形成了一个明显的渐变梯度：从诠释—叙事—涌现主义—语境化—境遇知识，到实证—分析—个人主义—非语境化—普适知识。

因为一系列原因，这一混同是错的。首先，存在明显的反例。列维-斯特劳斯尝试分析神话结构的形式模型里结合了民族志与形式化。也许有人会说，他用的不是真正的形式化。没有微积分，没有数字矩阵，只有一些图表和一些编码——形式化寥寥。但往更深一层看，列维-斯特劳斯确实转向了形式化方向。用第一章中的术语，即"句法"转向。他没有碰巧使用发展最为成熟的形式化方法——微观经济学、博弈论等——的常用工具，但只看到这一点会阻碍理解他的工作内容。让我们能够理解他的是，将他的新方法——一种句法程序（重视内在的优雅论证），而不是一种语义程序（强调神话与日常生活之间，或者神话与社会结构之间的对照），后者在他之前一直主导着神话研究——视作他试图建构的新解释程序的一部分。

这正是为什么我在第一章中强调，三套解释程序是方向，而不是具体内容或具体研究方法。抽象化是一种量（magnitude）——体现的是与具体现实的距离。不过抽象可以用几种不同的方式进行，也可以随时换到新的方向，这就是解释程序这一观点所要强调的。事实上，我们拥有许多活跃的方法论传统，它们以不同的方式体现了不同的解释程序，恰如刚列出的重大争论中所采取的不同立场。但它们是活生生的、不断变化的传统，几乎可能随时转向几乎任何解释方向，只要它们自己愿意。

还有另一个原因可以说明不能把所有这些争论合并进一组巨大的对立面或一个渐变梯度中。简单反思这些方法可以发现，它们实际上更像是以一种圆环方式被组织起来，而绝非放置在一个梯度上。儿童游戏"石头—剪刀—布"是环形顺序，我们的方法也组成了一种方法论上的石头—剪刀—布的游戏。比较任意两项方法略有不同的研究，其中一项的方法显得更有效。随后，这个方法可以被第三种方法所改善，第三种方法可以通过转向第一种方法而进一步改善！

例如，假设我们想探索列维-斯特劳斯所讲的神话主题。我们可以使用民族志方法，搜集加拿大西部的贝拉库拉人（Bella Coola）所有的神话故事。审思田野笔记，我们可以发现神话结构与部落结构之间的密切关系，神话系统会被认定为部落的一副粗略的文化图景。部落使用神话系统来谈论、修正、削弱、操纵作为"部落日常生活"的强大的社会结构。自然，我们希望与其他研究神话的学者就这些材料进行讨论，将我们的理论与他们的进行比较。

贝拉库拉的系统性材料，就像关于许许多多其他社会的数据一样，也被汇集到一个叫人类关系区域档案（Human Relations Area File）的资料库中。使用这一庞大数据库，研究者也许会发展出一套分类与编码方案，来分析数十个原始社会的神话系统，或者文化与社会结构中的其他方面。使用这些编码，研究者可以进行一项杰出的标准因果分析，表明神话系统的类型可以被以下因素所预测：血缘系统类型（父系、母系或双系），劳动中性别分工的特定方面，以及和西方世界的联络类型。根据这一知识，贝拉库拉研究被还原为某种现象的一个实例，如今研究者是以"更一般化的分析"而"理解"的该现象。

我们可以设想一系列此类标准因果分析，以研究神话和原始社会中的其他方面。这类文献通过改变所观察的变量、分析的类型等办法，来发展自身的争论与研究问题。不过，也可以设想有历史学家会研究不同部落积累文化人造物（cultural artifact）和神话的过程。结论可能是，人类学家、博物馆工作人员和其他收藏家存在对"原始素材"的需求，神话与物质人造物（physical artifact）是为了满足的这些需求而被生产出来的，因而也被这些需求所决定。和很多的北美大陆西北海岸图腾柱那样，这些神话被生产了出来，一部分是"为了人类学交易"，一部分是为了原始社会自身（Cole，1985）。事实上，部落与当代社会的联系可能已经在各种方面改变了部落自身的社会结构。例如，我们知道贝拉库拉与夸夸嘉夸族著名的夸富宴（早期人类学者对其进行了研究），在很大程度上就是这种联系的*产物*（Cole，1985；Cole and Chaikin，1990）。基于这一论点，标准因果分析所讨论的因果关系并不真实，因此标准因果分析就完蛋了。所以研究者会像放弃民族志传统那样，放弃标准因果分析传统，转而开始通过历史探索，来认识原始社会与西方世界之间联系的本质。（事实上此类文献已经在逐渐增多，尽管这不是出于对标准因果分析文献的批评，而是出于对民族志自身的批评。）

不过我们可以设想，会有民族志学者专门到田野中去研究文化接触。也会有民族志学者辩称，那些重视原始社会与西方接触的历史学家，忽视了原始社会重塑文化材料与社会材料的高度创造力，而这些材料正是通过与西方的接触获得的。所以研究又回到了民族志，从标准因果分析到历史研究的过程就像是从研究主干道旁边的小路绕了一圈，现在我们又回到主路上。此外，兴许我们的民族志学者刚刚读了一些博弈论（毕竟这是形式化的一种），认为应该将文化接触的过程重塑为反复进行的懦夫博弈（chicken game）[1]，每次当这种接触重复出现的时候，两方都试图迫使对方接受他们对情境的诠释，直到最后，某一方以彻底的重新定义来改变自己的诠释。但这一重新定义只能延续到下一次博弈之前，如此往复。

这正是一种"石头—剪刀—布"式的情境。标准因果分析在泛化的标准上超过民族志，历史研究在对这些门类进行历史化分析上的标准上超过标准因果分析，民族志在刨除历史延续性观念上超过了历史研究，并将形式化方法带上了方法论讨论

---

[1] 也称为胆小鬼博弈或斗鸡博弈，是博弈论的经典模型之一。两车相向而行，两方均不相让则带来两败俱伤；或者一方先让开，此方被耻笑为"胆小鬼"（chicken），另一方胜出；或者两车均相让，都获得较低收益。——译者注

舞台。值得注意的是，每一次超越，都包括转向研究方法间差异的新维度，因此每次方法论更替都在声明，替代方法所强调的维度，要比被替代方法所强调的更加重要。标准因果分析认定一般性比细节更重要，以此超越民族志。历史叙事认定历史真实比单纯的一般性更重要，以此超越标准因果分析。民族志认定文化再诠释的力量可以根除各种历史延续性观点，以此超越历史叙事。

每种方法看上去都可能会胜过其他所有方法，尽管是以不同方式胜出。因此像上面这种方法论"循环"，存在很多种。此外，几乎所有这些超越都已经被尝试了，这导致各个方法论共同体都走向了某种修正主义，以处理别的方法论共同体所点破的缺陷。这让方法论领域的形势更加复杂。

更糟糕的是，每种方法都对其他方法提出了元批判（metacritique），也就是说，每种方法都可以被用于分析其他方法的使用者。例如，可以对历史学者进行民族志批评，或对形式化学者进行标准因果分析批评。

梳理所有的这些批判、超越与修正，将它们全都置于同一个地方，是值得的。这样做的部分原因，是为了让读者不要将其看得过于严肃。把它们放在一起时，就不再会觉得这些小小的循环赛有多了不起。但是，我也提供了一份表单，以再次强调这些方法没有固定的渐变梯度或顺序。每种方法在分析的某些方面超过其他方法，结果在分析的某项标准之下，每种方法都有其特定重要性。表 2.3 里列举了所有这些评价，包括元批判与直接批判，也列举了一些（直接或间接）回应那些有指向性的批判的例子。

（一）民族志

民族志认为，历史叙事在试图发现一个时代中的趋势与一般原则时，忽视了社会生活的极端多样性。历史学者为了回应这一批判，在20世纪六十至八十年代转向了"自下而上"的历史，研究"没有历史的人"，经常采用口述史方法，看上去和民族志一模一样。尽管所有这些研究都部分受某种想要研究那些被遗忘和受压迫者的政治冲动的启发，但它们也直接或间接地植根于一种民族志方法冲动，即想要更接近"大综合"（grand syntheses）之下而被大量忽略的材料。

虽然小样本分析使用民族志，但是民族志方法认为，小样本分析对案例进行比较这一点存在根本性问题。小样本分析重视语境，但还不够。民族志认为社会事实从其周边的事实中获得意义，反标准因果分析的立场更坚定。在民族志看来，将社会事实看作普适标准下的"变量"（给定事实有给定意义，而与所处语境中的其他事实无关），会毁掉这些意义。因此，民族志对编码和统计持鲜明的怀疑态度，认为标准因果分析所依赖的数据简直毫无意义。因为存在这种批判，标准因果分析没有直接从民族志中拿来方法，不过现在焦点小组和其他类民族志工具的使用已经有了显著增长，这些工具被用于让访谈对象理解问卷的含义，而不是像早期研究那样，问卷只是来自调查者的设想。

表 2.3　元批判、批判与回应

方法	元批判	批判	回应
民族志	其他方法缺少属于自己的民族志		
历史叙事		缺少了社会世界的极端多样性	草根史、口述史
小样本比较		无视重大差异而对不同现场进行比较，在不同现场的研究者可能是不一样的人	
标准因果分析		使用无价值、无意义的数据武断地指定意义	焦点小组
形式化			
历史叙事	其他方法缺少关于自身的历史感		
民族志		是静态的，忘记了意义会产生变化，缺失概念史、分析类型史和自身的历史	历史与民族志结合的成果正在出现，如西敏司、艾瑞克·沃尔夫的研究
小样本比较		缺失原始材料，缺失语境	基于原始材料的比较历史社会学
标准因果分析		无视偶然性，缺失对行为的说明，不能再现变量的"历史"	社会科学史，条件模型，周期时间序列分析
形式化		假设底层模型不会变化	进化算法
标准因果分析	其他方法论可以被多种因果力量所解释（仅限隐含原因）		
民族志		缺少泛化，缺少因果分析，不可证伪，测量不可信，不科学	结合多个田野地点的群体民族志
历史叙事		缺少一般化，缺少因果分析，不可证伪	比较历史社会学
小样本比较		泛化所使用的案例数量过少；保留无意义的细节，集两种研究方法的缺点	定性比较分析（QCA）——查尔斯·拉金
形式化		缺少实质内容，接纳糟糕的数据	
形式化			
民族志		缺乏理论	克洛德·列维-斯特劳斯的神话分析，哈里森·怀特对亲属关系的研究
历史叙事		缺乏理论	理性选择历史——希尔顿·鲁特，玛格丽特·韦尔
小样本比较		缺乏理论	
标准因果分析		缺乏理论	验证博弈论假设

虽说就情理而言，每个表格空格都可以填入内容，但本表格并未全部填满。我没有填写的空格代表我不太清楚相关的主要批评文献和方法论回应。此外，"回应"也并不必然来自被批评的群体。比较历史社会学来自社会学学科，而非历史学，尽管它是为了回应标准因果分析对历史著作不重视因果的批评而生发的。

奇怪的是，民族志和形式化之间的暧昧关系由来已久。两者都热爱复杂性：民族志热爱事件与事实的复杂性，形式化热爱形式细节与推导的复杂性，这在博弈论理论家们发明的诸多博弈（懦夫博弈、以牙还牙博弈［Tit for Tat］、囚徒困境［Prisoners' Dilemma］等）中非常明显。列维-斯特劳斯学派的人类学、20世纪60年代的认知人类学，以及当下诸多人类语言学（anthropological linguistics），都是高度形式化的。对形式论者而言，他们很享受将现实亲缘系统数学化。民族志和形式化明显地处于具象—抽象标尺的两端，两者间这一奇怪的暧昧关系突出了不同方法之间循环的特质。人类学的民族志方法对形式化的接受度比对其他任何版本的标准因果分析的接受度都要高。

民族志对其他方法的元批判，体现在当下流行的对自然科学家与社会科学家群体的民族志分析。批判的内容非常简单：若少了对社会科学实践与理念的严肃民族志分析，社会科学家无法理解自身的工作。社会科学家的表面话语——关于方法、理论和发现——实际上涵盖了一套复杂得多的文化结构。事实上发生的大概就不是"社会科学"研究，而是理解材料中的局部异常，控制那些出于或大或小的政治原因而简化现实的测量方式，如此种种。在这种意义上，民族志可以声称，方法论讨论实际上是对其他议程（个人的、制度的、社会的或者政治的）的一种掩饰。

（二）历史叙事

历史学家的元批判有所不同。他们认为社会科学的大问题，是对自身的历史化不足。也就是说，方法论共同体缺乏对其历史的认识，在讨论核心方法论和理论问题时，这些术语本质上也稍纵即逝，而方法论共同体对此特质缺乏认识。历史学家们认为，社会科学家是在文化共同体中工作，这些共同体以高度结构化甚至仪式化的方式互动，只有意识到这一点，才能避免在自身的修辞和符号中原地转圈，避免自以为在进步，实际上原地踏步。实际上不可能达到任何目标，而仅仅是无目的地漫游。历史研究强调，在所有方法论的发展中都有偶然和意外的存在。

历史研究对其他方法进行具体批判的方式各不相同。历史研究批判民族志是静态的，民族志学者在特定时间里进入特定地点，无法区分变化和不变化的事物，那些在民族志调查期间存在的东西看上去都是永恒的。实际上，自1970年起，学者们已经批评了两次大战期间的经典民族志研究，认为它们把殖民主义最后阶段的片刻时间看作"传统社会"的稳定存在。

对于小样本分析——经常是比较历史分析——历史研究的说法就很直白了。一般而言，小样本分析不使用大量的原始档案，而且对于单个案例的了解远逊于历史领域内的专家。历史学家于是认为，从事小样本分析的学者简直不了解所研究的案例。与之相对的是，历史研究对标准因果分析的批判模糊得多。事实上，一个显著的趋势是将标准因果分析方法嫁接在历史研究上，这个规模庞大且自发的运动叫做社会科学史。（参与者并不都是历史学家,也有很多人口史学家、经济学家、社会学家等。)更深度的"历史"研究对标准因果分析的批判在于,现实并非如标准因果分析对于变量的操作所认定的那样发生于孤立的事件和属性中,而历史研究认为现实存在于相互关联的作用与反作用、选择与约束中。标准因果分析确实丝毫不考虑作用与反作用。它在分析行为时只有一种标准方法:估计不同变量对某些因变量事件的影响,它一直在等,直到因变量事件发生——这说不上是历史。最后,历史叙事认为标准因果分析的变量各有各的历史,而这总是被忽视。不可能提出职业-教育关系的历时变化模型,因为这两种类别——职业的名称与内容,以及教育类型的名称与内容——恰好随着任意时间的跨度而发生着改变,这同样值得研究。

历史叙事对于形式化的主要批判如下:形式化分析预设了一套不变的形式模型,不论是博弈论理论、微观经济学还是结构主义。而历史研究的核心预设是任何事情都会变,包括游戏规则。一旦这些规则成为普适的规则,那它们就变成和具体内容无关的那种不言自明的道理——类似于"人们会做他们想做的事情"。有趣的是,有时候会有人书写形式化的历史研究,这一般出自历史学学科之外,如尼古拉斯·拉谢夫斯基(Nicolas Rashevsky)曾经写过一本有趣的书《通过数学看历史》(*Looking at History through Mathematics*),以及最近出现的用理性选择模型所进行的历史研究。但是说到让形式化模型自身历时化(将博弈规则完全内化,使之成为博弈的一部分),没有人会将这种尝试当成核心任务来严肃对待。这一问题属于计算机科学中递归理论的范畴，无疑很快会被重视。

（三）标准因果分析

标准因果分析对各种方法的批判是类似的。标准因果分析批评民族志不允许一般化的结论、不可证伪、使用不可靠和不可复制的主观"测量"——一句话，不科学。标准因果分析批判历史研究的理由大致相同，尤其特别强调这一点：历史研究不是"因果分析"。这一批判有两层意思，一种比另一种更宽泛。其中狭义的批判认为历史研究不能表明每个独立变量影响因变结果的程度，也就是没有统计模型中估计出的系数。在标准因果分析看来，历史叙事更像是将各个元素组成一个故事，想象着多重的偶然性和相互依赖性。这一狭义批判基本上来自定义，标准因果分析强调历史研究不像自己那样提供了这个系数，而且更重要的是，标准因果分析声称讲故事不是解释的合法形态。

另一重批判比较宽泛，也更深刻。标准因果分析有理有据地宣称，历史研究鲜有调查不同案例中共有（common）的"故事"形式，历史研究从未尝试过"历史性"的概括，更别提因果概括了。这一批评催生了比较历史社会学，这是小样本分析形式之一，被专门用于评估少量案例情况下的不同因果模式。这一批评也导向了叙事实证主义（narrative positivism）理论的各种分支，这些分支试图直接测量和分析大量的历史"故事"模式，如职业生涯或革命。标准因果分析随后又开始批评这些修正，它批评小样本分析（披着比较历史社会学的外衣）的案例太少，不足以进行有效的泛化，也批评叙事实证主义的因果分析不充分。[1]

标准因果分析批判形式化过于模糊、缺少实际内容，即如前所述，形式模型与研究材料之间没有必然联系。这一批评既针对标准形式模型的理论，也针对其操作。形式化在理论上的问题是，任何给定的社会情境都可以被一堆形式模型所描绘，这些模型有不同的假设与含义。形式化在操作上的问题则是极端不关心研究材料。

作为一种元批判，标准因果分析比民族志和历史叙事要间接，后两者的元批判近乎人身攻击，它们可以指向某些误解，特别是时空错配。这种攻击可以并且已然被作为思想争论中的武器，而标准因果分析的元批判则较为含蓄。其意涵是，可以对不同学科的成果进行建模，并表明各种肇因——实践者的才能、研究资金的水平、关联精英的结构——可能解释这种产出。有趣的是，现在几乎没有人愿意做这样的模型，无论把这当成批判工具，还是单纯的科学社会学研究。不过，使用标准因果分析的学者群体中肯定有一种持久的内部看法，即某些学者（估计）因为缺乏数学技能才转而采用民族志、叙事和小样本分析方法。

（四）形式化

形式化学者也很少花精力在元批判上。虽然可以轻易提出

---

[1] 作为一种研究手法的叙事实证主义在 Abbott（2001b：c.6）中有所讨论。

描绘其他知识领域的模型，但这些学者懒得这样做。准确地说，他们有单一的、通用的批评，这个批评适用于形式化之外的几乎所有方法。这个批评很直截了当：其他所有方法使用了因果性和解释性论证，但对于这些论证的意涵则说得不够清晰。举个例子，讨论人们为什么还没失业的标准因果分析研究，会在前几页列举两到三个"假设"，一般来说就是某类劳动者在某些情况下可能的行为。（采用形式化分析的）经济学家可以轻而易举地写二十页的微积分，来证明（或否定）其中一个故事。同样的处理方式也适用于——在更大程度上——民族志、历史研究和小样本比较。对于形式化学者来说，这些论证就是不够彻底，一方面每项研究中立场的形式化形态发育不全，另一方面也缺乏更宽阔的、纯理论的立场，来将这些论证归置到稳定且通用的框架之中。形式化学者认为标准因果分析亦是如此，它和民族志、历史研究一样，在解释某些案例时，只有某种特设的、无法被证明的"理论化"。尽管如此，形式化与其他几乎所有方法之间都存在形式化联系，有时源自形式化的这一方，有时源自其他方法。

（五）小样本分析

小样本分析在很多方面是一种妥协后的方法，用以回应以上种种批评。标准因果分析对民族志的批评是没有泛化，小样本民族志（small-N ethnography）方法试图规避这一问题。标准因果分析对历史研究提出的批评是其不关注因果关系，小样本历史分析（small-N historical analysis）则试图规避这一问题。历史研究和民族志对标准因果分析的批评是变量无意义、没有真实事件，小样本比较同样试图规避这一问题。与绝大多数的妥协策略类似，小样本分析经常两头落空，也正如妥协这个词所指，小样本分析没对其他方法提出什么一般化的元批判。

*

因此，每种方法都对于其他方法提出了坚实、鲜明的反对意见。正如开头所言，结果是这些方法形成了一种循环关系，每个方法都可以修正其他方法。正如在讨论中所见，这些修正产生了海量文献。但所有修正放在一起就成了迷宫，各种方法既有过人之处，也同时有不尽如人意的地方。

四、从批判到启发

现在来总结一下本章论点。第一节讨论了社会科学各个学科中的基本争论，第二部分使用这些争论界定了第一章介绍的研究方法。在此，标准的方法论教材会介绍每个基本方法的细节，为每个方法各用一章来解释其立场，展示其提出问题、设计研究、获得材料和进行推导的做法。各方法的假设之间的深刻差异被看作"注意事项"，然后就结束了。

相反，本书并没有这样安排，而且我认为通常将这些方法相互关联的方式并不正确。表面看起来的从一种方法论过渡到另一种的渐变实际上只是表象，实际上，方法论上的批判只是在循环往复。当所有这些批判放在一起，我们会发现它们作为一个整体并没有构成一个逻辑结构。（结果就是，大多数自觉的方法论批判尝试要么是胡扯,要么是争辩。)

将这些论点放在一起讨论更重要的一点是为了说明,问题和批判在某些学者手中可以变得具有创造性。很多时候,通过这些批判我们能在研究中提出新东西。新东西并不是说必然比旧的好,毕竟如前所述,整体上的方法论批判是循环的,可能只是在局部做了改进,而不存在全局意义上真正"更好"的研究方法。全局角度中什么是更好的,可能取决于对现实更充分的认识,或是更详细的了解,再或是更具有多样性和丰富性的了解方式,诸如此类。我在这里并非要区分对错,而是对社会生活做出充分的表达,而且在严谨的思维下做出这样的表达。(换句话说,如果我们想要理解作为社会科学家的我们的行为,就必须以更加灵活的方式定义真理。)

所以,方法论的相互批判之所以重要,不是因为这让我们更加正确,而是因为这让学者们可以表述得更多——尤其是让学者们表述得更丰富。这意味着方法论的相互批判具有启发价值,可以催生新的观点。以民族志视角看标准因果分析,让标准因果分析产生更有趣和更复杂的成果。以形式化视角看历史叙事,也会产生令人惊讶的洞见。有时,这类批判引向老方法杂交而成的全新方法论共同体。在标准因果分析对历史叙事的批判中,社会科学史诞生了,而民族志对历史叙事的批判中诞生了"自下而上"的草根历史研究。两者都是令人激动的趋势,在智识上非常重要。

我们刚刚进行的,就是第一种启发式技巧:问自己,"其他的方法论路径如何看待我的研究?"。方法论的相互批判是一般启发法（general heuristic）的第一要义，以下三章会讨论其他启发法。第三章讨论启发法的一般概念，包括我们对寻找新观点的技巧或规则的理解。同时我还会探讨两种最简单产生新观点的手段。第一种手段是常规科学（normal science）中的加法启发法，即通过给传统观点做出微小变化并再次分析，来生产新观点。第二种手段是话题启发法（heuristic of topics），使用标准观点清单（list of standard ideas）来避免陷入单一思维方式中。

第四章和第五章不再关于全局性启发策略，而是转向更为特定的生产新观点的规则。这些办法中，有的是从新领域寻找观点；有的是改变论证方式的规则，而与研究内容无关；有的是改变事件描述方式，这些事件是理论化的对象；有的是改变讲故事的方式。所有这些方式都是将现有论点转换为新论点的潜在工具。

第六章回到我们刚才讨论过的方法论间相互批判中所隐含的启发法。通过进一步分析本章开头的那些基本争论，这一章将继续深挖方法论相互批判在启发法上所具备的丰富潜力。相互批评之所以有其力量，很大程度上来自这些争论的一种特质。这种特质就是方法论是几何分形的。也就是说从实证主义到诠释主义，或者从叙事到分析，它们不是简单的线性尺度。相反，这些方法是可以不断进行细分的结构。实证主义者和诠释主义者做斗争，但每组内部又进一步细分成了实证主义者和诠释主义者，以此类推。

举例来说，实证社会学家喜欢做测量，而诠释社会学家喜欢做民族志。但在做测量的学者里，有些很关心被访者对问题的理解，而另一些学者相信可以通过随机误差（random error）来解决诠释问题。就这样，仅仅是在一群实证主义者内部，又产生了诠释主义和实证主义的区分。诠释主义者那群学者也是这样。一方面，有的是索引－编码（indexer-coder）型研究者，他们很仔细地为田野笔记建立索引，基于发现的编码类型来发展"假说"；另一方面，高度诠释主义者关注某些语句中某些词汇的用法。奇怪的是，在索引－编码的民族志学者（实证的诠释主义者）与相信受访者存在偏见的研究者（诠释的实证主义者）这两个群体之中，相信随机误差的研究者（实证的实证主义者）在某些方面与前者有更多相似之处——不是在所有层面，而是某些层面。

　　还有很多这样的例子，不过我的观点已经很明确了。这些基本争论并非是宏大的、固定的立场，通过某人的方法论选择而被一劳永逸地固定下来。这是我们每天都要做出的选择。它存在于研究的整个过程中。没有人在所有语境和所有时间里采用同一种研究方法。这些基本争论是复杂的，也是分形的，而第六章展示了这一特征如何成为社会科学启发法的关键性资源。对于以往成果的强力批判奠定了新研究领域的基础，在社会科学的核心里，分形论争提供了无穷无尽的路径来生产新观点，甚至是设想研究问题的新路径。这正是启发法的要义。

第三章

启发法导论

一、启发法的观点

阿基米德泡浴缸是关于启发法的一则经典故事。当时，阿基米德从浴缸里跳出来，在叙拉古（Syracuse）的街道上光着身子奔跑，边跑边喊："我发现了！"他看到水溢出浴缸时突然意识到，与身体等重而密度更大的物体浸入水中，溢出来的水更少。银的密度比黄金低，因此，赫农王的黄金皇冠若实际上由廉价的银合金制成，那么浸水时会比纯金的皇冠溢出更多的水。通过这个办法，就可以在不融化皇冠的情况下，判别皇冠是否由纯金制成。

当然，阿基米德喊的不是"我发现了"（I've found it），而是"Eureka"，也就是希腊语动词"heuriskein"——意思是"发现"（to find）——第一人称单数完成时。[1] 这个词汇最终演变成英语词汇"启发"（heuristic），它指的是如何探索发现新事物的学问——可以说，是探索的学问。讲述阿基米德的故事是理

---

[1] 根据母语为英语的古典学学者的观点，εύρηκα 常用的正确发音是 HEH-oo-ray-ka，而不是流行文化中的 you-REE-ka。当然，古希腊人自己的发音已经不可考。

解启发法的绝佳起点。阿基米德面对一道难题，而在浴缸泡澡时他找到了解决方案。故而启发法指的是寻求解决问题新路径的科学，或者说，是"浴缸的科学"。在计算机科学中，启发式程序设计（heuristic programming）采用实验路径而非精确分析路径来寻求问题解决方案。[1]

关于启发法的绝大多数当代著作来自数学。数学家往往有一个需要解决的特定难题：如何计算正态分布的积分（提示：不能用解析方式做），如何画一个正五边形，如何对六度空间中所有断连类型进行归纳，如此种种。通常数学家心中有个答案或至少对其有所猜测，但他们需要确定如何确实地达到那个解答。哪怕是对答案一无所知，他们通常也能对答案的形态有个直观的认识。在这种情况下，启发法指的是一种解决难题的创造性思维，数学家们往往一边从难题出发，一边从解决方法出发，像从河的两岸同时构建桥梁一样，逐步推进直至中间部分相接。

盖然论者乔治·波利亚是启发法最伟大的现代学者之一，他的杰出著作《怎样解题》（*How to Solve It*）专门讨论如何解决

---

[1] 在启发式（heuristic）和启发法（heuristics）之间还没有明确的概念区分。正如"一项启发式探究"（a heuristic inquiry）所表达的那样，人们把启发式（heuristic）当作形容词来使用。但要把它当作名词，那意思就模糊不清了。波利亚用启发式（heuristic）来描述一个一般意义上的探索准则，但没有提出描述单独的启发式做法的简写词，或者描述一系列此类做法合集的复数词（1957）。许多谈论启发式的作者将其用于某个特定的启发式规则（如"类比启发"［the analogy heuristic］）。这是计算机科学中的常用表述。此处的启发法（heuristics）只是单数名词启发式（heuristic）的复数形式。本书使用了这两种用法，类似于逻辑（logic）的标准用法。逻辑既可以指一种准则，即作为独立逻辑系统的模态或形式逻辑，也可以指一系列此种逻辑系统的合集（logics）。这里的启发式和启发法也是如此。

这类数学问题。波利亚展示了大量解答难题的技巧与方案，他认为解答难题有四个关键步骤：理解难题、设计解决方案、执行方案、从解决结果回顾，每个步骤涉及一系列问题与任务：

1. 理解难题
   – 未知之处是什么？数据是什么？"条件"是什么？
   – 画图。使用合适的符号。
   – 对条件的不同组成部分做出拆分。

2. 设计计划
   – 是否曾见过此类难题，或相近的难题？
   – 是否了解另一个有同样未知之处的难题？
   – 如果存在相关难题和解决方案，那在此处如何使用？
   – 能否重述这个难题？能否解决部分难题？能否解决类似难题？能否解决难题所属的更大的难题？

3. 执行计划
   – 检查每一步。它们真的是对的吗？能够证明吗？

4. 回顾
   – 结果是否可核验？能否用其他方法获得结果？
   – 能够使用这个方法解决另一个难题？

（1957: xvi-xvii）

波利亚著作的大部分内容都可称得上"启发法的字典"——实际是一组与"发现"相关的对各种话题的沉思。这些话题中，有一部分是解决难题的策略：解决附属问题、进行分解与重组、进行数学归纳、解决难题的变种、进行逆向思维。其他内容则是对上述 1-4 条目中的问题进行深入的论述。

但社会科学的情况往往有所不同。研究者常常无法事先认识到难题到底是什么，更不要说对解决方法的认识了。我们常常只有一点直觉，认为某个题目有点意思。但经常连答案应该长啥样都不清楚。实际上，往往在发现答案的同时，我们才搞清楚研究谜题的具体所在以及答案应该是何模样。这就是为什么许多（如果不是大多数）社会科学学者在写其博士学位论文和著作时，是在写完所有实质性章节之后，最后再写导论部分。最初的研究设计往往只是所谓的狩猎许可证，最常见的情况是，获准狩猎的动物与最后在本科或博士学位论文里猎到的动物有很大不同。

数学与诸多社会科学学科二者间的不同意味着，我无需认为本书读者即将开展一项研究项目，或是正在寻求新观点。大多数研究方法的教义认为学者在启动研究计划时已经有一个大概问题，然后将其细化到一个聚焦式的问题，由此指明所需要的数据类型，进而设计一项分析，来回答聚焦式问题。这与现实情况完全不符。大部分研究计划——从大学一年级的小论文到职业生涯中延续多年、涉及许多研究者的大项目——在启动时只有研究者对某个领域的大概兴趣、对可能存在数据的大致概念、对某种方法的偏好，以及对某种结果的厌恶。大多数研究在以上这些方面齐头并进，数据越来越好，同时研究问题越来越聚焦，方法的选择越来越坚决，结果越来越精确。在某个阶段，研究者尝试按照传统顺序对这项研究进行从头到尾的整体描述，这个阶段可能是研究生的论文开题考核、教师的经费申请阶段、或本科生与指导教师的答疑时间（在严肃对待本科论文的情况下）。这时候才浮现出来大家熟知的格式：研究谜题引向文献综述，引向正式的研究问题、数据和方法。即使是在这时候，整体样貌也可能与最终论文有很大不同。

任何一位资深学者都知道，在典型的资助项目里，在研究的中期阶段就已经能够获得部分最终结果。换句话说，只有非常靠近最终结果时，我们才能告诉资助机构自己要做什么。实际上，很多研究人员使用一个项目的研究经费去支持其下一个项目的研究工作。在上一个项目接近完成时，他们便着手申请新的经费——目的是为了确保接下来项目的顺利进行。（也就是说，在社会科学研究中，期望研究者能事先知晓自己准确的研究行动计划是完全不切实际的。）所以，传统研究计划的第一版是试探性的。强迫研究者采用这种格式的真正原因，是为了让人更清晰地识别出哪些工作尚未完成，以及迄今为止哪些方法没有取得成功。

这些话的意思是，读者不能期待读完这本书后会获得一个点子，然后导向聚焦的研究问题、数据等等。此处讨论的这些策略，在研究的任何阶段都可以使用，因为在任何研究项目的全过程里，我们都会一遍遍修正数据、方法和理论。

刚才谈到资深学者，并不是说我忘了本书旨在关注处于学术生涯起步阶段的学生的初衷。但上述观点对于处在智识生活各阶段的人来说其实都很有用。我们会发现，启发法在不同年龄阶段的学者中发挥过不同作用。

本书致读者部分提到过，在学生中间存在的一个普遍问题是，他们感觉没什么可说的。本书的首要目标是寻找新观点生成的基础，从而解决这个问题。没什么（新观点）可说的问题，很大部分的原因是你——作为学生——第一次进行社会科学研究。所以你会发现有海量的东西可以被研究，也有海量的东西已经被研究过了。

在这种常见的情况下，启发法解决两个问题。一方面，它提供工具来质问既有说法，将其转换为新观点和新视角。另一方面，稳定的启发法实践能够教你如何将好的和坏的观点视角区分开，我们将在第七章中探讨此问题。

在一定程度上，难以决定表达什么主要是一些对社会生活没有既定立场的人的困扰。我们都认识不少持有预设立场的人，他们通常是那些有某种强烈政治倾向的人。不管问题是什么，这种有政治倾向的人都有一种评价立场和认识方法，他们往往还有针对具体议题的常见质疑和困惑（如女性主义的问题"那女性和社会网络呢？""那性别化的叙事概念呢？"，如此种种）。这些来自他们对社会生活相对单方面的视角，某种程度上说，这种视角较为简单，和那种试图进行全方位分析的立场相比，在智性上也比较容易自洽。那些不知道从哪儿东抄西摘观点的毛病常见于一些刚刚开始从事社会科学研究者，或者是那些没有什么特别的执念的人，与那种可以从某一点问题上轻松得出观点的人相比，这一状态更棘手。

从一开始就有强烈政治立场的人，会拥有一种舒适的片面性，社会科学家们小有所成后都会形成这种特质。这是我们自身学术成长的第二阶段。这时研究者不需要被这种或是那种政治关怀所支配，你只需要决定成为马克思主义者、韦伯主义者或福柯主义者，瞧，你对任何摆到台面上的事情就都有了看法，甚至有了标准的研究问题。在这种情况下，启发法可以把研究视角从这些束缚中解放出来。如若不然，你就会一直用这种形式写论文："教会机构的新制度主义视角"、"作为一种教育概念的布尔迪厄惯习"或"教育的马克思主义理论"，然后你会困惑为何你的小圈子之外的人对此毫无兴趣。

你想要从这些束缚中解放出来的原因是，你身边总有许多人既不是马克思主义者，也不是韦伯主义者或其他主义的信奉者。在这些主义之外，还有很多看待事物、问题和数据的成熟视角。不懂这些方式，就没办法与之对话。使用启发法不只是为了给自己的视角更大自由度。对于看待社会世界的其他视角，你可以掌握其基本观点，甚至采用启发式工具库（heuristic repertoires）。这是社会科学家智识成长的第三阶段。要是有学生能类似这样说："好，那博弈论范式如何看待这个问题？"，然后再自问道："韦伯主义者会同意吗？"，那他们就是我们所寻找的好学生了。

一名社会科学家的成熟之处，在于他已然充分掌握所有多样化的二级概念与问题库，并且能够采用启发式策略去让不同的观点相互碰撞。这就标志着社会科学研究的第四个也是最后一个阶段。此时你已经可以使用不同标准的立场来相互质询、相互启发；某种程度上，这就是我在上一章中提到的不同方法间通过相互批评进行探讨的含义。每种立场最终都会对其他所有立场提出挑战。

更重要的是，在这个高级阶段，你能做到许多人难以企及的事：将不同的立场结合起来，形成比其中任何一个单一立场都要丰富得多的探询方式。此处用一个艺术的例子来说明，在18世纪80年代早期，莫扎特发现了一些巴赫的手稿，并对其赞赏不已。他决定创作巴赫风格的音乐，莫扎特的《c小调弥撒》表明，他确实可以创作此类音乐，而且和他赖以成名的古典主义风格的音乐一样容易。所以在歌剧《唐璜》(*Don Giovanni*)里，他通过创作不同风格的音乐来定义不同的人物性格。唐娜·埃尔韦拉——歌剧中唐璜欺骗过的五个女人中最传统的那位——的咏叹调用死板的巴洛克风格写成，其彻底的老派风格震惊了当时的听众，也恰如其分地符合唐娜·埃尔韦拉的角色设定。唐璜的音乐就更加当代，符合其精力旺盛不光彩的自我；淘气的莱波雷诺是唐璜的仆人，负责搞定各种事情，他的音乐是用彼时农民舞蹈的节奏。对莫扎特而言，不同风格根本不是难题，而是资源（见Allenbrook，1983）。只有精通多种风格的大师可以让它们如此巧妙地相互对话。在社会科学的最高境界，这正是深入的启发式研究能实现的成就。

总之，启发法对不同阶段的社会科学学者都有价值。不过，虽然启发法的基本工具库可以在许多不同方式和层次上得到应用，但它仍旧是统一的。这一章的剩余部分会讨论产生新观点的两个最简单手段：常规科学的加法启发法和使用启发式的"话题"，或曰备忘清单。

二、常规科学的惯常启发法

乔治·波利亚认为,"启发法是为了研究发现与发明的方法、规则"(1957:112)。这可能让我们以为,发现能够完全成为例行公事;我们学到一些规则,扭动手柄,瞧:发现了!但波利亚的意思明显不止于此。启发法确实超出了产生发现的惯常路径。在看这些之前,我们先看看这些常规之路。

无论是惯常还是反惯常的发现,托马斯·库恩(Thomas Kuhn)对于发现的界定对于许多人而言已成为主流标准。当他写作《科学革命的结构》(Structure of Scientific Revolutions)时,他旨在取代那种我们称之为宏伟大厦(big-edifice)的科学模型。以前这个科学大厦模型认为,任何特定时间的科学是一个由公认事实、理论和方法构成的巨大结构。科学家们一直在提出新的猜想,在现实中通过各种方法予以测试,然后看猜想是否被证明。如果被证明的话,它就成为大厦一部分;没被证明,就被排除。这个模型是渐进和增量的,科学一点点增长,就像是坚固地基上,用砖一点点建起一幢大厦。有时也许偶尔需要替换很大面积的墙,但主要还是做一点微小的增补。

和许多人一样,库恩认为这种对科学的想象不准确。很多重大科学理论像是一下子爆发出来的,例如哥白尼、牛顿、达尔文等带来的科学革命。这些都很难说是渐进的。库恩区分了常规科学与范式转换的科学(paradigm-changing science),以此解决这一困境。他认为,科学以范式的方式组织,在某个范式内,研究是增量的。微小的成果一点点积累起来,建成大厦的新增部分，替换掉老化部分。但是，在常规科学不断推进的同时，总有些疑难杂症没办法解决。这些反常被放到一边。它们被归因于错误的观察、错误的分析等。当反常堆积如山，就会有学者采用不同的视角分析一切——不同的方法、不同的理论、对发现不同的诠释——这种视角既能解释旧范式所解释的事情，也能解释所有那些反常。库恩将这种转变称之为范式转移（paradigm shift），也就是采纳新的方法、新的理论，甚至是对现实世界事实的新定义。这意味着摧毁旧建筑，并使用下脚料、反常和新材料建设新的大厦。

这一描述的意思是，常规科学——范式内科学——启发法的核心规则是单纯的添砖加瓦（addition）。民族志学者研究一个新的部落或新的情境，历史学家为一个新的国家、新的职业或新的战争撰写编年史。如果是一位标准因果分析学者，那就意味着使用新的自变量甚至因变量，或者使用新数据库、新提问方式、新模型来研究一个老问题。形式化学者小小地改变规则，再重新计算均衡或者最终结构参数，诸如此类。小样本分析学者会增加几个新的案例，或者在既有案例中发现更多细节，或者增加新的分析维度。

这种大同小异的启发法有几种不同版本。最简单的一途，是拥有更多数据：将同样的观念放置到新的地方。当然，这并不是说民族志学者再做一份新案例，或者标准因果分析学者拿到一套新数据库，他们仅仅增加了一两组例证那么简单。通常新数据中会存在细微的差异，这可以让研究者借此改良既有观点，而非简单地重复之前的分析。不过，对刚入门的社会科学家而言，常规科学启发法，即"它在这里能行得通，那在那边能行得通吗？"，已经是开启一个社会科学研究课题足够好的切入点。

加法启发法的第二个版本是加入新的分析维度。加入的部分往往是次要的维度。而后文将要讨论的更强的启发法，则将大幅改写视为目标。但本节所介绍的很多标准因果分析采用以下形式：如，x 导致 y，那我引入控制变量 s，t 或 u 会发生什么？例如，女性较少从事自然科学和数学研究，那要是控制住天赋呢？本科专业？父母鼓励？或者高中选课呢？如此种种。另一个例子是，长期以来的历史研究认为 19 世纪的革命政党多起源于工匠，而不是无技能的城镇劳工或农民。那么，在工匠较少的区域也这样吗？在天主教教区和新教教区呢？在易北河以东呢？如此种种。

最后，加法启发法有时也会是新增一种模型、将方法做点小改变或是理论上的新见解。对于研究科学的民族志学者来说，这意味着对访谈语言进行更细致的审视，看科学家的论述条理是否反映新的研究设想。对于使用理性选择模型的学者来说，这意味着测试博弈的四种或五种不同形态，而不只是一两种，从而理解一个特定的议价结构。对于标准因果分析学者来说，这意味着在模型中纳入指数项，来看某些自变量是否在线性效应之外还存在非线性效应。

从单纯地增加材料，到增加新的分析维度，再到增加新方法、新理论的变形，所有这些都基本上都是微调、增量的加法。这是在常规科学的建筑中抹抹砖缝、整整型，或者做一点扩建。

它们都是社会科学家的保守策略，所以怪不得研究生——社会科学家中最保守的群体（因为处境最危险）——是加法启发法最勤勉的践行者。图书馆里到处都是用这种加法做出来的未发表博士论文。学术期刊也会收到很多用这种办法完成的投稿。

此类研究有极高的实用价值。但一个出色的贡献是不足以完全建立一个新论点的。在全面评估观点时，引入新案例、新变量或新规则总是一个极好的起点。因此，大多数学者开始学术生涯时用的都是加法启发法，这很恰当也很合理，而且不难以想象，很多人整个职业生涯也从未告别这种方式。

但启发法的终极目标是改进常规科学。记住波利亚的定义，"启发法的目标是研究发现、发明的方法和规则。"我们要的是发明，而不是增量。那如何提出发明的规则呢？

三、话题与备忘清单

在发明这件事上，确实存在着某种传统。不过不是在科学里，而是在修辞中。我们经常将"修辞"当作一个负面词汇来使用，用于描述语言和论证中的花招。修辞被认为是错误的，或者至少是具有欺骗性的。伊索克拉底（Isocrates）、亚里士多德、西塞罗、昆体良（Marcus Quintilianus）等古代的修辞学们，主要关心如何训练公共场合里有见识的演讲家，或者法律场合里雄辩滔滔的专家。所以对于他们而言，修辞是好事，既正面又有创造性。

古典作家认为，修辞的核心是提出一系列论点的能力。（理想的情况是，人们边走边谈的时候就能提出这些论点，但实际上一般是事先写好演讲稿，并多次排练。）修辞学教材的开篇章节通常是"inventio"（inventio 是拉丁语，其希腊语对应词汇是 heuresis，与 heuristic 有同一个词根，见 Clark 1953：7）。这一章节包含多种提出或创造论点的途径。最常规的办法是通过所谓话题（topics），涵盖"同一性""差异性"和"属与种"等极为抽象的概念。更具体的论点来源，则被称为备忘清单（commonplaces），这些是人们熟悉的观念，如犯罪分子会不会一直重复同样的犯罪行为——此类观念通常成对出现，各自处在论点的正反两面。

刚入门的演讲者需要学习话题、备忘清单及其分支，这是一份长长的清单。掌握这个清单被认为是有效论证的基础。不过丝毫不令人意外的是，随着时间的推移，很多人抱怨演讲变得乏味。这些发明新观点的指南，变成了生产众多相似观点的机械。

我们社会科学家也有类似修辞形式，有属于我们自己的社会科学家话题与备忘清单。最著名的是比较与对比（compare and contrast，这也在亚里士多德与西塞罗的清单上），美国高中生对此非常熟悉，恰如两千年前的学生们对古典演讲的六部分的熟悉程度那样。另一个历史悠久的修辞格式是"正反两方面"（pros and cons），这在大多数古代清单上，也在当代大多数学者的工具箱里。在争论最激烈的时候，这些修辞形式可以被援引，来为讨论提供预设好的布局。这些办法有时候也变得相当机械。

不过，既然能使用修辞格式与话题作为发明的工具，这暗示着在社会科学中也可能存在类似的情况。它们可以是话题清单，可以适用于任何情况、任何论点，以此产生新的观点。这个想法很简单。若我们有一个关于抽象门类或概念的经过检验的可靠清单（tried-and-true list），那么当学者们对社会生活的某些方面思路枯竭的时候，就可以去参考它，看有能得到什么建议。困难的地方在于如何获得这种关于门类或概念的一流清单用作话题来源。

看看这些清单在古代的命运（人们过于看重它，以至于这些清单变得很无趣），就会发现我们不用为清单是对是错而太过操心。这些清单在本体论上或认识论上是否合理其实根本不重要。（我在读研究生的时候，至少浪费了两年来选定"正确"的抽象概念，却没有得到任何结论。我本应该思考的是哪个清单更容易出成果，而不是哪一个更"正确"。）

此处列举四套此类的话题清单——两个古典的、两个现代的——它们对我发挥了巨大价值：亚里士多德四因说、康德的范畴清单、肯尼斯·伯克的戏剧五要素、查尔斯·莫里斯的三种语言模式。这些清单没有必要一定成为你的清单。事实上我也时不时用一用别的清单。但这些对我而言恰好比较好用。它们在很多作家的作品中反复出现，被冠以不同的名字。再说一遍，这并不一定是因为它们的"正确性"（尽管提到"致因"这个概念时，我们无论如何都很难避开亚里士多德），不如说，这是因为它们很有用。它们帮助我们在解决智识难题时做出灵活转变。顺便说一下，读者已经见过其中一个清单了；本书第一章是基于莫里斯的三种语言模式来组织的。

（一）亚里士多德的四因说

以亚里士多德的四因说来开始。这是一个简单的清单：

- 质料因（material cause）
- 形式因或结构因（formal, or structural, cause）
- 动力因（effective cause）
- 目的因（final cause）

"因为共和党丢失了女性的选票，所以他们输掉了选举"，这个论证使用的是质料因。在该案例中，某种情况发生是因为导致它形成或瓦解的社会因素。社会科学中采用质料因的代表是人口学，人口学研究各种类型的大量人口，以及这些数据如何型塑社会生活。

相反，格奥尔格·齐美尔（Georg Simmel，1950）说，所有由三个成员组成的社会群体都是内在失衡的，因为其中两个总会结盟起来反对第三个（那些三口之家里的独生子女对此应该很熟悉）。此处就不是社会素材，而是社会结构。三人组合的形态催生了特定的特性。这是结构因。

动力因是亚里士多德四因中最常见的。动力因对于事物成形起到推动作用，是导致其发生的力量。一次罢工导致了雇主的一次报复，或一份报纸导致了一场战争。这就是关于某种直接推动力的说法。

与之相对的是，目的因指事物的目标。出现大学的原因是需要教育，这句话将大学的存在归因于目的（现在常常称之为功能，尽管这并非精确的亚里士多德本意）。防治污染法出现的原因是对清洁空气的需求，这就是目的因。需要注意的是，游说团体可能是这些法律的动力因，更宏观的政治利益与反对派的组合是其结构因。而政治利益的数量与分配是法律的质料因。每个事件都有这四种因。

这里再举一个例子，说明如何使用四因清单来提出新的研究问题。就说失业率吧。我们可以从质料因的角度思考失业率。失业者是谁？什么特征？有什么共同的素质？失业的是一类人，还是几类人的暂时状态？这是基于人口统计学考虑失业。也可以从其最接近的动力因出发去思考失业，解雇是如何发生的？谁来决定谁被解雇？主动选择无业的动因何在？驱动低就业率的经济动因何在？也可以以形式化、结构化属性来思考失业，有没有可能失业是特定生产系统一般化的结构特性，而某个个体的失业是随机力量决定的？这是为什么？也可以用功能角度看待失业，失业对某些人有用吗？（例如，失业是否通过降低在职人员的薪水从而帮助了雇主，因为他们抱怨的话就会收到失业的威胁）以及是否有某些人因为这种功能而直接或间接地维持它。

如上所见，亚里士多德的清单是相当有用。再次强调，只要将你正不自觉地在使用的致因转到新的致因，就可以一次又一次地获得新的观点。以致因的一种逻辑概念转向其他的逻辑概念，从充分（能够足以导致某一结果的条件）的致因到必要（如一件事未发生，那么另一件事也不会出现）的致因，或者必要到充分，常常也都能获得新的观点。但亚里士多德的清单可能更加有用，这也解释了为什么它被很多人以各种形式反复使用；在紧要关头，它总能对问题提出适时一击。

（二）康德的范畴清单

康德的范畴虽然远比亚里士多德的四因更抽象，不过它作为话题清单也是有其价值。康德认为，存在着可以用于筛选所有人类经验的一些基本框架。这些框架由十二类范畴构成，算是另一份可以用于解决难题的清单。康德基于四个类目对其进行组织：数量、质量、关系、模态。以下是这些门类的常识意义，不是康德给的正式哲学意义，此处不是为了正确地理解康德，而是让其为我所用。

- **量的范畴** quantity
  - 单一 unity
  - 复多 plurality
  - 全体 totality
- **质的范畴** quality
  - 实在性 reality
  - 否定性 negation
  - 约束性 limitation
- **关系的范畴** relationship
  - 实体 / 偶性 substance / accidents
  - 因果性 / 依存性 causality / dependence
  - 交互关联 reciprocity
- **模态的范畴** modality
  - 可能性 / 不可能性 possibility / impossibility
  - 存在 / 不存在 existence / nonexistence
  - 必然性 / 偶然性 necessity / contingency

康德的量的范畴包括单一性、复多性和全体性。这包含一系列重新思考研究问题的基本途径。单一性引发了我们分析单元（units）的问题：他们是谁？为什么？他们是如何统一在一起的？例如，什么才叫一种职业？医生明显是一个分析单元，但医师助理呢？清洁工呢？男女服务员呢？他们真的是分析单元吗？

复多性关注数字。分析单元是少量还是很多？数量多寡和研究有关系吗？不同的人能用不用方法计数吗？例如，有多少种职业？餐厅服务员与厨师可以归到一类吗？看小孩的保姆和老年护工呢？或者社会阶层的问题：存在多少阶层？

全体性关注一个对象总的本质（overall nature）问题。它是一个统一整体吗？如何判断？在何种意义上它们可分或不可分？社会阶层是一个著名的案例。存在 C. 赖特·米尔斯（C. Wright Mills）所认为的那种权力精英吗？精英与统治阶层在多大程度上统一联合在一起？社会阶层是统一的整体，还是连续过渡的松散单位？[99]

康德列举的质的范畴别包括实在性、否定性和约束性。这些也是能改变对于研究问题第一印象的条件。实在性范畴提出了微妙但重要的具体化（reification）问题，也就是将抽象概念误以为是实际现实，或者因为我们命名了某个东西，就臆断其实际存在——这在糟糕的社会科学思维中非常常见。以著名概念"社会化"为例，这应指一个婴儿或儿童成长为成年人的过程中所受的各项训练。很明显，这个词指的是一个青年人体验的综合，而不是其他什么东西。或者说，一个青年人的各项经验中，很难说哪些不属于社会化的范畴。而社会化过程和生活间的界限也是不明确的。事实上这个概念没有明确表明任何意思，而只是（靠不住的）功能主义的具体化，因为人获得了技能，因此一定有某些特别的过程来"训练"他们，这些过程与生活的其他部分有所不同。因此，实在性范畴为我们提供了一项关键的启发法准则，也就是要去追问社会科学中使用的名词是否指向实际事物。

否定性也是一个非常重要的话题。后面会基于否定性讨论几种启发法：从显而易见的观点、逆向思考等入手提出问题。同样，在我看来，启发法的核心要点在于确保你的想法可能是错误的。所以我们永远不应忘记去思考否定性。

最后，约束性也是极为重要的启发法工具。实际上，常规科学中很大部分采用这种形式，即为普遍化设定限制（setting limits），而在实证主义社会学家那里这就叫作范围条件（scope condition）。在何种条件下某些论证为真？特定力量在什么时间发挥影响？关于约束性的思考引出大量此类研究问题。例如，我们可能会发现许多我们认为是长期传统的事物，实际上在特定时刻被创造出来。这些传统在什么条件下被发明出来？国家处于危险之时？建国之时？某类人是否更可能发明传统？是社会运动的领导者吗？是没落贵族吗？是否有办法区分被发明的传统和"真正"的传统？为"被发明的传统"这一概念设置限制时，所有这些问题就出现了。

康德的关系范畴甚至更加重要，并且都有在哲学上的著名的谱系。第一个是实体/偶性——将世界区分为给定事物（实体）和这些事物的性质（偶性）。在社会科学的某些领域，实体/偶性没有什么启发法价值。比如一个人处在特定的年龄，人是实体，而年龄是性质，这很清楚。但如果问什么是社会学，要是不具体分析的话，实体与偶性是什么就不那么清楚了。社会学是经过特定学位与学术训练的人的称谓吗？那社会学教育便成了社会学的实体，而其他事物——政治价值、就业类型，社会学思想与概念——变成了偶性。但也能简单地将社会学界定为人们从事的某种特定工作，在这里，工作被界定为实体，而政治价值、社会学思想与概念、教育自身变成了偶性。需要注意的是，此类分析意味着实体与偶性的整个区分可能从初始阶段就是错的（事实上很多社会理论确实这样认为）。最后，对于实体和偶性的反思帮助学者改变看待事物的方式。

关系范畴的第二个是因果性/依存性。正如亚里士多德著名的四因清单所表明的，对于所有启发法来说，因果问题都非常关键。这里不再进一步讨论因果了，只是提醒读者回顾这一讨论。

第三个关系范畴是交互关联[1]。这对重新思考社会科学问题也是有价值的。在判断两个事物谁是自变量、谁是因变量时，我们常常会陷入死胡同。更高的教育水平与更高的收入有关系，但两者中谁导致了谁？在生命周期里，更好的教育水平带来更高的收入，但更高收入的存在，允许教育优势跨越代际进行传递。收入与教育之间存在某种交互关联，这让研究者关注更多

---

[1] 李秋零将此译为"共联性"，但在本书中作者强调的是不同实体间的相互关联，因此我们采用了更能体现这一点的译法。——编者注

细节，涉及谁的收入，谁的教育，它们在短期关系上谁为因、谁为果？交互关联范畴让人关注此类"先有鸡还是先有蛋"的模型。社会生活中的很多系统是这种互为因果的循环形态，不论是可以稳定自身的自我增强系统，还是自爆的失控系统。（大致而言，一个来自正反馈，另一个来自负反馈。）交互关联范畴带来对此类系统的深入思考。

最后，康德的模态范畴里有可能性/不可能性、存在/不存在、必然性/偶然性。可能性提醒我们，社会科学研究中经常会出现那种不可能在现实中发生的观点，因此需要经常检验观点的可能性。尤其很多社会科学抱有改良社会的宏愿，这种情况尤其突出。可惜的是有些改良在逻辑上不可能。例如，如果成功意味着"在某种程度上超越其他人"，那么人人都成功就是不可能的。只有将成功定义为"绝对独特"的，人人都成功才成为可能。然而社会科学中有很多论证，隐含着人人都可以成功的信念。总之，必须在建构论证时反思可能性的范围。

存在范畴所提的问题与实在性范畴很相似。存在很多类型的社会行动者：医生、左撇子、精神病人等。他们仅仅是一类人，还是作为群体而存在？而且，"作为群体存在"是什么意思？此类启发法难题有很多著名的例子。一则简单的例子是阶级。阶级存在吗？阶级的存在是什么意思？是具备自我意识的阶级吗？是协同行动的阶级吗？是仅仅具有共同经验的阶级吗？还是某种职业？他们只是简单的人的类别吗？是职业团体吗？是工人的有组织联合吗？职业的存在是什么意思？当代社会科学中，最著名的例子是性别与种族。女性是一个群体吗？

在何种意义上是？存在范畴所提的启发式问题与现实性类别相似，这可以用于追问指代社会群体的名词，以及名词所标志的事物。

最后，必然性和偶然性范畴提出一项重要的启发式问题：事件是如何相互联系的。一方面，这类似启发式的约束性所提的问题：某种关系是必然的，还是依赖某些条件（也就是被约束的）？但偶然性比单纯的约束更加复杂。这个问题追问社会过程的多重依赖，以及社会过程发生的多重路径。而必然性让我们关注必然因果关系及其影响。第一次世界大战的战壕吞噬了英格兰、法国和德国的半数青年男子，一代青年女性无法结婚——没有活着的结婚对象了。因此造就的家庭结构，甚至因此造就的更宏观的社会结构，如就业与机会，进而在几代人的时间里塑造了欧洲社会。就像偶然性一样，必然性也在社会过程中普遍存在。一份好的启发法清单应给予充分重视。

康德范畴清单是另一份有用的启发法清单。就像亚里士多德的四因说一样，这份清单的哲学正确性可以留给哲学家们讨论，对于我们社会科学家来说，这就是思考问题有用的备忘录。正好亚里士多德也有个范畴清单，这个清单用略微不同的方式分解我们的世界。他将康德分开的两件事放在一起：时间和空间。清单里的这些内容是有用的启发式提醒。它提醒我们研究问题的空间与时间条件。这些条件是如何改变的？条件中的何种因素足以决定问题的何种部分？我们研究的问题在（社会的或地理的）空间上或时间上有规律性吗？

（三）伯克的戏剧五要素

著名的文学批评家肯尼斯·伯克（Kenneth Burke）在其著作《动机的语法》（*A Grammar of Motives*）中提出戏剧的五要素：行动（action）、行动者（actor）、手段（agent）、背景（setting）、目标（purpose）。[1] 这个清单也能用作启发式工具，来帮助重新思考任何特定问题。

鉴于这是份现代清单，我可以举出一个著名的现代范例。约瑟夫·古斯菲尔德（Joseph Gusfield）在其名著《公共问题的文化》（*The Culture of Public Problems*）中重新概念化了酒驾。他探讨了酒驾的许多方面，其中之一是司机造成的酒驾事故实际上是运输问题，一个关于背景（饮酒地点）的问题。圣迭戈警方就饮酒导致交通事故的急剧上升咨询古斯菲尔德时，他指出如果州际高速公路旁的空地上新建了四座大酒店，每个都开设酒吧，而且步行难以到达，那么在这种情况下，饮酒导致的汽车事故自然增加。若人们在步行回家的地方喝酒（就像英格兰的小酒馆那样），那酒驾就会大幅减少。

这个智力游戏的背后是采用伯克的戏剧五要素对酒驾事故的分析，我们可以用以下方式理解致命的交通事故：

- **行动**——在特定道路上开车，做（或不做）特定的行为（如系安全带）

---

[1] 这里阿伯特改写了一下伯克的原文：**Act** (action) what took place, in thought or deed. **Agent** (actor): what person or kind of person performed the act. **Agency** (agent): what means or instruments he used. **Scene** (setting): the background of the act, the situation in which it occurred. **Purpose**。——译者注

- **行动者**——特定类型的行为者（很多老年司机酒驾，但发生事故的可能性较低，这可能是因为他们酒驾的经验更多，所以更熟练）
- **背景**——饮酒的地点，到达与离开的方式（这是古斯菲尔德解决这个问题的途径）
- **手段**——车与路（如果必须系上安全带才能发动汽车，致死率就会下降）
- **目标**——人们为什么决定开车，在什么时间、地点，如何做出的决定（有人开车是为了去某个目的地，也有人——比如青年男子——开车来显摆……）

另一个采用伯克式思维的杰出范例，是劳伦斯·科恩（Lawrence Cohen）与马科斯·费尔逊（Marcus Felson）的著名论文，这篇论文引入了所谓犯罪的日常活动理论（routine-activities theory of crime，1979）。之前的犯罪理论强调，罪犯（作为积极的行动者）对于犯罪至关重要。科恩和菲尔逊注意到犯罪的发生需要三个元素：行动者（之前研究的主要关注点）、目标、守护的缺席。用伯克式概念来说，无人守护的目标是一种特定的背景。科恩与费尔逊推进创新的核心之处在于，提出了是"背景的改变"导致20世纪60年代以来犯罪的增加：家里有更多的消费品，其"重量-价值比"变得更低（因此更容易移动），女性进入就业市场，这些都意味着家里能看守财产的人更少了。作者们比较了西尔斯与罗巴克百货公司邮购目录数年间的商品重量，以及1960年和1971年人口调查员首次到访时报告无人在家的家庭比例。与这些变迁以及其他许多类似的有趣变迁一起同步发生的，是1950年到1975年财产盗窃类犯罪的大幅上升。伯克式做法产生了一个全新理论，来解释犯罪来源和原因。

伯克清单只是著名的记者话题清单的另一个版本，这份清单年代久远、声名在外：谁？什么？哪里？什么时候？如何？为什么？在这一清单中我们也能看到亚里士多德四因说的强大影响。需要注意的是，所有这些清单的价值不是来自其新颖性，而是来自其启发式力量。记者们使用"谁—什么—什么时候"的清单来提醒自己留意所有基础信息。更让人感兴趣的是，使用这些清单可以不断地提醒我们，我们的理论是否会过度集中在研究对象的某一个或几个面向上。当我们需要重新思考以获得全新视角时，问题常常在于找出分析中需要改变的那个面向。

（四）莫里斯的语言三模型

最后一个话题清单是查尔斯·莫里斯（Charles Morris）的象征系统三元素：句法的、语义的、语用的，这是在第一章中我使用的清单。句法关系是系统中要素之间的关系。语义关系是系统要素与其所指对象之间的关系。语用关系是符号表征与其所产生的行动语境之间的关系。第一章中，我特别激进地指出，很多社会科学家同行们相信解释的语用范式是唯一"真实"的。我使用莫里斯的三件套拓宽对解释的认识，使之超出常见方式。这就是以启发式方法用莫里斯的论证。

其他语境当然也可以使用这种论证。比如，我们没有理由认为这套理论只能用于象征系统。你可以尝试分析市场的"句法"（市场内部的关系结构），并将其对比于市场中各群体间的联系以及这些联系在市场之外的存在（市场中群体间的"语义"）。进一步，你还可以讨探市场中行为者的作为（所表达的内容）及这些市场行为/声明的实际含义（即语用语境）。如果用一种方式来解读马克思对劳动的分析，那就是自由经济理论信念存在根本性谬误。他们认为市场的"句法"（也就是薪资关系）与市场中社会群体的"语义"（市场外的工人与资本家角色和关系）之间可以分开看待。自由主义理论宣称这些可以分离；而马克思通过海量的经验细节证明，两者无法被分离。也许这有些牵强附会，但将市场关系与生产之外的社会关系联系起来，和将语言学中的句法与意义和指涉联系起来，两者是一样的，这让传统的劳动分析变得鲜活起来。我们可以从中提出全新的研究问题。

*

莫里斯清单是我所列举的话题清单里的最后一个。社会科学家们在职业生涯中会使用很多此类清单。我个人常常使用且有价值的备忘清单是知识、感受、行为（来自柏拉图、亚里士多德、康德，以及其他很多思想家）。例如很多人使用过各种社会功能清单——如塔尔科特·帕森斯的适应、目标获取、整合、模式维持。大部分学者也会时常使用学科作为备忘清单：经济学家怎么思考？人类学家会怎么说？有时，得到一个新观点最快捷的途径，是想一想另一个学科的人会怎么思考你的题目。正如前一章中提到的，学科是基于差异的不同维度组织起来的，所以这种思维尤其重要。

读者可以考虑使用这些清单或者很多其他清单。不过作为结束语，此处要强调两个警告。第一，不要将这些清单具象化（reify）。尽管部分清单拥有哲学的背书，但不要认定这些清单就是正确的或者就是真理。它们只是提醒我们思考何物的清单，在研究卡壳的时候使用就行了。不需要担心其实在性或真理性。

第二，不要过度使用清单。古典修辞学的消亡是因为被学者们看作绞肉机。从里脊肉到肋眼肉，再到纯粹的软骨，都被绞成了肉糜。决不能把这些清单当作某种综合性系统，把每个研究问题都放进去。要用的话，就在研究卡壳的时候用。用它们来激发思考。找到那个激发点后，转去解决新论证的具体细节。切勿将每个观点都纳入每个启发式清单中，然后试图将所有东西整合到一起。这样你什么也得不到。

换种说法，一点点启发就能发挥大效果。先试着大飞跃，再去搞定这一飞跃的所有细节和部件，这样会好很多。而不是试着通过无数小小的进步、东一榔头西一棒的进步来构建学术大厦。要将时间花在解决启发法对你的研究所产生最大推动的诸多细节上。下一章里会说明，大多数杰出论文和著作都只需要一个特别重大的推进。作者只要成功完成了这一次重大推进，接下来只需将大量时间花在细节上即可。

第四章

一般启发法：搜索与论证

第四章和第五章会描述提出新观点的诸多一般性规则。我还借助几个不同学科的例子来阐释这些启发法。这些例子都是说明性的，而不是最终结论。读者不应认为每一则例子只代表一种启发式方法。事实上，某些例子会被重复使用。正如有很多方式来思考这些给定的方法一样，我们也有许多不同的方式，来从任何一篇文章或者著作中去阐释其在智识上的展开方式。

本章也将使用一些例子加以说明，人们在这些著作写作发表很久后才发现其睿智之处。在社会科学中，有这种经历的论文相当多。经济学家罗纳德·科斯（Ronald Coase）关于公司本质的文章大名鼎鼎，这篇文章发表于20世纪30年代，直到20世纪70年代才成为现代经济学的标杆（科斯在1991年获得了诺贝尔经济学奖）。直到多年以后，人类学家弗雷德里克·巴斯（Fredrik Barth）在1966年出版的著作《社会组织的模型》（*Models of Social Organization*）才成为经典文献。卢德维克·弗莱克（Ludwik Fleck）关于科学思维风格（scientific thought style）的开创之作虽然在1935年便已出版，但是直到20世纪60年代托马斯·库恩声名鹊起时，它才重新获得欢迎，并最终在1979

年被翻译成英文。

这些著作的创新性在很久以后才被认识到，这或许揭示了创新的某些重要本质。创新能否被认识，取决于作者观点与当下其他人的观念是否相契合。或许创新就是关系性的。在经济学家群体转而接受了对经济思维的宽泛界定（虽然科斯视之为理所当然）之后，科斯的工作才受到欢迎。在库恩写作《科学革命的结构》之后，弗莱克的著作才广为人知。主流经常看不到新观点的创新性。他们甚至经常看不到这些观点。

这些都告诉我们，启发法实践也有一个重要的限制。对于受众来说，采用这种办法的研究者可能过于激进了。如果你追求的是影响力，那么就得调整面向受众的启发式策略——无论面对的是一群大学朋友、一场研讨会，还是在一个二级学科中。同时还需要注意，方法之间存在循环关系，而且社会科学争论本质上是分形的，这意味着某个群体认为过度激进的结论，其他群体可能认为太过保守。标准因果分析方法的使用者可能认为弗莱克关于事实的条件性的观点过于极端、毫不相关，而当代的科学社会学家可能认为他的观点平淡无奇。

所谓"与众不同但别过于追新立异"的原则，将我们带回先前的主题。正如第一章中提到的，社会科学的目的是面向社会现实，讲出一些有趣——可能甚至是真实——的东西。那些大家早已习惯的研究方式，被我们称之为方法。"与众不同但别过于追新立异"的原则提醒我们，每一个方法论共同体对尺度都有自己的判断。当然，尺度也在不时地改变。很多与我年龄相仿的社会学家清楚地记得，在 20 世纪 60 年代，研究者如何

第四章 一般启发法：搜索与论证

小心翼翼地手把手地算多元回归，而后来十一岁的小孩都能在十亿分之一秒内完成这些步骤。当时的学者花了大精力来检验交互作用（interaction），反反复复并合方差。这些顾虑在今天都不存在了。然而，关于什么样的研究是可以接受的，我们从来没有规则。

本书讨论的启发法有时会带你跳出当下所处的标准之中。在我个人而言，这正是其中的乐趣所在。但是必须说明的是，一旦走出常规方法论共同体之外，研究者就会遭遇到社会科学研究暗夜中各种各样的反对之声。这就是方法论共同体和加法启发法存在的原因——让研究者在需要的时候可以不用理会这些声响。

本章和下一章将对一般启发法做出讨论。与第六章不同的是，此处并不直接来自第二章中说过的分形争论。一般启发法是拓宽研究的检验方式、提出新观点、新方法或新材料的方式，也是摆脱困境的方式。请记住，它们并不针对研究过程中的特定片段或方面。启发法在不同阶段和不同类型的研究中都是有价值的。

本章将讨论两种一般启发式策略。第一种是搜索式启发法，它是最简单的一般启发法。其要点包括发现新的材料、方法以及观点。这是超越上一章加法启发法的第一步。第二种是论证式启发法。它通过调整和提出论证来打开思维局限。与搜索式启发法类似，论证式启发是生产新观点的一般策略。但与其说它们是在帮助你跳出现有的研究问题、材料或思考方式，不如说是在把现有的东西型塑出新的轮廓、开发出新的用途。

一、搜索式启发法

搜索式启发法指的是从其他领域借鉴来新观点。当我们感觉某些问题或与之类似的事情已经被认真思考过时，可以使用搜索策略作为启发法，从中获得借鉴。搜索式启发法的核心是类比。这里可以是关于数据材料的类比："我正在研究的婚姻与商业谈判非常相像。"也可以是关于问题的类比："尝试解释工会为何失败的问题，就像尝试解释 X 光机器为何会出问题一样。"请记住，在第二种情形中并不是说工会像 X 光机，而是说在特定情形中，失败的过程里存在着某种特定的逻辑。

借鉴是一种专门但十分重要的搜索启发式。借鉴通常涉及类比，但其涵盖的范围超过了类比，我们不仅引入了一些想法，还引入了整套分析工具。它既可以很通用，也可以非常具体。现在，让我们通过一些著名的例子，详细地探讨这两种搜索式启发法。

（一）进行类比

在一般性启发法中，首要方法是类比：声称 X 实际上是 G。（看到没有？这里出乎你的意料——你刚刚期待的是 Y。如果我使用的是加法启发法，那么本应出现的就是 Y。）在社会科学创新中，类比的例子比比皆是。使用理性−选择框架（rational-choice）来解释封建时代国家的形成，意味着在封建君主和现代理性行动者之间做出类比。使用生态模型（ecological model）来分析人类——罗伯特·帕克（Robert Park）和欧内斯特·伯吉斯（Ernest Burgess）在1925年用此来分析城市，迈克尔·汉南（Michael Hannan）和约翰·弗里曼（John Freeman）在1977年用此来分析组织——意味着在人类社会和生态系统中做出类比。使用经济学模型来分析家庭计划，意味着在养育子女和购买汉堡包之间做出类比。

这些类比可能看上去牵强附会，但非常有效。想想"经济学"里的类比。加里·贝克尔（Gary Becker）使用类比做出了伟大的成果，他以在出版当时技惊四座的作品《歧视经济学》（The Economics of Discrimination）开启了自己的职业生涯。贝克尔的假设是，假如我们将种族歧视看作一种基本的经济现象。那么，可以通过以下方法来预测歧视的"价格"：比较美国南部只雇佣白人工人的纺织厂支付的小时工资和兼雇用或只雇用黑人工人的纺织厂支付的小时工资。两者的差异将是工厂主愿意为他实施种族歧视付出的价格，就像他们愿意花钱买一件衣服那样。这样就能使用微观经济学中的所有工具来分析这种价格，如分析劳动力需求和供给之间的波动，或者研究种族歧视带来的支出与其他支出（如对工厂的新增投资）之间的权衡。贝克尔的类比一时间令人感到震惊。确实，经济学专业之外的人很少重视《歧视的经济学》。但是这种类比是强有力的，当贝克尔开始分析更主流的话题（如家庭计划决策）时，他的工作开始被认为带来了真正的革命性影响。

类比启发法与加法启发法有着本质的不同。类比意味着彻底改变分析方式，而非简单地增加一些内容。但这也要冒一定的风险：你的工作可能被人嗤之以鼻。与此同时，它又非常有创造性。

很多类比借鉴了贝克尔的方式，从理论和方法入手，并且向数据进军。贝克尔声称，"你可能认为 X 的现象不能用我的理论／方法 T 来加以分析，但是事实上你错了：它是可以的。"同样常见的是从研究数据入手，运用类比去发现新的理论和方法。上面讲的，就是生态类比方法的来源。帕克和伯吉斯观察了芝加哥城市的原始复杂性，问道，城市是否看上去像其他某些已被理解过的事物？答案是，它看上去就像生物学家称作的"生态"那样。所以理解城市的一种方法是借用生物学家认识复杂自然系统的分析工具和概念：城市就是一个生态。汉南和弗里曼亦然，他们将生态学的方法用到对组织的分析中。对他们来说，组织也可以被看成一种生态。

对学生们来说，从研究数据这一侧寻找类比更为常见。比如你对研究城市的治理方式非常感兴趣。通常这个问题的分析方式非常传统，落脚到对政治的理解上：投票、委员会和官僚制等等。但也完全可以把城市治理看作纯经济问题：如人情经济、庇护和政治经济，以及地域经济。在这些类比中，城市政治变成了一道简单的经济问题，人们可以使用供求、权衡、预算限制以及弹性等各种经济学工具来研究人情、庇护和决策等等。学生们可能在写期末论文时不会使用经济学语言，但是无论在表面上使用了什么修辞，你都可以使用这些借鉴的论证方式和观点来做分析，尤其当你使用权力、权威、影响等传统概念理解研究对象倍感困惑时。这个例子表明，类比之所以有用，原因之一是借鉴来的观点往往相当有效。当从其他学科或其他子学科中搜索时，研究者会发现许多内容丰富、经得起推敲的思想资源可供自己直接拿来享用。

当然类比有时会犯错，这其中甚至包括一些已发表的文献。例如，在两篇论文中，著名社会学家塔科特·帕森斯曾用经济学术语分析权力和暴力（1967a, b）。他将权力视为交换的媒介，也就是货币。他还将暴力比作"黄金"，支撑着权力（"货币"）体系。他想着用具象权力（"资本"）来实现政治增长（也就是经济增长的类比）。所有这些都建立在将权力和货币做简单、直接的类比之上。

这两篇论文运用的类比很精巧，但也有些荒诞。它们之所以精巧是因为其以一种全新的方式思考权力。它们荒诞则是因为帕森斯从来没有通过类比来质疑权力分配。然而权力分配是政治中的基本话题——谁？在什么地方？得到什么？如何得到？以及为什么得到？——这些都与经济学无甚关系（马克思主义经济学除外）。这一例子的另一个教训是：在获得一些收益的同时，类比可能会错失核心的研究关切，因此研究者必须十分小心。

值得指出的是，类比并非只是跨越到其他学科和知识领域那么简单。面对社会现象的标准框架，首要的是有能力去打破这一框架。拥有这项能力意味着发现学校、监狱以及精神病院间的高度相似性（大卫·罗斯曼，《发现避难所》[David Rothman, *The Discovery of the Asylum*]），或是发现黏液和精液这样的体液像分类不当的物品一样会跨越边界（玛丽·道格拉斯，《洁净与危险》[Mary Douglas, *Purity and Danger*]），又或是将每天的互动都看成是一场戏剧（欧文·戈夫曼,《日常生活中的自我呈现》[The Presentation of Self in Everyday Life]）。类比在什么时候有用、在什么地方有用？对此的认识至关重要；毕竟除了戈夫曼,许多人已经将生活看成戏剧了,其中尤以威廉·莎士比亚最为突出。这里的关键并非"进行类比",而是愿意梳理各种细节,这恰恰是戈夫曼做的。

如果想培养类比的感觉,可以做两件事。首先,你需要有做出大胆联想的意愿。这种意愿本身就是一种性格特征,研究者需要获得一种感觉,判断自己的类比能力在和其他人相较之下是多是少。如果类比能力很有限,那么就需要去培养它；如果类比能力太强,那么就需要对其加以限制。但是,为了有效利用类比,不仅要有具备这样的性格,也需要掌握必要的手段。研究者必须广泛阅读社会科学著作,甚至是社会科学之外的作品。能利用的资源越多越好。这也是为什么许多伟大的社会科学家是某些行业的兼职业余爱好者,他们经常阅读专业领域之外的作品,经常从高中或大学学过的课程中汲取知识,再将它们付诸新的用途。（这也是很多伟大的社会科学家以历史学家、物理学家、化学工程师、文学批评家、甚至是将军或律师身份起家的众多原因之一。）

当然,正如之前说的那样,使用这一方法的学者一般不会明确表示自己从类比出发进行研究。而且类比往往只是论证的起点,这个论证过程必须经过仔细的阐述和批判性的研究。但是整体上看,确实有许多有影响力的论文是建立在精心阐释、相当简单的类比的基础上。诸如"人情经济"（economy of favors）、"动机词汇"（vocabularies of motive）、"知识政治"（politics of knowledge）等有名的学术标题和妙语清晰地表明，类比是如此普遍，这些词汇都明显涉及类比。可以说，类比是启发法中的女王。

（二）借鉴方法

经常有一种不易察觉的力量在推动着类比的使用。这股驱动力来自借鉴（使用、"盗用"）某种方法的强烈愿望。学生们一般会回避这种做法，因为他们往往认为自己正在学习某个领域的研究方法，并且认为指导教师也希望他们使用本学科的研究方法。确实，在专门的研究方法课上这样的想法非常普遍。然而，对一般的课程论文、原创性论文以及专业的学术研究来说，方法借鉴往往是聪明的做法。

简单来说，借鉴关系一般可以这样表达："只要能在 X 和 G 之间做出类比，那么就可以使用所有分析 G 的研究方法来分析 X。"有时这是非常一般性的借鉴。标准因果分析里的大多数统计工具都借鉴自生物学以及（之后的）计量经济学（后者基本上也是从生物学借鉴而来）。相关性分析、多元回归、实验以及准实验设计、假设检验——几乎这些所有方法一开始都是生物学用来分析作物、土地、肥料以及基因的。其他分析技术则来自各种学科。社会科学家用来分析事件发生所需时间的久期法（也叫持续时间方法，如通过特定类型法律获得通过要多长时间、特定公司破产要多长时间），最初起源是研究工业设备寿命以及患者的存活时间。在社会科学的另一端，人类学家大量借鉴了几代文学批评家发展起来的文本分析方法,尤其自克利福德·格尔茨(Clifford Geertz)发表了题为"深描"(Thick Description)的著名方法论论文以来更是如此。

但是,方法借鉴通常会更具体,并且依赖于有争议的类比。我自己也要为这种借鉴方式负责。在20世纪80年代早期,我意识到可以将职业生涯(occupational careers)——所有社会学中最基础的解释对象之一——看作简单的事件次序。我当时推论说,如果职业生涯是简单序列,就可以用"测序"方法加以分析,我听说当时的计算机科学家、密码专家和生物学家开发出了新的计算机算法,来比较文件、搜索编码系统以及整理蛋白质数据库。那么为什么不使用这些方法分析社会数据呢?

事实证明,这个想法非常强大,甚至催生了一个小型产业。但是这一类比也遗失了一些重要的东西。生物学与计算科学序列并不以特定方向生成,但职业是在时间顺序中产生的,职业的早期阶段无疑比之后的阶段要更加重要(因为早期阶段能主宰职业结果)。我所借鉴的方法没有应对这一要点,所以类比有优势也有不足,这个借鉴并不是彻底的成功。[1]

与类比相似,借鉴首先取决于对自己和其他学科中方法的广泛掌握。特定分析对象与特定方法存在传统意义上的固定联系,只要从中解放出来,就能获得丰富的借鉴参考的可能性。但是,自我解放意味着研究者需要掌握其他方法和分析途径的知识,不论他对这些知识掌握的深浅,是妙手偶得还是孜孜以

---

[1] 我关于借鉴的第一篇社会学陈述参见 Abbott and Hrycak (1990)。对"小型产业"(mini-industry)的概述,参见 Abbott and Tsay (2000)。

求。使用类比与使用借鉴时，必须保持阅读和学习。

二、论证式启发法

论证式启发法（argument heuristics）将陈旧的、常见的观点转变成新鲜的、有创造力的观点。如果说搜索式启发法是到其他研究领域寻找灵感，那么论证式启发法则处理现有观点，试图让它们变得陌生与新奇。

论证式启发法的第一种做法，是对不言自明之理提出质疑。比如，质疑"大学是学习的地方"。假如大学的目的不在于教育，那么它的目的可能是什么？是否存在一些理由，让大学可以被视作拥有其他意图？想想大学在教育之外的其他存在理由，这里让我列举几个像模像样的例子：通过把脾气暴躁的青少年赶出家门来拯救父母的婚姻；通过将数以万计的年轻人挡在就业市场外来降低失业率；通过为年轻人提供一个最大程度的支持性环境，让他们可以体验情欲和情感关系，等等。通过这样的反思，你会突然发现对大学的教育目的有了更多了解。更重要的是，在思考大学的所有非教育维度之后，研究者现在已能对大学教育目的提出更核心的问题。你已经可以质疑显而易见的事情。

论证式启发法的第二种做法，是逆向思考。既然每个人都认为大学是教育学生的地方，那如果认为大学其实阻碍了教育会如何呢？我们来列举一下种种阻碍教育的大学生活：学校安排的课程很无聊，为差异性的个体提供统一的校服、千篇一律的学习方式。存在着很多逆向思考的方式,足以支撑一篇出色的、争议性的论文。针对那些不言自明的真理的逆向思考总是很好的起点,但这不是逆向思考的全部。我的书架上有一本爱德华·劳曼(Edward Laumann)和戴维·诺克(David Knoke)合著的著作《组织型国家》(*The Organizational State*)。这本书讲述国家行动者(官僚机构、委员会、立法机构)是如何嵌入组织网络、被组织网络——这些组织网络试图以不同方式影响政策——包围的。假如把这本著作题目中的"国家"(state)改为形容词,"组织"(organizational)改为名词,这样得到的书名就是《国家型组织》(*Statist Organizations*)。那么这本书会讨论什么呢?或许组织拥有了国家的性质——对暴力的垄断?也许不是真的暴力,而是经济强制力?官僚制?税收?怎么能说组织可以像国家那样拥有公民呢?说到这时——公民!——我感到获得了一个研究话题。最近的裁员浪潮和失业者的痛苦使很多人清晰地认识到,他们的工作关系确实需要某种"公民身份",这不应只意味着履行对组织的责任,也是在这些组织中享受权利。什么样的组织中才有公民而不是雇员呢?历史上曾经存在过这种组织吗?有关雇员权利的想法是如何发展起来的?突然间,我获得了一个研究谜题的核心。同样值得一提的是,此处已经从逆向思考延伸到了类比:新的主题迫使我将公民权的观点放在组织的世界里。但是,起点只是一次简单的语法颠倒:这是我发现核心观点的地方。

论证式启发法的第三种做法,是做出假设——通常是个草率的假设——再看看这会带给我们什么。在社会科学中,最为大家所熟知的鲁莽假设是，某些行动者或所有行动者都是"理性的"；这一假设奠定了微观经济学和博弈论研究中所有方法的基础。（当然也有一个相反的版本：赫伯特·西蒙［Herbert Simon］的著名假设，即所有理性在某种程度上都是"有限"的。）不过，也可以对其他事情提出假设。例如：因为大多数人类活动都是通过语言进行的，所以语言是解释所有社会现象的关键。因此，任何研究都必须分析语言。这一假设在科学社会学以及其他一些领域带来了令人激动的研究进展。正如读者所见，做出假设经常是进行借鉴的前奏。我们通常提出假设，目的是为了简化问题或是进行概念的转化。

论证式启发法的最后一种做法，是重新概念化。重新概念化时，我们会说某些被认为是 D 的事物，其实是 E 或者甚至是 F。比如重新定义大学约会，或许大学约会并不真的关于性，而是关于炫耀的资本。人们约会并不因为对亲昵行为感兴趣，而是证明给约会对象之外的某些人看。因此约会应当被重新归类到炫耀的其他形式中去。谁知道这一想法是不是对的呢，但它表明这是对一个熟悉现象作重新思考的有趣方式。

现在结合一些例子来更详细地说说这些论证式启发法。

（一）对不言自明之理提出质疑

存在每个人都认为是不言自明的事情吗？对它们进行系统性质疑是一种有价值的启发式方法。绝大多数时候，这样做一点都没用；显而易见的事往往是正确的。但在有些时候，被广泛接受并且受到过仔细检验的观点也会是错的。它们可能并没有被真正细致地检验过。

近年来运用启发法的相关成果中，罗伯特·福格尔（Robert Fogel）和斯坦利·恩格尔曼（Stanley Engerman）合著的《苦难的时代》（*Time on the Cross*）或许是最著名的。福格尔和恩格尔曼质疑了很多被广泛接受的"事实"：（1）在美国内战之前，作为一种经济制度的南方奴隶制正在迅速消亡，（2）奴隶制农业没有经济效率（其结果是，保护奴隶制农业在经济收益上不划算），以及（3）南方经济在整体上被奴隶制拖累了。多年来，当学者们在撰写著作时，都将这些命题作为主流论述，福格尔和恩格尔曼驳斥了上述所有的命题。在驳斥过程中，他们两人证明了很多与直觉相反的结论：奴隶如果参加集体劳动，则他们的收入要比他们作为按照收益分成的自由佃农来得高（1974:1:239, 2:160）；很多大型种植园都有黑人管理员（1:212, 2:215），等等。福格尔和恩格尔曼的两卷本著作在出版后引起了巨大的轰动，其热度持续多年。

他们对不言自明的事情提出了十分清楚的质疑。事实上，这本书花了大量篇幅去解释关于奴隶制经济的错误观点是如何变成标准观点的。他们也表明（2：附录 A），自己并不是第一个去质疑这些"不言自明"的事实的人，并且指出进行此类启发法尝试有时是极端困难的。

另一项杰出的例子是克劳德·费舍尔（Claude Fischer）的著作《栖居朋友之间》（*To Dwell among Friends*）。这本书也挑战了很多不言自明之理，其中之一是：生活在城市中的人们更加孤独——他们比乡镇和农村居民拥有更少的朋友和熟人。这一想法是通俗心理学的主题之一，甚至也是许多严谨学术研究中的主题。费舍尔站了出来，对此提出了简单的质疑。结果证明，这些不言自明之理是错误的，尽管和很多类似的事情一样，它依旧包含了一些真理，如城市居民和农村居民所认识的人的类型相当不同。城市居民所认识的更可能是没有亲属关系的人，原因是城市居民更多由寻找新的机会和工作的人、年轻人等组成。也就是说，没有亲属关系的人更可能出于其他原因生活在城市中。对不言自明的质疑再次推动了一项令人激动的研究，挑战了陈旧的、显而易见的事情并提出新的研究问题。

对学生而言，他们不需要承担如此重大的课题，去批评关于奴隶制或城市的不言自明的事。世界上充满了显见但错误的"事实"。报纸和杂志，出于想要使他们的读者感到惊奇强烈的愿望，常常是毫无依据的"常识"的来源：X世代共有的某种信仰，或者20世纪50年代特别保守，或者认为美国人正在失去对上帝的信仰，或者作为社会组织的家庭正在分崩离析等。这些事实都并不正确，但都是公共话语中的标准说法。

社会科学同样充满了这些虚假的不言自明之事。就拿"社会变革正在以前所未有的速度快速发生"举例。这一常见看法的意涵相当含混，更不好说是否正确，然而很多文章和论文虔诚地秉持这一判断。或者想想一些更有争议性的话题，就拿这个观点来说吧：人类体系中的不平等需要被解释。这几乎是所有研究不平等的社会学作品中的普遍判断，我们在撰写性别、种族、阶级等等不平等原因的文章时，每次都会下这个判断。这些领域的不平等需要被解释，所以才要撰写此类议题的文章。

不过，现在也许出于道德或政治原因需要摆脱不平等，但是为什么我们认为需要特别解释不平等？为什么不平等被认为是反常的？正如第一章中所提，需要解释的通常是事物的反常状态。然而不平等远非特殊现象，而是在人类制度中近乎普遍存在。如果某个事物普遍存在，我们思考其根源时就必须非常不同于另一种情况——即把它当作某种特别状态的情况。[1]

或者，也可以直接对别人不视作问题的事情发问。当布鲁诺·拉图尔（Bruno Latour）和斯蒂夫·伍尔加（Steve Woolgar）对科学实验室里的生活进行民族志研究（1979）时，突然发现人们将实验室中所发生的看作理所应当，也不会对其提出问题。他们用民族志的武器一处理，实验室生活就突然变得新奇而陌生了。

质疑不言自明之理，需要有质疑既有陈述或理所应当之事的习惯。它就像在电脑后台运行的程序一样。研究者遇到每个论点、每次概括、每项背景假设时，都应该按照朴素的检验方法对其过一遍：它是对的吗？如果把这看成是一个问题而不是理所当然的事情，能取得一些什么进展吗？这种检验的极端版本，就是将论点颠倒过来，这也是接下来要讨论的逆向思考启发法。

（二）逆向思考

论证式启发法的另一个核心是进行逆向思考。有些时候，这仅仅意味着在语法上做出一些颠倒。我曾受邀为一期专刊写

---

[1] 在本书之后，作者时隔多年也写了一篇分析这个现象的文章，收录在《过程社会学》中的第八章，题为《作为过程的不平等》。——校者注

约稿，题目是边界。边界与跨界当时已经十分流行，所以这些观点令我感到乏味。"边界——事物的边界（boundaries of things）——的事物的边界——的事物的边界"，有一天我在洗澡的时候情不自禁地哼了起来。突然，我想到了一个前后颠倒的短语——"边界的事物"（things of boundaries）。这个短语可能指什么？我将之设定为一个研究问题（洗完澡后），并且试图赋予它实际意义。也许，职业（我花了大半生研究的群体）等很多社会现象是被边界"创造"出来的：首先出现的是边缘，然后才是现象本身。这就像勾勒出国家轮廓一样，先画出和 A 地的边界，然后画出和 B 地的另一个断续的边界，再和 C 地的边界等等，然后把这些边界连起来，这样就有了内部和外部之分，内部的成为一个国家。

当然，这次思考的产物——以"边界之物"[1]为题的论文——便源自于这个简单的逆向思考。我创造了这个词汇，然后试图想出一个合适的现象。更常见的逆向思维不仅是在语法上颠倒，而是对一些标准理论做颠倒。这其中，最著名的例子是霍华德·贝克尔（Howard Becker）的论文《成为一个大麻吸食者》（Becoming a Marihuana User），这篇论文建立在对大麻吸食者的民族志研究的基础上，当时大麻还远远不及现在普遍。贝克尔从"越轨行为"（deviant behavior）这一标准观点入手：特定的人群有从事越轨行为的倾向。在这一观点中，人们因为某些性格特征而开始吸大麻，其动机是越轨。贝克尔脑海中出

---

[1] 这篇论文收录在《攸关时间》中，见第九章。——校者注。

现了这样的想法："不是越轨动机导致越轨行为，而是倒过来；随着时间的推移，越轨行为产生了越轨动机"（1962:42）。贝克尔的观点是，人们需要试着将失控以及其他兴奋的生理症状视为愉悦的体验，而非令人困惑或者感到害怕的东西。因此，先有行为，有时候动机就会随之而来。对于人类行为的标准假设而言，这确确实实是逆向思考。贝克尔使用逆向思考打开了研究的领域和解释的可能，而这些是其他人无法触及的。

值得指出的是，如果不与使用这种方法的作者们进行实际交谈，就不一定能搞清楚，究竟是数据推动了这种颠倒，还是灵光乍现下的颠倒推动了思考（正如我思考"边界的事物"那样）。不过，最好的逆向思考论文以魔法般的方式结合了材料和解释。马克·格兰诺维特（Mark Granovetter）《弱关系的力量》（Strength of Weak Ties）一文的题目就表明了逆向思维的视角。格兰诺维特感兴趣的是，是什么使得人际关系如此重要。多年来，学者们在描绘社交图和关系示意图时，用点来表示个体，用两点之间的连线来表示个体之间的关系——友谊、交流、金钱往来或任何关系。这里存在着大致的判断：密集的社交圈——即某个人的大部分熟人相互之间也是熟人——是一种更强的网络形式。格兰诺维特注意到，如果要认识某个群体连接的整体程度——它包含了几个这样强大的"小团体"（cliques）以及跨越小团体边界进行的连接——那么事实上，小团体类型以外的连接（所谓弱连接）起到了主要作用。因为它们成了小团体之间的桥梁，如果它们被去掉，那么整体的连接就会迅速崩溃。相反，小团体内部某个连接的消失并不重要，因为内部两个个体可能通过其他人再连起来。

格兰诺维特的实证研究材料涉及求职。他的研究对象在找工作时，通常通过一些二手渠道——典型的弱关系，而不是通过直接的朋友。就业的关键在于你远方朋友的叔叔的妹妹，而不是你最好的朋友。很多人都有这种"偶然"获得工作的经历，大家往往认为这非同寻常。事实上，正如格兰诺维特的理论说明的那样，这种经历反而是常见的。在小团体中，所有人掌握的工作信息都和自己一样，因为大家与同样的人保持联系。通过小团体之外的朋友，我们才能获得新的信息。

另外一个例子是保罗·迪马吉奥（Paul DiMaggio）和沃尔特·鲍威尔（Walter Powell）合作的著名论文《关于铁笼的再思考》（The Iron Cage Revisited），它挑战了之前提及的汉南和弗里曼的论文《组织的人口生态学》（The Population Ecology of Organizations，该文借鉴了生态学来研究组织）。汉南和弗里曼一文的核心问题是，为什么会有如此之多种类的组织？他们的答案是生态性力量导致了差异。迪马吉奥和鲍威尔颠倒了这个问题，问道："为什么这些组织都相似呢？"很明显，从经验的角度来说，两篇文章的作者在某种程度上分别看到了组织的不同方面。但是事实是不同的提问才让他们从确实看起来一样的东西里发现了相当的不同。迪马吉奥和鲍威尔指出，组织只有在起步阶段才受到汉南和弗里曼观察到的分化的生态压力影响。之后，组织便通过"同形"（isomorphism）的力量互相接近。

在此，使我感兴趣的并不是迪马吉奥和鲍威尔论文的内容，而是它所采用的我们熟悉的启发式策略的本质。该篇论文将汉南和弗里曼论文的论证颠倒过来，试图找出一种途径让两种观点都成立（在组织的生命周期中，先是生态性分化产生影响，然后是同形推动），然后展示一组关于同形推动的广义理论，并结合案例进行说明。把这篇论文还原到最基本的形式，它就与贝克尔和格兰诺维特的做法一样："他们已经告诉了你 X 是对的，但是在特定条件下 X 却是错的，让我来告诉你这些条件是什么。"这就是在贝克尔和格兰诺维特，以及迪马吉奥和鲍威尔合作的研究中所运用的简单逆向思考启发法——它产生了当代社会学中被引用最多的文献之中的三篇。

130　　最后一个例子是对研究数据本身做出逆向思考。哈里森·怀特从物理学家转为社会学家，他注意到在某些流动体系中拥有主动权的是空穴（holes）而不是人（1970）。在哈佛大学现任校长辞职前，没有人能成为哈佛大学校长。只有在现任校长离开后，然后才能有继任者。这意味着空穴——职位的空缺——在继任者先前的位置出现，然后又有其他人去填补那个位置，再留了另外一个空穴给别人。最终这个"空缺链"移动到了系统的边缘，一些人从外部进入了学术管理系统来填补最后的位置。（或者这个位置被废除，以另一种方式终止了这个链条）在这样一个系统中，空穴才是动力所在。在空缺出现之前，没有人能够移动，且没有人能按照自己的选择进行移动；个人移动的可能性，取决于他们想要迁移时所面对的空缺。

　　怀特发现了一系列这样的职业（足球教练、大学校长、新教的神职人员、公司 CEO）和能反映这种现象的更大的流动体系（大学院系、法律公司、医院医疗工作人员）。这一洞见颠倒了整个对职业流动的观察；在流动过程中，相比于个人选择或移动者的特征，限制条件更重要。

与许多研究一样，这种逆向思维起始于一个类比。在半导体这样的晶体固体中，存在电子空穴，这些空穴在很大程度上可以被视为负电子的缺失。在大多数情况里，空穴表现得像带有正电荷的电子一般。所以作为物理学家的怀特已经熟悉了一个空穴发挥着关键作用的系统。或许在思考人类的流动时进行逆向思考的想法，只是不经意间从他的潜意识浮现出来。

就像很多例子那样，空缺链（vacancy chains）的想法就是许多类型的启发法集中运用的例子。其中之一是逆向思考——让空穴变得比人员更重要。另一个是类比——如将社会流动体系和晶体固体相比较。第三个是借鉴方法，如怀特将物理学家所熟知、但大多数社会学家不了解（截至1970年）的概率模型（马尔科夫模型）带入实证分析中。

（三）做出假设

做假设——通常是简化的假设——是非常有力的启发法。如上所述，简化假设通常是通向借鉴的步骤，这种借鉴将目光投向更单纯或者体系更容易处理的学科。因此，通过把"价值"（value）视作类似于能源那样的可保存的物质，经济学家从统计热力学中整体借鉴了其所使用的数学工具（Mirowski 1989）。

除了融汇其他领域的研究方法，还有一些原因促使研究者做出假设。假设让研究对象更易被处理，也让系统变得更易被理解。比如，在形式人口学中可以忽视男人。形式人口学家设想，男人所做的一切就是让女人受孕；总是有很多男人能够完成这项工作。因此女人才有主导权，她们在生育年龄期间的行为决定了人口的规模与形态。所以，人口学者一般是从研究一种性别的人口开始，假设女性能决定自己的生育，当且仅当她们乐意的情况下才会去怀孕。

这里需要注意区分可操作假设和背景假设，前者经过精心选择，后者则潜在存在。所有分析都蕴含着潜在假设。反思并且质疑这些假设永远是一种有用的训练。但是此处关心的主要是自觉提出的假设，它们被设计来开拓分析视野。

此类假设的杰出范例是布劳和邓肯合作《美国的职业结构》一书，这也是第一章里提及的标准因果分析经典研究。这本书研究父亲的工作地位、受访者的教育背景以及受访者第一份工作等（作为自变量），对受访者当下工作地位（作为因变量）的影响。在用方程式来估计这些效应时，我们的设想之一是，这个因果模式——即模型中描述了什么影响什么的箭头——对每一个案例都一样。把它用假设的方式表述，就是每一个案例遵循着同样的故事。

这明显是一种极端的假设。进行此项研究的奥蒂斯·达德利·邓肯是方法论大师，他对研究方法非常了解。他们构想的理想化模型的次序是父亲工作的地位和教育背景一起影响了受访者的教育背景，进而影响了受访者的第一份工作的地位，进而影响了受访者当下的工作地位。显然，很多案例中这些这些步骤是反着的。男人们在开始工作后回到学校读书，男人的父亲可能会为了保障儿子的教育而故意放弃好工作，等等。但是，通过做出这一极端假设（即事件的次序在任何地方都一样），邓肯能使用路径-分析回归，并提出一些有力的猜想，来探讨型塑男性生活的各种力量的相对重要性。当然，这些联系实际上并没有看上去那么强，因为它们取决于在某种程度上是错误的假设。但是即便如此，假设的能量非常巨大，其结果尽管只适用于特定条件，但也很有价值。

强有力的假设——比如邓肯的假设——为逆向思考创造了可能。尽管邓肯很了解自己的极端假设，但是他的很多追随者却没有注意到。显然，一个有用的启发策略是挑战这些基本但是被人遗忘的假设。彼得·埃布尔（Peter Abell，1987）和我都挑战了邓肯的假设，也就是我们认为应该研究职业生涯中事件的次序。这一结果引出了有关生涯种类的各种新概念和分析社会生活叙事模型的新方法。

之前提到过的有限理性研究，是另一个基于质疑标准假设的探讨的例子。自20世纪50年代早期以来，经济学家赫伯特·西蒙挑战了"所有经济人都是理性的"这一观点。西蒙在他的著作《人的模型》（Models of Man）中，认为理性有界限——原因包括理性所需的信息是有成本的、理性需要处理的相关问题难以解决等。为此，他提出了人们的"足意度"（satisficed，将"满意"[satisfy]和"足够"[suffice]两词合二为一）作为解决方法；人们为成功设定最小的阈值，采取达到阈值的行为即可。后来的研究者通过多种方式将这一观点精细化。[1]

---

[1] 对这一模型在当代社会科学中的精彩运用，一个例子是德国心理学家格尔德·吉仁泽和团队所写的《简洁启发式》（Simple Heuristics That Make Us Smart）一书。——校者注

提出并否定主流假设是社会科学研究中基本的启发式策略。它们催生了具有挑战性和令人惊讶的结果。

（四）重新界定概念

论证式启发法的最后一种做法，是重新进行概念界定。它意味着把熟悉或者理所当然的现象视为另一种现象。不要把对象当成 X，而是当成 Y，甚至更妙的是把它当成 Z。

前面的章节里曾介绍过的约瑟夫·古斯菲尔德的例子，他对酒驾导致的车祸进行了重新界定，将酒驾导致的车祸作为一个"背景"或者地点问题（在社会场合中，很多人为了去喝酒而必须开车），而不是行动者问题（很多人因为摄入酒精而不能控制自己的车——"酒驾"一词所蕴含的概念）。不过，车祸也可以被社会科学以外的学者进行重新界定。在拉尔夫·内德（Ralph Nader）的著作出来之前，车祸被认为由高速"导致"。内德的著作《任何速度都不安全》（*Unsafe at Any Speed*）从车祸角度对伤害作了重新界定，他指出车祸不是司机（行动者）的问题而是车辆（材料）的问题。（因此，这两个重新概念化都基于第三章中伯克的戏剧五要素清单这个技巧。）

有时候，数据几乎会迫使人们重新界定概念。在 20 世纪 80 年代，一些犯罪学家注意到，在那些法律强制要求佩戴头盔的州，摩托车失窃率迅速下降（Mayhew, Clarke, and Eliot 1989）。研究者们提出了一种可能的解释，将摩托车失窃（以及在那之后，将大多数轻度犯罪）重新界定为"由机会驱动"；于是它们被看成是临时起意而非有预谋的行为。这是因为在强制佩戴头盔的州，如果没有戴头盔又临时起意去偷摩托车，那么警察会以驾驶者违反头盔佩戴法而把车拦下，接着发现车是被盗的。因此，当你不再把犯罪看作预谋行为，而是将之视作机会主义的临时起意，就能解释摩托车盗窃案数量随着强制戴头盔法的出现而下跌的事实。但是，临时起意犯罪这一概念挑战了长期以来关于犯罪的"犯罪人格"的观点。因此，重新进行概念界定是一项非常激进的工作。

若配合使用前述章节里提及的话题或备忘清单，重新进行概念界定就会更简单。一位经验丰富的社会科学家不会忘记这类清单。他或者她总会据此重新审视研究对象。我的案例真的是 X 或者真的是 Y 吗？能通过重新设定问题的整个框架，来说出一些新意吗？

*

在一般启发法中，搜索式启发法和论证式启发法是最简单的两种。类比和借鉴——这两大主要的搜索式启发法——则让我们打开了新的研究领域、不常用的思想资源。但是正如之前指出的，学者首先要意识到这些其他领域，然后才能充分利用它们。这就是为什么对优秀的社会科学家来说，手不释卷的阅读和广泛的兴趣至关重要。这些都为使用搜索式启发法打下了基础。与之相对的是，论证式启发法是在已经掌握的东西中做出改变。通过质疑不言自明的事物、进行逆向思考、做出假设以及重新界定概念——这些方式都可以从已有事物中产生新意和独特见解。不同于类比和借鉴，它们不依赖大量阅读或知识的广度，也并不仰仗对知识深度的掌握。它们需要的是实践，是在做研究时养成这种习惯。

　　值得说明得是，做出假设不同于其他三种论证式启发法。其他三种启发法都可以保证自身能引起公众关注。因为它们明确地在改变或是挑战一些常规认知。相反，作出一项大胆的假设往往是作者自己意识到了某些事情，而其跟随者们却未必。这正是邓肯关于统一的职业生涯序列假设的情况，尽管这显然并非霍华德·贝克尔关于家庭-计划（family-planning）"理性"假设所面临的状况，贝克尔的假设在很长时间里都存在争议。这两个例子或许说明，好的启发式假设是极端的假设——能吸引注意力的那些。千万小心那些仅仅是出于研究便利性而做出的假设。

第五章

一般启发法：描述与叙事

上一章探讨一般启发法时，我主要关注研究方法以及研究对象的总体认识。在这一章中，我将重点探讨我们实际上如何将研究对象设想为世界中的某物，它既可以处于某一特定时刻，也可以是历时性的。即我们可以用空间与时间的启发法进行此类思考。第三章探讨话题清单时，提到了空间与时间的重要性（在康德和亚里士多德的范畴清单里）。本章则再次指认了这种重要性，由此提出几项启发式技巧。社会现实处在社会空间的布局与社会时间的流动中，这些技巧能够重塑我们对社会现实的这两方面的观念。

一、描述式启发法

描述式启发法涉及我们如何想象社会现实。描述绝非是单纯的过程。每一次描述都有其内在的假设，而挑战这些假设是生产新观点的便捷途径。

首先，描述总有前景（foreground）和后景（background，或曰背景），有研究焦点和研究语境（context）。例如在研究工业企业时，把企业所面临的经济环境条件作为研究语境。我们既可以把企业所雇佣的工人作为语境的一部分，也可以把企业所处城镇的地方政治与学校作为语境的一部分。不过，若要研究家庭动态，家庭成员任职的工业企业就会被选为语境，家庭成员就读的学校、生活的社区也会被选为语境。某些因素被选为研究语境，某些被选为研究焦点，这并没有特定的原因。社会过程自身是完全连续性的，但为了减少研究的复杂性，必须选择将其中某些看作前景，另一些看作背景。在研究中挑战这些选择决定往往是行之有效的策略。

其次，所有描述都有"层级"（level），学者可以设想比研究对象更大的事物，研究对象是这些大事物的一部分（它也许还影响了研究对象），而有些事物比研究对象要小，研究对象将其包含在内（它也许还被研究对象所影响）。一种重要的启发式做法是改变分析层级，也许可能要在一个我们没有想到的不同层级来测定哪些行为的发生产生了影响。让我们思考一下"学校里的成功"这一研究主题。研究人员们花了很多年时间试图探讨起决定作用的是个体内部因素（天赋的差异）、家庭因素（家庭资源与价值观的差异），还是学校因素（学校教学资源的差异）。在这类文献中，研究问题很清晰：究竟因果关系发生在哪一层级。

最后，某项描述并非适用于所有地方。学者可以限定描述的范围，表示该描述仅适用于某些特定地方，而不适用于其他场所。改变适用范围是一个重要的启发法，可以提出重要和新奇的分析问题。例如，如果有人声称非裔美国人的非婚生育率高得令人震惊（这种言论在各类公共媒体上经常出现），那开始研究这类问题的启发式问题是：该描述还能适用于其他什么地方？在白人中呢？西班牙裔中呢？教育水平高的人中呢？如此种种。（对此的回答是，非婚生育率在总体人口中都在上升。）

更概括地说，"条件设定"（condition-setting）涉及的是研究现象有"多普遍"的问题。例如，研究职业在现代历史中的兴起。也许专业性岗位的兴起与结构化并非一个孤立现象，而是更为宏大运动的一部分，这个运动将所有的行为规范化、正规化：投资（正规化为会计），法律（正规化为法律编撰），甚至音乐（正规化为十二平均律音阶的发明）。这种情况下，学者应该研究一个更广阔的现象，叫做理性化（这是马克斯·韦伯的论点）。

（一）改变语境

改变语境是一种强大的启发式策略，因为这种方法将以往被我们分离的事物合在一起，或重新安排我们连接事物的方式。此处我并非认为语境有决定性作用。（我随后再考虑这一问题。）目前我们关心的仅仅是在特定层级上进行重新安排，调整什么在我们关注的焦点之上以及什么在它之外。

例如，假设你研究的是学生为什么选择特定的大学。然后你通过大学宣传册、推广材料、网站等渠道搜集素材。你研究学生的兴趣与检索模式。但这样的话你其实得不到什么发现。学生们看上去申请各种各样的学校，令人摸不着头脑：四年制学院与大学，乡下的与城市的，声名卓著的与默默无闻的，这些混杂在一起。更重要的是，看上去学生们是根据学校间极为微小的差异做出选择。改变语境之后呢？申请与选择学校这个行为，实际上是因学生在家庭、高中或朋友群体中的身份定位而做出的吗？也就是说，选择出现在语境中，这里出现的不是抽象意义上的学生，而是某个特定的学生，这个学生正试图告诉父母他是理智的，或者为了向她的朋友证明她很有勇气，或者在学校中展露他自己的雄心，如此种种？随着决定时刻愈来愈逼近，随着家庭经济与现实状况已摆在面前，语境会变得细化、发生改变。但关键点在于研究对象的情境。通过追问何为探讨此一问题的合适语境，学者们改变了对于认识大学申请的方式的思考。

改变语境的一项杰出典范是阿莉·霍克希尔德（Arlie Russell Hochschild）的《心灵的整饰》（The Managed Heart）一书。霍克希尔德的书将通常分开的两个研究领域合并在一起：情感与工作。对工作的传统研究将情感生活作为理解工作场合的语境。存在大量的文献研究"工作场合的非正式组织"，以及这有利还是有害于组织。这类文献将友情、个人竞争等看作组织正式结构所依赖的语境的一部分，但没人想过将情感作为前景的一部分，作为工作自身的一部分。霍克希尔德选择将情感看作前景，引出了"情感劳动"的概念，也就是那种其劳动内容包括了调整劳动者自身的感受，以在"他人身上产生适宜的心理状态"（proper state of mind in others）的劳动（1983:7）。她采取这种方法完成了一项卓越的研究，即关注此类情感劳动人群（空乘人员、收账员等）的生活与体验，这是过去四分之一世纪里社会学中最有趣的领域之一。将情感带到前景是一个杰出的研究设想。

改变语境是一种特别强大的启发式工具,因为语境往往是建立在学科及其子领域内广泛接受的惯常规则来设定的。从很多方面来看,本科生比学者们更适合改变研究问题的语境,因为他们并不熟悉文献中所界定的惯常语境。重新考虑语境的设定总是意义重大的。想一想,在你研究的现象中,是否有些作为背景的部分,可以变成前景,或者反之?

(二)改变分析层级

当我们开始思考社会现象的时候——比如工作或城市——总是从某一层级开始。以城市为例。当我们问城市是什么样时——城市如何被型塑、什么样的人居住在哪块地区等——研究一般始于个体城市层面。在这个层面认识人们的喜好,对邻居的选择,搬离的时间、原因和目的地等。我们会分析城市的交通结构、地价和产业。

但城市的结构也可能主要由更宏大的现象所决定,比如国家或全球经济格局。这是丝奇雅·沙森(Saskia Sassen)的《全球城市》(*The Global City*)一书的主题,她认为特定"首要城市"——如纽约、伦敦和东京——的结构是由它们在全球经济中扮演的生产者服务业中心(centers for producer services,如法律、会计、银行、保险及其他企业需要的服务)的角色而决定的。这些城市的中心地位引发了对特定类型员工的需求,相应地,这些员工拥有特定的收入和偏好,进而推动了大量衍生市场和就业类型的产生。换句话说，生产者服务行业的繁荣依赖于集中化，相应地，这决定了从事该行业员工的居住地以及必须在当地提供的零售业务和服务类型。这隐含着，沙森的论点（国际劳动分工的主导作用）或许也可以应用于全球经济中其他类型的城市。

在这一论证中，直接解释"低层级"现象可能是完全错误的。真正引起兴趣的现象可能要宏大得多，驱动低层级现象的是它在更高层级现象中的作用。当然这种讨论也可以反向进行。杰拉尔德·萨特斯（Gerald Suttles）在其著名的论文《当地都市文化的累积性质地》（The Cumulative Texture of Local Urban Culture）中的观点，就完全是用沙森的反面。萨特斯表示，任何城市在发展过程中都会获得特定的政治偏好和刚性。这些偏好与刚性在很多维度上独一无二，它们的结合会决定各种类型的都市变迁：政治变迁、文化变迁，甚至产业变迁。例如，芝加哥有紧密相连的、围绕老化的政治机器的统一精英集团，这与拥有多元精英群体的纽约和更加开放和随心所欲的洛杉矶截然不同。若试图从城市政治中寻找单一模式，就像是在过于宏观的层面上进行考察。我们不但不能认为特定的城市由全球结构决定，也不能盲信于城市政治的一般模型，而应该认识到一个一般过程（城市老化）在每座城市中形成了独特的格局。

这些论点里哪个对、哪个错，并不那么重要，重要的是两项成果都成为著名研究，而且为后续城市生活研究提供了丰富的研究基础。这两项成果使用了"改变分析层级"这一重要的启发式策略，开创了很多研究的先河。

近几十年的社会科学中，此类语境转换最杰出的代表是费尔南·布罗代尔（Fernand Braudel）——所有"全球化"研究的先驱——的里程碑式成果《地中海与菲利普二世时代的地中海世界》（The Mediterranean）。布罗代尔声称，16世纪地中海的"事件"（event）好像海面上繁多的浮料和被丢弃的货物一样。事件的本质由他所谓的"形势"（conjuncture）所决定，形势是一种中层的历史现实，包含价格的波动、贸易模式的转变、海军和海洋权力发展、政府类型变化、战争形态变化等。但一个稳定的基础存在于所有事件和形势之下，这就是"结构"（structure），也就是地中海生活中不变的、决定性的基础。结构开始于环境——地理、海洋、岛屿、分界线、气候——但也包括基础性人类实践：城镇、游牧与"移牧"（有规律的长距离的迁移和回归）的天性，船的类型，以及其他类似事物。对于布罗代尔来说，结构是最重要的（值得写大约四百页），形势位列第二（大约写了五百页，因为形势会变，所以花了更长篇幅）。事件——大多数历史研究的素材——只占用了布罗代尔两卷本中的最后三百页。结构与形势所构成的情景决定了事件。

布罗代尔的著作中颇多有趣的启发法。其中，他用了一副上下颠倒的非洲地图（以展示撒哈拉沙漠对海洋的支配程度有多大，1972:1:169），这是逆向思考的杰出例证。不过最重要的效果是，后续几十年里的诸多研究受其影响而提升了分析层级，从20世纪70年代的世界体系理论到20世纪80年代的全球化理论皆受其影响。所有这些都源于布罗代尔激进地改变了分析层级，以及他坚持认为宏大的形势驱动了下级的微小事件。

（三）设定条件：合并与分解

设定条件意味着选择某些描述的适用范围。换句话说，是选择将某些社会现象分开，还是合并到一起。

因此，另一种思考沙森的《全球城市》的方式是意识到这本书区分了大型生产者服务业城市——纽约、东京和伦敦——与所有其他城市。当然，这种区分被夸大了，很多其他城市也拥有这全球性三巨头的某些特征。但准确地说，这本书在启发法意义上特别强大和吸引人的原因在于，对现象的严格区分让沙森可以描绘某些现象的极端形态。这反过来也允许她深入地分析全球化，而如果选很多其他城市分析则无法做到这一点。做出强有力的区分让沙森可以把论证推到极致。

与之相对的是，研究者也可以选择在研究时不做区分，而是把不同情况合并为同一现象的不同侧面。社会科学此类做法中最著名的例子之一，即诺贝特·埃利亚斯（Norbert Elias）的《文明的进程》(*The Civilization Process*)。埃利亚斯将以往被分别对待的一系列行为，如餐桌礼仪、擤鼻涕、吐痰、卧室里的行为等，合并到私人"文明"之下，继而大胆地将其与现代国家的形成联系起来。埃利亚斯认为所有这些事情共同构成了宏观的"文明进程"。类似布罗代尔的"结构"，埃利亚斯的文明进程是一个宏大概念。在此冲击我们固有观念的，不是布罗代尔那种改变了对系统的决定层级的认识，而是埃利亚斯将完全独立的事物如擤鼻涕的历史、专制国家的历史合并在一起的做法——他认为这些实际上是一个宏大过程的组成部分。

需要再次强调的是，学生们不需要那么大胆的创新或浮夸卖弄。但将分开的事物合并到一起在启发法上是有价值的。仅仅是这种合并的想法，就能带来上百个有趣的可资深挖的问题和议题。

当然，我们也可以将事物分开。这也并不是表明低层次因素在发挥决定性作用，而是说，某些规律或描述的使用范围比想象中要小。这是过去二十年里关于女性的研究中占压倒性地位的写作策略。例如辛西娅·爱普斯坦（Cynthia Epstein）的《法律界的女性》（Women in Law），尽管已经有很多著作讨论了律师，其中大部分都讨论一般化的律师而非女性律师，但《法律界的女性》就对这一群体做了单独探讨。分开讨论而今在很多领域都已成为风尚：如进行族群与种族研究、性别研究等。不过需要注意的是，这是一个比较普遍的启发式研究手法，其内在逻辑并不与能动主义者研究（activist research）相关。杰罗姆·卡林（Jerome Carlin）在《自主律师》（Lawyers on Their Own）中对于小型、独立执业的律师——他们与其他律师非常不同——所做的建议与爱普斯坦对女性律师做的研究其内在理路是完全一样的。

二、叙事式启发法

描述式启发法试图改变现实的描述方式。而叙事式启发法则通过事件和故事来改变我们对社会生活的思考方式。在这个意义上，埃利亚斯的"文明进程"既是叙事性启发法，也是描述性启发法。它将一些彼此分离的叙事编织到一个宏大故事中。

（特此强调：重点是获得新观点，产生新观点的方法叫什么并不重要。）本节要讨论四种重要的叙事启发法。前两个关注叙事在多大程度上进入我们对问题的思考：我们是否动态地看待过程，是否关注偶然性。

很显然，这种启发法首先是让静态研究对象动起来，或者反过来，让动态研究对象静下来。和之前一样，研究者的信念在这里不那么重要。有些学者沉迷于社会生活的过程性本质（包括我自己在内），很难将静态框架看作正当的。但有时这确实是理解社会生活的最佳方式。事实上很多历史著作以这种方式写成，在近距离审视下，宏大叙事会变得四分五裂。例如大多数美国史将20世纪20年代称为爵士时代，但近距离审视下——孤立地看——20世纪20年代非常多元化。相对应的是，让静态研究"动起来"也会带来很多新鲜的发现。比如对如今高科技产业的研究，这些公司的高管们多多少少地都会采用静态视角看待形势，看重短期回报与股价。不过，公司里的员工们对于工作的体验，是基于个人职业生涯的长期、动态视角。总之，学者需要基于研究兴趣来决定让时间冻起来还是动起来。

叙事启发法的第二招是偶然性。很多社会科学模型漠视偶然性，认为经过几种不同方式可以得到同样结果，也认为只要不是对发展过程的细节特别感兴趣，那么就足可以无视导致这些过程的偶然性。研究有关人民生活的文献为此话题提供了有趣的例证。长久以来，人们认为生活中的消极事件——生病、丧亲、失业等——会导致各种形式的痛苦。令人惊讶的是，一些学者提出，生活中的积极事件——升职、结婚等——也有类似的效果，这某种程度上确实很真实。因此前一种偶然性——只有负面事件才会带来的痛苦——被证明是不相关的。有时候偶然性的作用比想象中要小。

另一方面，有时候偶然性至关重要。之前提过哈里森·怀特的"空缺链"模型完全是个偶然性模型，至少在分析个人职业时是这样。如此强有力的偶然性效应的存在，往往意味着研究者的分析在错误的层面展开。怀特的模型在根本上是一个结构性模型，其中更大的系统支配着局部自主性。

叙事启发法的第三招是对隐性功能的分析。隐性功能是社会制度或行为的计划外、未被注意的结果，它实际上产生了重要的影响。实际上，隐性功能经常比显性功能更加强大。前面讨论过质疑不言自明的研究对象，那时候就采用了一个隐性功能的内在例证：大学教育的另类意图。大学也许不是为了教育，而是将诸多年轻人挡在全职劳动市场之外，从而降低失业率。在这个例子里，教育是表面上的功能，减少失业是隐性功能。这个质疑不言自明之理的特别例子，是质疑制度的表面功能，并进一步寻找其隐性功能。当然，大学有很多地方可以成为研究问题：谁上大学、大学里实际上整天干些啥（例如，大学老师们不是整天上课）等。在启发法中，发现隐性功能总是一种有用的做法。

叙事启发法的最后一招是反事实分析：若……那会发生什么？有几个学科特别适合反事实分析，比如经济学有自己独有的优势，因为它可以通过估算人们为了得到未标价品而放弃竞逐的其他物品的成本，从而为未标价品"标注"价格。反事实分析在历史学中的使用也很常见，例如 A.J.P. 泰勒在《第二次世界大战的起源》（我们在第一章中讨论过）一书中隐含了反事实分析，他提出如果希特勒没有入侵苏联，也没有平白无故地对美国宣战，那么他可能能够保住在那个节点上所获得绝大部分收益。不过，对此的反论证是这样说的，希特勒正是通过那些鲁莽的举措来获得其早期利益，只是规模较小。那些知道在何处停下来的人，永远不会做出早期那些大胆举动，也就不会到达"错误"点。因此泰勒论文的核心论证依托于希特勒的个性本质，以及那种允许其个性全面影响德国政策的政治体系。通过反事实思考，论证的关键点便显露出来。

以下用更多的细节来检视这些叙事策略。

（一）停下来与动起来

叙事启发法的第一种做法即历史分析。如果分析方式是静态的，那么让它动起来如何？如果是动态的，那么停下来如何？就像众多其他启发法的情况，问题不在于社会世界事实上是不是历史的。你不需要成为马克斯·韦伯那样的大师才能做出选择。有时候在研究中需要历史地分析，有时候则不需要。

将静态转为动态的做法更为常见。当我们搬到新地方或者转学到新学校时，它们看上去是如此固定不变，宛如时间的切片标本。在住了几年后，我们才会发现哪些地方在变化，哪些地方不变化。一旦认识到我们所使用理论的某些方面正处于快速变动中，那么我们有可能会发现自己的理论不太靠谱。当某个你很喜欢的商店从大商场里搬到新地址时，你也许会提出种种解释，比如商店与商场存在矛盾，与竞争对手存在矛盾等。但在商店新址附近有新的住宅区冒出来之后，你才突然意识到实际上这个商店只是在这个区建造期间，暂时借居于商场而已。在这里动态被当作了静态，不过鉴于最初去的是商店的暂居之地，你没有发现这一点。

评价某一时刻的社会情境的核心困难之一就是我们无法认识到截图只是滚动着的电影胶片分本的一部分。当代人类学中最著名的著作之一，埃德蒙·利奇（Edmund Leach）的《缅甸高地诸政治体系》(Political Systems of Highland Burma) 为此提供了精准的说明。利奇开始的时候是要做"单个社区的功能主义研究"，也就是对生活的片段进行经典的民族志分析。在进入田野几个月后，第二次次世界大战波及缅甸，这里成了战区。很快，利奇成为军队的一员，在接下来五年的时间里出没于缅甸北部，差不多到访了这一区域的每一个社区。战争中，他失去了大部分田野笔记，借助记忆、一部分幸存的笔记和所能利用的公开发表资料写成这本巨著。

利奇的核心论点是，经典社区研究中隐含着的稳定性仅仅是海市蜃楼。他用其标志性的直率文笔这样写道：

> 我这一辈的英国人类学家曾经骄傲地宣称：我们相信，对社会组织的理解与历史无关。这些观点真正的意思并不是历史无足轻重，而是它难以书写……所以埃文斯-普里查德教授这位英国社会人类学中最坚定的均衡论的支持者，同时也是一位在人类学分析中应用历史的倡导者，他仍然没有解

释两种立场之间的矛盾该如何解决。(1964: 282-83)

当然,利奇关于"历史"的观点是正确的。通常最佳的做法是让数据展现动态,去观察长期变迁而非简单的均衡状态。不过在这样做之后,利奇又出人意料地回归原点。他通过宣称克钦人的仪式与符号系统表现得好似缅甸存在着均衡社会来维持这种均衡。他们的文化系统依赖一种稳定的语言,却将其用于"历史的"、变化的事物。那么,人类学家的错误在于将部落的符号当成了现实。有趣的是,利奇一头扎进历史中,随后又转身离开。(这种踏入水里,又赶快上岸的行为,在人类学家中似乎相当常见。马歇尔·萨林斯在他影响深远的《历史之岛》[Islands of History by Marshall Sahlins] 中也用了类似的技巧。)

在我们来看,重要的是启发法的作用。某种程度上,利奇和萨林斯陷于这一争论:事件的流动是否真实存在?而且在存在均衡的情况下,事件的流动是否重要?从某些方面来说,埃文斯-普里查德的情况更好一些。他试图平衡两边的观点——尽管它们之间存在矛盾——实际上是在向我们展示,不论是借助还是忽略时间的流逝,都是对探索启发法有益的明证。

所以,相反的是,有时候我们不需要让研究对象动起来,而是把既有的动态停下来。当我们对某些特定时刻的诠释更多受来自这个时刻所嵌入的更大叙事所驱动,而不是基于我们已知的事物时,我们通常就会这么做。

这种方法的杰出范例是埃马纽埃尔·勒华拉杜里(Emmanuel Le Roy Ladurie)的历史民族志巨著《蒙塔尤:1294—1324

年奥克西坦尼的一个山村》(*Montaillou: The Promised Land of Error*)。当代研究一直主要把法国南部的异教徒农民当作纯洁派(Catharist 或 Albigensian)异端的最后代表，历史上他们以其信仰的奇特（最虔诚的纯洁派信徒，即所谓善人 [*the perfecti*]，他们会在"异教"仪式之后彻底断食，直到死亡）和遭受的残酷镇压而受到关注。因为他们激起的镇压，这些农民在（北部的）法国王权确立对朗格多克地区的权力中发挥了关键作用，这个地区位于当今法国最南部。这是法国南部异教徒农民的传统故事。

不过，铲除异端的宗教审判所保留了详细的记录。埃马纽埃尔·勒华拉杜里认识到，这些宗教审判记录与其作为纯洁派自身的呈堂证供，不如作为这一社区的总体记录，关于其经济与居住状况、家庭与婚姻、羊与迁徙等。纯洁派不再显得怪诞、令人费解，而是成了在那个时代的文化语境中能够被理解的群体。历史由此在这本书里变成了民族志，冗长、僵化的历史记录产生了鲜活的、日常的文化。

停下表很重要，这种重要性并不限于历史研究领域之中。停表是所有均衡分析的关键所在。市场在任何时刻绝非稳定，因此在经济学的很多分支领域中，学者通过分析市场的均衡表现，可以找到作用力的方向。一些特定的博弈论模型也是这样。研究人员有时甚至可以将扩展式博弈——随时间不断重复发生的博弈——简化为策略式博弈，在其中不论重复博弈实际上如何进展，结果都是立即可知的。

停表本质上让研究者可以处理更多当下的细节。这可以扩展研究视野，也可能改变分析层级。这——与其他很多此类技巧类似——是通往其他启发法的大门。现实常被认为在根本上是历史的。不过，有时将其想象为冻结的某个时刻还是有用的。这当然可以是重要的时刻。当布罗代尔在《地中海与菲利普二世时代的地中海世界》中论证其结构概念时，他写道，"至少在某些方面，1450年到1650年这两百年构成一个连贯紧凑的时间单位。这一点显然需要进行广泛的解释阐述"。（1972:2:895）两个世纪怎么是一个"时刻"呢？这个嘛，当然不是，不过若假设"是"的话，就能获得某些重要的洞察。

（二）纳入与排除偶然性

偶然性也能产生重要的启发式策略。通过声称某个事物具有偶然性，可以产生很多理论或规律的新视角。反之亦然，我们可以通过拒绝偶然性，产生令人意想不到的结果。后一种实际上是形式化与量化研究的标准做法。

严肃对待偶然性的一则典范是迈克尔·皮奥雷（Michael Piore）和查尔斯·撒贝尔（Charles Sabel）的《第二次产业分工》（The Second Industrial Divide），这本书认为大规模生产并非命中注定。根据他们的论述，小型化、弹性的生产单元也可能支撑当代经济增长。流水线与可替换部件不是绝对的历史必然。世界上有些地方（如德国西南部与意大利北部）确实有灵活生产者（flexible producer）的复杂网络生存了下来，皮奥雷与撒贝尔充满争议的观点引发了对于这些区域的大量研究。这本书带来一系列有趣的结果。首先，作者建议研究诸如承包结构、教育系统和信用贷款安排这样的网络，这些网络支撑了那些"灵活专业化"的产业区域。也就是说，这本书对产业政策有直接影响。其次，这本书建议反思对产业化自身的陈旧叙事：手工劳动的地位会和历史上说的那样无足轻重吗？"产业分化"对于劳工运动产生了什么影响？一方面，"批量生产"创造了更有权力的雇主。另一方面，这也为公会创造了更便利的成员招募环境。突然间，现代劳动的历史变得不同于以往了。

与之相对的是，也有人认为，偶然性也许并没有想的那么重要。查尔斯·佩罗（Charles Perrow）在《高风险技术与"正常事故"》（Normal Accidents）中做了强有力的论证，他认为存在相对系统化的理论来解释稀有与偶发的事件，如核反应堆事故、船只相撞等。这本书开篇以惊心动魄、完全偶然发生的口气，讲述了1979年的三里岛事故。佩罗问道，何种因素使得偶然性——也就是随机可能性——占据了主控系统？他提出了两点解释。第一点是系统的复杂性。复杂系统拥有诸多的反馈循环，也有很多部件发挥着多重功能，有时是以模糊的或无法测量的方式发挥功能。第二个因素是系统间的耦合；严密耦合的系统对时序有高度依赖性，其中有许多不可变序列（invariant sequence）的动作，而且往往只有一种成功运行的方式。佩罗的基本理论是这样的：正常事故——也就是"系统性地生产出来"的偶然事件——在高度耦合的复杂系统中最为常见。他由此提出了一种关于偶然性的理论。

在思考社会生活时，认识到偶然性的角色总是非常重要。通过增加偶然性或排除偶然性的策略，我们经常能为难解的问题找到突破口。假设你在写一篇学期论文,讨论药剂师、X光操作员、护士等医疗辅助人员。你读了关于每种辅助职业的著作,感觉这些职业都在变得越来越专业化,承担的职能也越来越多。但与此同时,他们也与其他辅助人员或医生产生大量琐碎冲突。这样的论文主题听起来可能既平淡又无趣:"专业化趋势在上升,但争执频发。"是否有办法将这些琐碎冲突不看作偶然产生的,而是系统性的呢?如果你将所有这些竞争者作为一个整体,在竞争性领域中观察它们,你会发现他们在争夺有限的资源。正如怀特的空缺链模型所描述的,通过将偶然性视作一个结构性竞争系统的结果,你就能驯服偶然性问题。这样,你的研究就进入了一个新的层级,将竞争场所理论化,从而系统性地解释这些冲突。

(三)分析隐性功能

在过去半个世纪里,功能论分析在学术潮流里进进退退好几次。功能论分析难以捉摸。有时它们只不过是理性选择的复杂版本:功能等于目标,等于人们选择去做的某些事情。有时,它们在本质上是纯粹的逻辑推演,比如经典的"强制功能"(imperative function)理论认为,鉴于社会运转需要某些特定事物的存在,我们必须(而且可以)识别出产生这些事物的社会结构。(有时这种研究只是道德论证[moral argument]的理性化版本,阐述社会应该如何组织。)

关于功能主义的争论深刻又复杂,不过本书关注的是功能论分析的启发法价值。研究者分析社会制度或结构时,常常基于其服务的显著目标或功能来提出理论解释。但也许是隐藏的力量使其保持这种状态，不论这种力量是否有明确的目的性。对隐性功能的反思，能够让我们认识这些力量，然后对其进行合理的分析。

隐性功能分析的一个典范是理查德·爱德华兹（Richard Edwards）的《斗争之地》（*Contested Terrain*）。抛开其强烈的政治涂层（爱德华兹是一位立场鲜明的激进主义者），这本书的基本观点是：关于美国雇佣关系的惯常历史表述全错了。传统研究认为，"效率"运动在20世纪早期主导了美国的劳工关系。这是"科学管理"，涵盖了诸如秒表、计件工资、严厉的工作纪律等；查理·卓别林在电影《摩登时代》（*Modern Times*）中刻画了这种工作的世界。传统的解释认为科学管理被工程师专业所驱动，车间里将劳动理性化的努力产自理性生产本身。这套叙事认为，在20世纪30年代和二战后，科学管理被"人力关系"管理学派所取代，这一学派对于工人生活与幸福、福利资本主义和类似政策有更广泛的关切。

爱德华兹指出，尽管人力关系学派看上去是一种更和善、更温柔的管理形态，它实际上隐藏的是科层制规则与规定的巨幅扩张，这极大地了扩大了公司对工人生活的控制。他很有说服力地论证道，两个管理学派的真实目标都是规训劳动力。它们各自的显性功能可能分别是超高的效率和"关爱工人"。但其隐性功能都是一样的：控制工人。

就我们的意图而言，我们不关心这种控制是计划好的还是偶然形成的。关键在于，寻找隐性功能时常常引出来重要社会力量。本书已数次提及大学的隐性功能，即保卫更大劳动力群体的就业机会。这看上去是一种古怪的思路，不过在美国劳工由产业工人占绝大多数的那些年里，工会强烈反对创立学徒-学校联合系统（apprentice-schooling system）的尝试，这种尝试曾在德国训练了大量劳动力。因为这种系统对美国的很多工作岗位是一种威胁。实际上，大学的控制失业功能可能比人们想象的更为重要。

所以，隐性功能分析是一种好用的研究策略。使用这种方法可能什么都发现不了。但是也可能获得一些非常重要的发现。

（四）反事实分析

最后来讨论反事实。"如果……会怎样呢？"是一种特别有用的叙事启发法。这在我们自身的日常生活中常被使用，如"要是我那年夏天没去欧洲远足，我们就不会相识、结婚"。当然，从社会科学的观点看，一个人可能的结婚对象有成千上万人。人类生活可能在很多方面有所不同，但其中大部分不会直接产生具体结果——如影响我们最终的工作类型、财务状况、我们孩子的社会经济地位。因此，尽管也许个别人会有明确的兴趣，但在研究界并不怎么普遍使用反事实分析。

尽管这样，反事实常常至关重要。要是没有希特勒，还会有法西斯德国吗？如果圣路易斯成为主要铁路枢纽，芝加哥还会变成中西部的主要城市吗？如果水门大厦的看门人没有注意到地下室的门闩被胶带封住了，美国历史会有根本性不同吗？

提出反事实假设可能会极大地促进思考。我们经常提出反事实，其目的仅仅是为了加强我们对其反面情况的论证——换句话说，就是为了更有力地支持确实已经发生的事实的论点。不过有时候——尤其是 20 世纪六七十年代——反事实分析成为一种精细的分析模式。

反事实启发法的最杰出成果是罗伯特·福格尔的《铁路和美国经济增长》(*Railroads and American Economic Growth*)。福格尔把一项理所当然的"事实"变成研究问题，即铁路对于美国经济增长至关重要。他好奇道，如果没有铁路，会发生什么？显然，人们就会有开凿很多运河。但实际的经济后果如何？正如福格尔指出的，坦白地说，在很大程度上铁路的角色是被人为赋予的；铁路总资本中的 30% 来自联邦与州政府的无偿赠予。实际上，福格尔的导论章节里，这种信息随处可见。福格尔绝妙地使用了常见事实与简单经济学理论，来推翻大部分人认为不言自明的东西。

在两百页篇幅之后，福格尔总结道，"19 世纪，没有任何一项单独的发明对经济增长不可或缺……铁路并没有对经济的生产潜力做出压倒性贡献。"（1964:234-35）在正文里，这两百页里充满着各种数学计算，包括主要市场里拖曳式货运马车行驶距离、美国钢铁产业对铁路需求的影响、可能建造的运河地图等。这本书是非凡的杰作，不但阐述了一个时代里的重要事物，而且更重要的是展现了已被接受和采信观点是多么脆弱。

很少有学生会拥有福格尔在其职业生涯中所展现出来（而且持续呈现）的那种勇气和能量。但反事实分析永远很有用。回到婚姻这个例子。如果在几百名潜在配偶中，我们和任何一位都能拥有幸福的生活，那么理解婚姻与离异的关键就不再是约会与家庭生活中的细节，而是塑造能与你走到一起的潜在"伴侣池"的宏观边界，如上没上过大学。而且，伴侣选择可以是动态的，鉴于每个人都知道，在生命周期的特定阶段——如大学或研究生生涯的最后阶段——婚姻市场上可供选择的潜在候选人数量快速下降。这引发了另一项反事实思考：如果没有大学，人们会如何寻找和选择伴侣呢？（也就是说，大学有促进婚姻市场的隐性功能吗？）当然，因为人口中很大比例的人群（请注意，这一部分人倾向于更早地结婚！）并没上过大学，所以我们有某种程度上的自然实验法回应这一命题。

因此，用简单的反事实分析打开局面，再通过与其他一些启发法的配合，就能带来有关婚姻与婚姻模式的很多有趣假设。这就是反事实分析的功用。它将显而易见的事物变成研究问题，并提出了很多新的思考途径。

*

反事实分析为一般启发法画下句点。本章与下一章讨论了很多产生新观点的新途径。需要强调的是——前文说过，接下来也会重复强调——这些启发法都不能被具体化。它们无关乎真与假，而是发现新观点的方法。它们应被当成是反思的辅助工具，而非僵化的路径。

启发法也是非常强有力的。尽管很多例子涉及不止一种启发法技巧，但在使用时最好每次只使用一个，并小心翼翼地推导出这一个技巧所能得出的答案。如若不然，启发法也会把研究者很快带入到巨大的麻烦里。

第五章　一般启发法：描述与叙事

本章讨论的一般启发法并非是社会科学中最终极或最强有力的启发式策略。摘得这一殊荣的是分形启发法，我们在第二章的基本讨论部分已经奠定了探索的基础。现在，让我们进入分形启发法。

第六章

分形启发法

迄今为止已经出现了三类启发法。最简单的一种是做加法，在观点中引入微小变化。第二种是通用话题和备忘清单，可以为研究者指出新的方向。第三种——第四章和第五章中的一般启发法——则是更自觉的方法，通过特定方式产生新观点，如操纵论证过程、描述以及叙事。

本章将讨论第四种启发法，这种方法出现于社会科学各个学科的"重大争论"（第二章探讨过）中。它充分利用了这些争论中的某些特质（第二章结尾曾简要提及）：它们的分形特质。分形是这样的事物：无论多么近距离观察，它看起来都一样。[1]一种著名的分形形态是林地蕨类植物，每片蕨叶都是由小蕨组成，小蕨又是由更小的蕨叶组成，如此重复。

第二章讨论的重大争论就是分形，无论显微镜放大到何种程度，依然能发现这类争论。就拿著名的实在论和建构论对立来略作讨论。实在论者认为社会现实是真实的，而且固定、可

---

[1] 即自相似性，也就是局部形态与整体形态相似，不论局部经过多少放大，都同样具有这种相似。分形是作者关于知识的性质，尤其是社会科学知识的性质的一项核心论点。具体可以参见《学科的混沌》。——译者注

重复。建构论却不然，建构论认为行动者和社会生活意义都是我们在不断前进中创造出来的，是通过对过往经验的重新演绎和创新来建构的。当然，实在论者对此绝不同意。

图 6.1 巴恩斯利分形蕨叶的三层嵌套[1]

现在，大多数社会学家能够清楚地区分实在论者和建构论。使用问卷调查的学者通常被认为持实在论，而历史社会学家们则被认为持建构论。研究社会分层的学者通常都是实在论者，而研究科学社会学的学者则是建构论者，等等。但假定我们把一些科学社会学者单独拎出来考虑。可以确信的是，他们绝对会在自身群体内部讨论实在论和建构论的议题。一些人会认为科学是特定社会结构生产出来的给定知识类型，科学社会学的重大议题就是知识是如何被更大的社会结构型塑的；其他人则会认为，在教科书中被理性化的知识实际上是由科学家使用的日常用语所建构的，只有理解了这种语言的实际流动，才能理解科学本身。也就是说，两个群体会陷入实在论对建构论的激

[1] 本图是一个典型的巴恩斯利的分形蕨叶（Barnsley fern fractal），其中的大叶片在微观尺度上不断重复自己，是一个典型的自相似图形。图中放大了叶片的三层嵌套。本图在英文版原书中并不存在，为方便读者理解，校对者根据作者原意制作出了此图。此图的添加及其功用本身，也得到了作者阿伯特教授本人的同意。——校者注

烈争论中，尽管该学科其余的人士认为他们都是强烈的建构论者。(事实上，这就是20世纪80年代实际发生在科学社会学领域里的事情，当时这一领域存在一种对抗，即"和你相比，我更社会建构"，对抗到最后，整个研究领域都假装自己不相信任何客观性，这种姿态有时有点神经兮兮的。)

拿学科中另一端的例子来说，在社会学中，犯罪研究长期以来都是坚定的实在论信徒。犯罪统计学在美国的公共生活中有很悠久的历史，很少有事情比一次"逮捕"看上去更具显而易见的真实性。但是在20世纪50年代，在这个高度实在论的研究领域中浮现出建构论批评。"标签理论"指出，成为罪犯不仅仅是做出犯罪行为；其背后还有更多的环节，包括被捕、拘留、扣押、指控、定罪以及判刑。这个过程的每一环节都有很多人逃脱了罪名，但只有到了最后，一个人才真正被贴上了"罪犯"的标签。提出这一理论的学者坚持认为，社会地位与犯罪率之间长期存在的反向相关性，是因为较低阶层的罪犯更有可能走完从作案到定罪的整个漫长过程。因此，犯罪行为不是一项简单的客观事实，而是一种复杂的、被建构起来的现象。

与此同时，在纯粹的实在论犯罪社会学学者中，也展开了一场规模较小但性质相似的争论。这些实在论者对逮捕的统计数据不可靠表达了强烈的不满。例如，在1962年一年之内，芝加哥的犯罪率上升了83%，大家都知道现实情况并没有改变，变的只是报告的程序。所以一些学者大声疾呼，逮捕统计是武断构造出来的，应该通过调查受害者来测量犯罪，而不是调查侵犯者。在进行受害者调查时，他们提出了很多实在论/建构论性质的问题：一系列骚扰行为是一个事件，还是多个事件？闭合式调查问卷必然会强迫受访者按照特定模式回答吗？提问在什么情况下会被认为是"暗示性的"？这和科学社会学家在20世纪80年代争论的内容别无二致，不过这个争论位于一个被普遍认为是实在论的学术共同体里。

正如以上例子表明的那样，第二章谈到的社会科学争论，其核心本质上就是分形。无论社会科学家群体的规模大小，不论这个群体是否被认为处于方法论的某个极端，基本上都探讨过这些议题。单独看，这些争论自身不过是一些有趣的事实。但这有趣的事实意味着它们可以被当成启发的工具。无论我们在社会科学这一知识结构的哪个位置，我们总能利用这些分形启发法来引出新的问题和挑战。

下面这个简单例子来自于对焦虑和压力的研究。我们该如何解释压力？谁承受最多的压力？如何才能停止或减轻压力？20世纪60年代到80年代之间的文献都是从强烈的实证主义角度出发。但是对非专业研究者而言，压力研究最值得注意的现象是，每当实证主义碰壁时，学者就会通过对数据的叙事和重新解释来打开新的研究视野。因此，最初始的文献只关注到压力源（异常事件）和不幸（苦恼）之间的相关性。当这几个概念的相关性被证明较弱时，研究者们便开始思考"应对"，将其定义为从压力源到痛苦的路径中的中介现象（这个路径是一种叙事）。应对技巧和资源存在个体差异，这解释了压力源和痛苦之间的弱相关性：在压力源数量固定的情况下，强大的应对者感受到的折磨较少，脆弱的应对者感受到的折磨较多。当这些应对变量的解释力也开始减弱时，分析者开始询问更为精细的诠释性问题，例如"在什么情况之下，酗酒会从一种应对策略转变为一种医学症状？"（Kessler, Price, and Wortman 1985:222）。大量著名小说（如菲茨杰拉德的《美丽与毁灭》[The Beautiful and Damned]）和电影（如《相见时难别亦难》[The Days of Wine and Roses]）的主题对此进行了探讨，这些作品很好地表明这一问题没有客观答案。不过，这种思考问题的方式至少会让研究压力的实证主义者可以开辟新的研究领域。他们便不再陷在糟糕的相关性中钻牛角尖。他们会有新的研究问题去探索。

　　这就是我强调分形争论的原因。分形争论最关键的价值可能并不在于它们作为学科结构的组织原则，而是充当学科探索的启发工具。我甚至会提议说，众多大问题的争论最初是作为启发法而出现，而只有当众多持有不同信念的人开始应用它们作为探索工具时，它们才转化为我们理解整个学科和研究方法的通用组织原则。基于这一观点，诸多争论作为启发法被广泛传播与应用，吸引不同学科的理论家把五花八门的局部研究组装成宏大的、体系化的争论。这里我使用了自己的一个启发式技巧：颠倒因果方向，再看看观点是否靠得住！我不确定这个论点是否站得住脚——这里也不是对它做出评价的地方——但它在社会科学的历史社会学中存在有趣的可能性。

　　总而言之，社会科学中的核心争论被广泛地（有时是间接地）用于启发法中，去提出新的研究问题、开辟新的研究可能性。在这种情形下，它们就像之前提到的其他启发法一样常见。与其他启发法类似，它们可能被极大地滥用。同样与其他启发

第六章 分形启发法

类似的是，它们也不应被当成事物唯一真实的属性（当它们被当作重大争论时已经出现这一问题）。但是如果处理得当，这些争论将成为所有启发法武器库的组成部分，并且随时随地都能调用。

本章内容将按照第二章讨论过的九组基本争论来组织。每一组争论中都会列出一些例子，用以展示这些争论如何被用于启发式探索，无论这些研究方法是什么，也无论这些学术研究现下的定义为何。当然，对于五种方法论传统，我不会对每一传统的两端都给出例子。因为那样的话，就要提供90个例子（2个选择 ×5种方法 ×9组争论），我不想找到全部选项，你也不会想全部读一遍。但我将尝试展示出足够多的可能性，让你感受分形启发法的丰富性。我也会强调违背常理的技巧，如深度诠释主义者变成了实证主义者，涌现主义者试图成为个人主义者等。正如之前所述，这里会选择对后续社会科学研究产生重大影响的成果，不过有一些例子我选择了我个人比较喜欢的近期成果。我必须事先道歉，因为这些例子的多样性可能会令某些读者不知所措，但这也是本书的要点之一；分形启发法在社会科学中的应用途径多种多样，本身就已经达到令人不知所措的程度。

一、实证主义与诠释主义

第一种分形争论产生于实证主义与诠释主义之间，前者认为社会现实能够在形式上被测量，也应该被测量，后者认为不能、也不应该被测量。事实上，几乎在任何方法论传统中，都有朝向实证主义或朝向诠释主义的研究。这两者总是在不停地对话。所以，在民族志研究中，有时候学者去数数字（就像威廉·F. 怀特［Willian F. Whyte］在《街角社会》[Street Corner Society]中给保龄球计算得分一样），有时候学者去深入探究更有阐释性的细节（像米切尔·邓奈尔［Mitchell Duneier］在《人行道王国》[Sidewalk]中讨论的警察搜捕那样）。就像上文所探讨的研究压力的文献那样，在标准因果分析分析中，朝向实证主义与朝向诠释主义的研究一样数不胜数。

理查德·伯克（Richard Berk）和萨拉·芬斯特梅克·伯克（Sarah Fenstermaker Berk）讨论家庭劳动分工的文章（1978）影响深远，这是在实证主义研究中采用诠释主义做法的优雅范例。伯克夫妇试图将家庭看作生产体系，用这一理论来评估"新"家庭经济。他们为此采用了极其复杂的实证研究设计：使用结构方程模型中的两阶段最小二乘回归，来处理家庭任务分配的数据库。但是文章的结尾却是诠释主义的，探讨了家庭任务中"分享"和"替代"的界定。研究者注意到，丈夫和妻子对于家庭劳动分工的影响存在复杂的差异性（妻子的任务变动会影响丈夫的任务，反之则并非如此），丈夫倾向和其他家庭成员一齐参加家庭劳动，研究者还引用受访者的原话来说明"分享"的三个不同模型："道德支持"、"协助"以及"指导帮助"。这些对于分享的不同定义对于丈夫要替代妻子的付出有着不同的意涵，因而对于"作为生产系统的家庭"这一研究项目也有不同意涵。伯克夫妇的研究让读者自行考虑丈夫与妻子在家务劳动上的确切取舍问题。简而言之，在遵循所有的统计规则、跑完所有的回归方程后，避开量化困境的一种方式是将变量锚定在情节更复杂、含义更模糊的故事中，以此来重新阐释变量。这样就可以通过诠释主义做法，来避开实证主义的死胡同。

不太被注意到的是，历史分析等领域的实证主义转向同样重要。我所举的例子是小瓦尔迪默·奥兰多·基（V. O. Key）关于关键选举的一篇论文（1955），这也是20世纪政治科学最有影响力的论文之一。在那个时代，"一个接一个"地"讲故事"的范式最为常见，小瓦尔迪默·奥兰多·基的论文在研究选举时没有采用这种方式。他分析了连续多次全国选举中特定选区的详细记票结果，发现在某些选举中突然出现了选民重组，这会在之后的三到四次选举中持续发生。而他的论点是，选民重组这一"事件"经常比它看上去更重要、更持久；他的做法可能会被视作为一种时间合并。同样重要的是，小瓦尔迪默·奥兰多·基在历史的、话语的研究领域里，采取明显的实证主义做法来完成研究。他通过转向分析方法而获得盛名。

与之相似的更晚进的是约翰·莫尔（John Mohr）在论文（Mohr and Duquenne, 1997）中对19世纪纽约的贫穷景象进行了精彩分析。莫尔尝试揭示纽约人对穷苦人的认识。既往的常规策略是对贫困文本进行批判分析，他没用这个办法，而是将纽约社会服务机构对客户群的官方描述输入电脑，然后分析了这些官方话语。莫尔宣称，如果两类穷人出现在同样的几种描述中，那么他们在纽约人的眼中就是"相近的"。一旦计算出了所有可能类型的两两配对的"接近性"，就能使用聚类和标度的方法，将这些"距离"数据转换成群和图片。作为这项研究的成果，他提出了一种处理贫困问题的相关机构眼中的贫穷图景，这幅图景拥有惊人的全面性。这一做法虽然是极端实证主义的，但是它却展现了19世纪贫困理论没有想到的维度。

简而言之，在任何节点，任何研究都可以做出实证主义/诠释主义的选择。就像上述例子一样，经常当研究走向预期方向的对立面时，其启发式做法会最能发挥决定性作用。学者们没想到在标准因果分析中纳入诠释，也没想到在历史和文化分析中纳入实证主义。因此，这些做法的结果反而更加耀眼。实际上在研究的任何节点都可以尝试上述这两种做法。

并且，在研究的任何层级上，我们都可以采用这两种做法！很容易能想到，学者们可以做更加精细的分析，并就上述例子在不同的情况下选一而为。拿关键选举（critical election）来说吧。在评估"关键选举是否真实存在"这个问题时，研究者可以比小瓦尔迪默·奥兰多·基更加实证（在他的文章之后产生了大量此类文献）。研究者也可以像他那样计算选举结果并考察长选举周期，只是在这之后对结果进行更诠释性的分析。他的原创论文中对选民重组现象的研究完全基于人口统计学。他仅仅识别了选举模式中的这一现象，但是并没有试图对其进行诠释。这是新政党意识形态的结果吗？是政党组织的结果吗？是注册中法律变迁带来的结果吗？是1924年移民法变化的后续结果吗？是次级群体的新选举联盟的后果吗？是主要次级群体想法改变的后果吗？可能性很多，这立即激励了大规模的诠释主义、历史向的研究，事实上也确实涌现出来诸多文献，来试图解释小瓦尔迪默·奥兰多·基所揭示的现象。

简而言之，实证主义和诠释主义的配对不仅是对所有方法有用的启发法，而且也适用于这些方法内的所有层级。这种配对是一种分形启发法。在当下的研究受阻时，推进方法之一就是使用实证主义和诠释主义的配对来绕开阻碍，然后就会获得新的研究问题和研究机会。

二、分析与叙事

像实证主义和诠释主义那样，作为分形启发法的分析与叙事配对也被用于各种社会科学研究。有时需要把故事当成一个故事来讲，有时则需要把故事分解成一个个片段，然后对其进行比较。然而在任何研究方法或分析层级中，我们都可以进行叙事和分析之间的切换，这也是一种常用做法。

首先，叙事与分析之间的切换可以被视为前一章里讨论过"动起来与停下来"的叙事式启发法。比如坎达丝·韦斯特（Candace West）和唐·齐默尔曼（Don Zimmerman）完成了一篇在性别研究领域极有影响力的理论论文，二人在文章中认为，"性别并非一系列特质，也非一个变量，也不是一个角色，而是某些社会活动的产物"（1987:129）。这就是说，性别是一场表演，是为了明确自身性别而在特定语境中做出特定姿态、使用特定符号的过程。作者认为性别并不是固定的，而是一场进行中的表演，这一主张挑战了所有无论采用什么研究方法的性别研究。在民族志中，这意味着忘掉既有性别角色，转而观察人们如何随着时间来明确性别之分。在上述伯克夫妇的标准因果分析中，这意味着研究家务劳动随时间变化的取舍，而不是设想男性和女性都有稳定的贡献。如此种种。

不过，分析/叙事的启发式举措不仅包括"动起来和停下来"，也指向特定现有方法的转向。在近二十年来的民族志研究明显转向更具叙事性、时间性的范式，现代民族志研究将地方事件嵌入到宏观叙事中，这种宏观叙事包括文化接触（culture contact，如马歇尔·萨林斯对库克船长在夏威夷的研究［1985］）、发展资本主义（如麦克·布洛维［Michael Burawoy］对美国工厂去技能化的讨论［1979］）、全球化（如珍妮特·萨拉福［Janet Salaff］对香港工厂中年轻女孩的讨论［1981］），或者其他大规模历史进程。向叙事的转向甚至在人类语言学中也十分明显，即使它比其他人类学研究领域更依赖于分析工具。诚然，民族志的叙事转向趋势十分强烈，甚至催生了反历史的做法——有的采用理性选择等"去历史"理论，有的重新强调地方民族志的有效性。

如果不从特定方法论传统出发，而是从总体上的学术研究出发，那么叙事和分析之间相持不下的拉锯战会更加明显。现代社会阶层研究是一个很好的例子。比如 W. 劳埃德·沃纳（W. Lloyd Warner）在20世纪中期对美国马萨诸塞州纽伯里港的"扬基城"的研究，这项成果采取了强有力的民族志方法，是分析社会阶层的伟大经典，此项研究聘请了十几名工作人员，他们与成百上千的人交谈，并且基于后者的语言、家具、居住地及其他指标来评估其阶层地位（Warner et al. 1963）。在这部作品中，沃纳使用的社会阶层概念是高度分析性且静态的（Warner, Meeker and Eells 1949）。毫不意外的是，历史学家对此进行了广泛批判，而且同样毫不意外的是，一些批判建立在简单的"动起来"启发法基础上（所谓"沃纳错了，因为他在应该看电影的时候却选择了拍照片"），而其中最有力的批判是斯蒂芬·塞恩斯特罗姆（Stephan Thernstrom）高度分析性的研究《贫穷与进步》(*Poverty and Progress*)，塞恩斯特罗姆通过人口普查记录手稿追踪到具体个人、清点了人数，发现阶层流动性远比沃纳所认为的要多。

在我们看来，塞恩斯特罗姆采用了叙事性做法，他深入观察个体的生活经历，而不是仅仅在某个时间节点同纽伯里港的所有当地居民交谈。不过，他以非常分析性的方式进行这项研究，没有进行访谈，也没有在研究中纳入个体细节性的生活史，而是把他们的生活化约成阶级地位的编码序列，这一地位随着时间推移而延续下来。这种带有分析性的叙事性做法，与同时代布劳和邓肯在《美国的职业结构》一书中的取径形成强烈对比。这些研究社会流动性的学者——也包括其背后的整个研究传统——将流动性的"叙事"构想为从父亲的静态阶级地位向儿子的静态阶层地位的跃迁。这种做法几乎在所有层级上都是分析性的，认定父亲一生中的阶层地位基本没有变化、职业声望结构（prestige structure of occupation）基本上没有变化，以及（正如前面章节所言）所有致因的"叙事"模式（"narrative" pattern of causes）中不存在个体之间的变化。所有这些都是为了进行重大的分析性比较。

当然，采取如此之多的分析性做法——离叙事越来越远——当然听起来很令人担心，但是我们需要意识到对于某些研究领域来说，要想继续进步就必须做出这些决定。社会流动研究谨慎地舍弃了部分历史来查明其他部分。比如罗伯特·霍奇（Robert Hodge）、保罗·西格尔（Paul Siegel）以及彼得·罗西（Peter Rossi）三位完成了一篇影响巨大的论文，他们讨论美国职业声望的"历史"，并且认为职业声望分级在不同年代之间都较为稳定（1966）。布劳和邓肯在书中借鉴了这个结构性观点中的关键要素，而之后大部分对流动性的社会学研究也加以借鉴。但是霍奇、西格尔和罗西的论文假设1925年到1963年间各个职业的本质没有改变，只有依赖这一假设，才能认为这几十年里被评价的职业是一致的。但事实上，在这段时间内，秘书和图书管理员之类的职业身份已经几乎彻底改变。忽略这些变化——至少在一段时间内——这是此项研究所不得不付出的代价。因此，只有舍弃叙事中的一部分，才能对其他部分进行分析。

在介绍分析/叙事分形启发法的最后，再考虑一些顺应潮流而非逆潮流而动的研究案例，反潮流绝非唯一的可能，有些研究本身已经高度分析性，但是决定朝分析性方向更进一步，或者它们已经是叙事性研究，但是要做更加叙事性的研究。读者不应以为，反潮流是唯一的可能性。

戈兰·瑟伯恩（Goran Therborn）影响巨大的论文《资本统治与民主的兴起》（The Rule of Capital and the Rise of Democracy）通过迈向更复杂的叙事层级，成为强化版叙事分析。瑟伯恩的

第六章　分形启发法

论文通过比较（极度细化分类的比较）二十多个现代民主政体的历史来回答经典的叙事难题——民主的兴起。他的论点从巴林顿·摩尔在《专制与民主的社会起源》一书中遗留未答的地方开始，摩尔认为民主的兴起是一个复杂而偶然的过程，并不是西摩·李普塞特（Seymour Martin Lipset）和其他较为分析性的著作里所认为的那样，由单个变量或一组变量带来的结果。但是瑟伯恩坚持认为，之前的叙事分析忽视了另一个与民主化本质相关的叙事：参与外部战争或外部战争带来的威胁。他有力地论证道，战争或战争威胁驱使资产阶级国家在人口中更广泛地扩散权力和权威。因此，瑟伯恩采用本身已经相当复杂的对历史叙事比较的方法，并且让它们变得更加复杂（需要指出的是，他的做法不仅纳入了作为单一变量的战争，而是考察不同战争在所研究的历史进程中所发挥的不同作用。）。

更为突出的一则例子（不过是在另外一个方向上）是约翰·穆斯（John Muth）的论文《理性期望与价格运动的理论》（Rational Exceptions and the Theory of Price Movements），这篇文章在发表后的十年里并未被注意到，直到罗伯特·卢卡斯（Robert Lucas）和其他学者在这篇论文的核心理论基础上进行研究，转变了对政府干预经济的看法，才使得穆斯的文章才获得广泛关注。作为一名经济学家，穆斯在已经高度分析性的研究传统中采取了更加极端的分析做法；他认为全部经济行动者不仅首先是"最大化理性"的人，而且事实上都按照经济学家的方式行事。这篇论文采用纯形式化方法分析经济，其中生产者要预测他们的产品在未来一段时间内能达到的价格。文章具体批判了赫伯特·西蒙关于"有限理性"的假设（在第四章中已做讨论，见 Simon 1982）：

> 人们有时认为，经济学中的理性假设导致了理论与被解释、被观察现象的不一致或错配，特别是那些随着时间而变化的现象……我们的假设建立在完全相反的观点基础上：动态经济模型认定的理性程度还不足够（Muth 1961:316，强调为后加）

穆斯的核心意思是，如果在企业期望与市场行为之间存在潜在的、可以预测的差别，那么就会有人去开间公司或搞投机活动来利用这个机会。经济学一般认定人是理性的，因此只要存在这种差别，就会有人这么做（如果可能的话），然后在这种推断之下，可以认为现存价格反映了所有这些对未来的预期，包括秘密投机（secret speculation）。如果秘密投机存在回报，就会有人充分利用这一机会，因此就会从市场中消除投机机会。[1] 穆斯的论点之后被用来批判凯恩斯主义的经济管理方式。有学者认为，因为政府财政政策是公开记录的，投机者会充分利用政府背书价格和"真正市场"价格的差值，这个过程会消除政府干预的效果。

本书感兴趣的不是穆斯这篇著名论文的政策意义，而是它

---

[1] 这一论点最终产生了一则笑话。芝加哥学派经济学家和他的学生一起走路时，学生告诉导师，他看到地上有张 100 美元的钞票。而经济学家却说"你应该看一下你的眼睛是否出了问题。如果地上真的有 100 美元，肯定会有人捡起它"。

看上去极度坚持分析性，让已经完全分析性的研究领域变得更具分析性。实际上，至少在期望这个层级上，穆斯的论文假设企业（作为一个群体）像经济学家一样擅长预测未来。正如穆斯自己指出，这近乎是"在声称经济学的边际收益产量是零"（1961:316）。不仅经济学家是分析性的，他们也会假设所研究的企业也像经济学家一样会分析。这一杰出的假设催生了持续几十年的研究关切，直到理性-期望假设最终被更新、更刺激的观点所替代。

因此，分析/叙事争论同样具有分形差异的功用。然而需要留意，进行叙事转向或分析转向的顺序有很大区别。在分析研究中进行叙事转向，与在叙事研究中采用分析转向，其结果大不相同。这方面一个比较好的例子是我借鉴生物学最优匹配（optimal-matching）方法所进行的研究，第四章已对此进行了介绍。之所以借鉴生物学的这一方法，一方面是因为我认为，思考人们职业生涯的完整序列而非分别单独考虑每个工作或岗位的案例，这很重要。也就是说，首先使用叙事认真分析个体职业生涯的完整序列。我接下来的转向是改用分析，我意识到可以通过使用比较 DNA 链的序列比较算法来比较职业生涯。算法可以在职业之间创造"距离"，这样我们可以使用常规的模式搜索（pattern search）的方法对其进行分类。

与之相对的是，如果我们研究工人并首先进行分析，我们不可避免地想到一段又一段工作经历，其中特定工人在特定时间被雇佣做特定事情。这又导向我们去思考劳动力市场，也就是工人-工作单元（worker-job unit）进行交易的场所。如果在这之后采用叙事做法，开始探究特定劳动力市场变迁的本质时，就能获得不同于通过我发展出的启发法创新看见的那些发现。这里没有人的连续集（continuous set），而是交易的连续集。让人感兴趣的问题不是某个人职业生涯的模式，而是某个总体劳动力市场的历史发展：雇佣可能性的变化、雇佣企业的变化，以及被雇佣个体的类型变化等。

需要指出的是，这两组问题都很有趣。这并非其中一组问题是对的，而另外一组问题是错的。相反，它们都是有趣且重要的问题，但两者源自不同的研究者、不同的原因和不同的理论。这个例子表明，分形启发法的顺序对最终结果有重大影响。

三、行为主义与文化主义

在涉及行为主义和文化主义时，我们就从对分析形式的争论，转向了基于社会生活本体论——我们认为的那些组成世界的要素与过程——之间差异的启发法。第一个例子的问题是：聚焦社会结构还是文化？可观察行为还是意义？

此类启发法最佳的例子就是前面所介绍的霍华德·贝克尔研究大麻使用的妙文。第四章中我曾用这个例子来介绍逆向思考。贝克尔的逆向思考使用了行为主义/文化主义的启发法：一般观点大多认为态度在行为之前，贝克尔不这样认为，而是指出行为产生了态度。这项研究改变的是对行为和意义之间关系的理解。

有两篇影响巨大的论文可以帮助我们认识这种对比的分形

特征，这两篇论文都属于同一方法论传统（标准因果分析），其中一篇文章采用行为主义路径，另外一篇则采用文化主义路径。标准因果分析传统通常被认为主要是行为主义的，不关心事物的意义，但即便在这一框架之中，也可以向两个方向发展。巧合的是，这两篇文章都将经济学思想应用到家庭生活这一议题。其中一篇文章把这种应用看作研究假设的一部分，而另一篇文章把这种应用看作待解释的现象。

　　首先，让我们看看转向行为的那篇论文。乔治·法卡斯（George Farkas）的《教育、工资率，以及丈夫和妻子之间的劳动分工》(Education, Wage Rates, and the Division of Labor between Husband and Wife)，是最早使用有力的现代数据直接研究劳动的家庭分工问题的文章之一。毫不意外，它已经非常有影响了。这篇论文堪称社会科学的模范：使用了优秀数据、分析到位，或许更重要的是，作者对多个备选的清晰假设给予了公正的考量。法卡斯意在检验关于劳动家庭分工的三大基本理论：经济学家的"工资率"理论，认为夫妇试图最大化总体家庭效益，因此根据夫妻在家庭外赚钱的相对能力调节他们的劳动分担；"亚文化"理论指出，中产或者更高阶层的夫妇更可能接受女性在外工作；而"相对资源"理论则认为夫妇双方在教育上的相对差异（而非家庭外的潜在工资差异）驱动了劳动分工的形成。

　　这篇论文是行为主义的，法卡斯分析了人们在家庭劳动分工中的真实行为，而非对于家庭劳动分工的态度。因此，因变量是妻子每年在外工作的时间和丈夫报告的家务时数。早期大多数关于家庭的研究都建立在民族志或者访谈基础之上,更偏重于探讨态度而非行为。早期研究确实清楚地表明,这些态度以相对资源和亚文化假设的形式间接表现出来。但是,学者们并不清楚行为层面上是否也是如此。社会里的上层以及中产家庭所给出的回答,究竟是面对问卷和访谈的花言巧语,还是真实的生活方式?对此人们很容易产生怀疑,怀疑那些夫妇说的是平等主义那一套,真实生活则是另一套。事实上,法卡斯发现相对资源(教育差异)理论不怎么适用,亚文化(阶级差异)解释力最佳,但是工资率(生态)理论也不能被排除。就像很多研究中出现的那样,最重大成果的成果往往出乎意料:孩子在决定劳动分工中起了核心作用,并且劳动分工本身随着家庭生活周期的发展而发生剧烈变化。

对于我们来说,这篇论文的重点在于,法卡斯坚持预测行为,而非态度,在被认为是非常行为主义的研究传统中,作者采用了更加激进的行为主义做法。这里的重点不只是重复既有研究,而且是要比既有研究做得更好。在罗恩·莱斯泰格(Ron Lesthaeghe)那篇被广泛引用的文章《西欧人口变迁和文化变迁的世纪》(Century of Demographic and Cultural Change in Western Europe)中,他则使用了相反的做法。莱斯泰格的文章通过转向文化解释,加深了我们对于人口行为(demographic behavior)变迁的理解。

这篇文章里包含了两种启发法。第一种启发法是将人口变化纳入一个更大的范畴内进行考量。在第五章中的描述性启发法中我们探讨了这种合并做法。莱斯泰格选择合并启发法

第六章　分形启发法

的一个重要结果是，这使得他在研究中使用因子分析（factor analysis）方法，这是一门专门旨在完成合并的量化技术。与标准因果分析中更常用的旨在分离不同变量影响的回归分析技术不同，因子分析特别关注特定变量是否能被纳为更宏观现象的一部分来归总处理。（需要注意，一旦研究者开始深入探索，他们就会发现，很多启发式策略可以使用形式化的、数学上的技巧处理。统计和数学工具对你的启发效果要远胜于单纯浏览一些期刊或参加一门社会学统计课程。）

针对我们的讨论，相比于将行为主义与文化主义合并这一做法，莱斯泰格论文的文化转向更有意思。从其论文的开篇上就体现得很明显：

> 生育率下降实质上是更广泛的解放进程的一部分。具而言之，由社区或家庭权威以及交换模式所支撑的人口管理机制，逐渐让位于个人自由选择原则，这也使得经济理性的应用领域得以扩展到生育这一现象……本文的目标是，认识当前生育和婚姻模式的变化可以在多大程度上被视为文化维度的表现——在欧洲的人口转型期间，这一文化维度已然浮现。（Lesthaeghe: 1983: 411）

为了以这种方式进行研究，莱斯泰格在很大程度上背离了作为社会科学的人口学。人口学在很多方面是社会科学中最行为主义的学科之一。它的核心变量反应了四个清晰无比的行为：生育、婚姻、死亡以及迁徙。通过生命表分析（life-table analysis）

的工具，这四种行为率可以估算人口年龄和婚姻结构，这是形式化社会科学研究的光荣成就。然而，莱斯泰格在这篇颇有影响力的论文中的野心表明了，人口变迁是文化转型的一部分，而不是行为转型的一部分。神奇的是，他竟然成功地使用量化方法完成了这一目标！

于是我们明白，即使在一个公认的是行为主义大行其道的领域里，研究仍可以向加强或减弱行为主义这两种方向迈进。法卡斯的做法显著转向了可测量的行为。而莱斯泰格转向了文化建构（个人主义的兴起），这种建构只能作为一种隐含的共性被"测量"，而这一共性则由现存已测量的变量分享。我们再一次看到，在某个层级上往分形启发的一个方向努力，并不意味着这种努力会贯彻到下一个层级。在研究的道路上，没有哪扇门是关上的。

四、个人主义与涌现主义

个人和涌现的争论已经成为社会科学中最持久的话题之一。方法论个人主义永远认为只有个人才真实。然而，大多数学者都是秘而不宣地信奉涌现主义，对社会团体和社会力量有基本的信仰。从哲学层面来说，涌现论发现它们处于受攻击的地位。读过涂尔干《自杀论》的人都知道，作者花了大量（或许过多）的篇幅来辩护书中的涌现主义视角，并批评个人主义。

不过这一配对组合也可以成为分形启发法。涌现主义研究会使用个人主义理论，或者反过来也一样。我们在任何方法传统中都可以见到这类现象。民族志的主流传统是自马林诺夫斯基以来的群体民族志。然而，个体研究或生活史研究的传统也同样古老，以 W. I. 托马斯（W. I. Thomas）和弗洛里安·兹纳涅茨基（Florian Znaniecki）的五卷本《身处欧美的波兰农民》（*The Peasant in Europe and America*）为发端，这些研究大多基于生活史和生活史文件。人类学的历史转向复兴了对个体的关注，就像在萨林斯研究夏威夷岛上的库克船长的作品中那样。当然，历史研究数十年来在"大人物"传记历史和集体史之间摇摆不定，这两层分析在某些作品中经常彻底交织在一起。

184

再者，我们可以通过某一主要的研究传统中相互对立的论文，来观察这种分形双重性的应用，比如形式主义。曼瑟·奥尔森（Mancur Olson）的《集体行动的逻辑》（*The Logic of Collective Action*）可以称得上去半个世纪以来最著名的社会科学著作，奥尔森的基本目的是试图说明人们为什么加入群体并参加群体活动。他从坚定的个人主义前提出发，想要去质疑一个观念，即人们加入群体是因为从中获益。他指出，群体经常为所有成员提供好处，而无论其内部成员是否做出贡献。所以当涉及所谓公共品时，那些能逃脱惩罚的人有强烈的激励，在不付出任何东西的情况下拿走公共品（如此做的人是"搭便车者"。奥尔森的研究让"搭便车"这一概念——而非术语——广为流行）。但如果是这样的话，如何解释提供公共物品的群体的存在呢？奥尔森独创性地提出了选择性激励（selective incentives）——群体对待有贡献的人和没有贡献的人的各种不同方式。比如给予前者积极的奖励，并对后者施以惩罚。当然还有进一步的问题（如谁来为选择性激励的制度买单等），但是这本书激发了关于集体行动本质的争论，直至今日。所有这些论证都采用的是经典的经济学所擅长的形式化方法，使用供给、需求、贡献等简单描述，采用从孤立个体出发的传统研究方式。

在奥尔森做出上述研究的同时，社会学家哈里森·怀特恰恰走向了另一方向。怀特运用了相似的形式化方法，却提出了几乎相反的问题：他没有去探讨具有相似利益的个体如何汇聚成了群体，而是思考，当个体在社会群体中处于相似位置时，能把这些个体定义为同一类吗？对奥尔森来说，个体利益的相似性是首要的，在群体（以合作生产公共物品为目的）中的位置则是其次的。对怀特来说情况恰恰相反，集体中的位置是首要的，如果社会位置的模式相似，那么人们是相似的（在利益或其他方面）。

弗朗索瓦·洛兰（François Lorrain）和哈里森·怀特的论文《社会网络中个体的结构等价》（Structural Equivalence of Individuals in Social Networks）并非从传统的个体与群体关系出发，而是从个体以及个体之间的关系类型的角度进行探讨。这种原创性的论文往往蕴含了许多被后世忽视的复杂理论层次。隐藏在洛兰和怀特论述的复杂性之中，并且通过复杂的范畴论数学语言形式表述的，是一个将彻底改变网络研究领域的概念：结构等价的概念。笼统来说，结构等价的行动者被定义为拥有同样网络连接的行动者：

换言之，如果 a 与 C 中任何对象 x 的关系，都与 b 与

C 中任何对象 x 的关系一样，那么 a 在结构上就等价于 b。从结构的逻辑来看，a 和 b 是完全等价的，它们是可以相互替代的。确实，在这一情况中没有理由把 a 和 b 看成不一样的。（Lorrain and White 1971:63）

怀特和他的合作者、追随者们解释了结构等价概念，将其纳入理解角色和社会结构的全面模型中。在这种情况下，相似性变成了网络相似性。关系是首要的，个人是次要的。

再一次，尽管形式化与方法论个人主义通常是联系在一起的，但形式化同样既可以转向个人主义，也可以转向涌现主义。就这一点而言，网络分析的历史是极具教益的。"个人主义者"的网络分析（比如，与怀特反向而行的詹姆斯·科尔曼［James Coleman］）很大程度上将网络设想为小团体和可测量的"中心性"，然而诸如怀特这样的涌现主义者（文献中通常称作结构主义者）关注的则是结构等价。结构主义者罗纳德·伯特（Ronald Burt）撰写了一篇广为引用的论文，在文中检验了个人主义和结构等价两大相反的理论（1983）。考虑到伯特的倾向，结构等价意料之中地最终胜出。不过，个人主义者并未由此止步，他们乐观地继续前行，并最终发展出另一观点：对个体来说，拥有很多网络联系是一种资源。皮埃尔·布尔迪厄和詹姆斯·科尔曼将其命名为"社会资本"，这个概念在 20 世纪 90 年代得到极大发展，现在几乎成为诸多传统标准因果分析中的标准变量。与此同时，结构主义者简化了那些催生出怀特原创研究的多重关系类型的精巧逻辑，转而借鉴传统微观经济学领

187

域中的许多经典激励理论，发展出了市场的"网络"概念。彼得·埃布尔撰写了关于"网络中的博弈"一文（1990），在文中结合了网络的结构概念和博弈论的相对个人主义的概念。

所以，这种分形启发法也是在旧的方向中稳妥地转向新方向。它推动着前沿探索，也可以用于更惯常的社会科学研究。在思考研究问题或者寻找研究线索时，我们总是可以尝试进行个人主义或涌现主义的转向。

五、实在论与建构论

在这些争论中，最为人熟知的可能是相互影响的实在论和建构论。最近三十年来，"社会建构"几乎被应用到社会世界的每个事物：种族、性别、阶级、国籍、民族、审美判断、科学知识——什么研究对象都行。

考虑到海量的现存研究，建构论做法不太需要说明。读者们毫无疑问对其已经非常熟悉。不过，有一些版本的建构论特别有趣，值得分析。建构论对社会科学研究产生了重大影响，分析社会统计数据的一些研究尤其让人振奋。学者们发现人口普查数据中有相当多武断的和可疑的编码决策。比如，像阿兰·德罗西埃（Alain Desrosières）、西蒙·施雷泽（Simon Szreter）以及马戈·安德森（Margo Anderson）[1]已经指出的那样，用来衡量成就的职业数据是随意的，更重要的是，它们

---

[1] 她也曾用 Margo Anderson Conk 的名义发表研究，因此下文注释中的 Conk 即是她。——译者注

第六章　分形启发法

在不同的人口普查中随意地发生着变化。[1] 怎样才算家庭工作者——是妻子吗？是丈夫吗？是偶尔帮亲戚打理生意叔伯表亲吗？该如何处理"隐形工作"中的大量灰色地带——非正规经济中为赚钱而从事的临时工作，如打扫卫生、照顾孩子、修剪草坪属于这类吗？如何理解非法劳动——比如毒品产业中的领薪工作？当一个职业的名称没有改变，但是其地位以及典型雇员已经改变时，该怎么办？20世纪早期，秘书这一职业就发生了这类事情。

只要提出这些问题，学者们会意识到这些看似是方法论问题，其实都是主要研究传统的突破口。弄清楚职业标签是如何产生的，以及这些标签与现实之间的联系有多松散，将会揭示劳动力市场的重要内涵。同理，理解人口普查中"家庭主妇"这一类别的创建过程，可以告诉我们"工作"如何在19世纪被建构起来，这比很多将人口普查视为理所应当的研究要更有洞见。

一旦着手使用建构论来做研究——比方说，挖掘混入或被剔除出簿记员的各种工作类型——之后，研究者就面临着重要的实在论任务，即按照"规则"，用真实的方式描绘一副被建构世界的样貌。以簿记员为例，你需要在研究中继续深化，生成一系列可靠的"历史的"职业数量。建构论的操作经常是一种暴露真相的手段，而且很多时候就停止于此。若在探究中采用了建构论做法，那在此之后一定记得继续深化、转向实在论。先通过建构论获得新的认识，然后就该弄清楚这种建构的真正

---

[1] Desrosières and Thèvenot (1988); Szreter (1984); Conk [Anderson] (1980).

后果了。

然而，我们可能会思考一个问题：启发法是否可以先转向另一方向，即质疑建构论。是否存在故意削弱社会建构、转向实在论的论文？这类研究的范例之一是丹尼尔·钱布利斯（Daniel Chambliss）的经典论文《卓越的平凡性》（Mundanity of Excellence）。钱布利斯花了五年时间研究竞技游泳。他在地方队到国家队的各级队伍中都当过教练，访谈了许多游泳运动员，并且与美国国内顶级游泳队一起参赛。他主要关注游泳运动中"天赋"和"卓越"的本质。他得出一个核心结论：天赋是彻底的虚构，是没有意义的建构，被设计出来掩盖、并且浪漫化了所谓"卓越的平凡性"：

> 超凡的表现实际上是几十个微小技能或动作的集合，每一项技能或动作都是通过学习或者试错被发现，经过精心训练成为习惯，再被整合为一个综合体。在这些动作中，没有任何一个需要非凡表现或者超凡脱俗；唯一的事实是持续且正确地执行，这样所有动作汇集在一起共同促成了卓越。（Chambliss 1989:81）

伟大的冠军都专注细节，并且确保在任何时候都能正确地做出全部动作。他们的动机也是"平凡的"。他们不是整天想着在奥运会上获胜，而是在接下来的一周里打磨自己的仰泳技巧，在接下来的一个月里改善睡眠习惯或者更仔细地安排饮食。简而言之，他们的目标并非遥不可及，而是近在咫尺。事实上，钱布利斯指出，伟大的冠军把每天的训练都变成大型赛事，在训练中赢得每一次竞争，从而把大型赛事变成普通场合。这样，大型赛事也就和日常训练没什么不同了。

一般认为，某些社会建构（天赋）解释了成功，钱布利斯的研究表明，实际上本该解释成功的"天赋"仅仅是成功的标签。天赋并不意味着任何事情。要解释游泳生涯的成功，就要认识日常训练中的差异。这一做法着眼于小的训练，所以是行为主义的。行为主义的反面是文化主义，但天赋（与某些常规动作"如转身更快"或"睡得更好"截然相反）并不是一个非常文化主义或主观的事情，而不如说是某种简单的具体化或是某种非实在（所以这一做法可能受到了我备忘清单中某一项的提示）。相信天赋，意味着相信存在某种东西，让人在游泳比赛中持续成功，在这种情况下，尽管不完全知道这种东西是什么，我们依然可愿意用一个名字来称呼它：天赋，这是一种相当简单的社会建构，它妨碍了我们对于游泳中持续卓越表现真正来源的理解。

毫不意外的是，钱布利斯的作品引来了更建构论的学者的强烈抨击。蒂娅·德诺拉（Tia DeNora）指责他没有认识到，在其他许多领域（钱布利斯提供了试探性的概括），甚至连获胜的标准都是由表演者和观众共同判定的（例如艺术领域）。她认为钱布利斯的观点"营造了一种不恰当的精英主义式的卓越和排名的形象"。（1992:102）换言之，她批判钱布利斯将获胜本身当成一种实在，而不是社会建构的产物。钱布利斯在回应中承认，通过时间而不是姿势是否优美（这是跳水的评价方式）或泳姿的精度来评价运动员，这是相当主观的（因此也是被社会建构）。但一旦做出选择，确定了评判标准，"我们仍然能将卓越定义为在那个标准下持续保持优异表现"。（1992:105）正如 W. I. 托马斯的名言："如果人们把某些情形定义为真实，那么它们的后果就是真实的"（Thomas & Thomas 1928:572）。

钱布利斯的论文及其引发的争议源自实在论/建构论的争论，这很好地展示了启发法力量的多变性。这场争论的每位参与者及其所擅长的方法以及所属的子学科，都被界定为倾向于绝对的建构论，至少学科中的大多数人都是这样认为。但即便在这一小群观点相当一致的学者中，钱布利斯的实在论做法也促成了格外热烈的争论。

在本书根据方法论争论所探讨的启发法中，实在论/建构论争论也许是最为人熟知的。我们必须要意识到，启发式地运用此类争论不是为了揭弊或驳倒——尽管这是采用建构论和实在论取径的两个常见原因。启发法思想是为了开辟新的研究主题、发现新的研究对象。为了达到这个目的，有时需要采用建构论做法，就像研究有关职业声望的学者那样。有时则需要采用实在论的做法，就像钱布利斯的研究那样。在这两个案例中（也和本书所有启发法一样），启发法都是为了开辟新的可能。一旦有了这种可能，学者就要去追踪新的线索，而非专注于摧毁对手。

六、语境主义与非语境主义

围绕是否考虑语境的分形争论，是由社会本体论的问题引

第六章　分形启发法

发的最后一场讨论。争论的核心在于，为了深化对于研究问题的理解，我们应该采取何种途径。其中语境化策略强调的是超越直接关切，审视问题如何嵌入在更广阔的社会世界中。而非语境化的策略则是圈出研究问题，并通过寻找其他相似的单元或问题进行泛化。

在近年来的社会科学中，非语境化是大多数倡导"科学化"过程的人所采用的做法。而语境化则大多是抵制科学化的学者的选择。但在进行启发式社会科学研究时，到底是纳入上下文语境还是将其明确忽略，这两种做法其实都很常见。就像之前做的那样，我在此处会强调反潮流的做法，因为它们极好地展示了启发法的强大力量。

我首先讲讲语境化的做法。标准因果分析一般都回避语境，比如本书中曾列举了大量社会分层文献，其中大多数基于个体的某些禀赋来分析个人成就。这就是一种非语境化的策略。这里用于估算教育、职业或者父亲职业对受访者当前收入或成就影响的参数，都是基于一项假设，即只有受访者自身禀赋会产生影响，其他因素不会，比如受访者朋友的工作类型、研究对象的广泛社会关系（就像马克·格兰诺维特《找工作》中的模型那样），或者"市场"的语境，例如受访者所处位置周边各种工作类型的比例。

但是，早在20世纪70年代时，就有一条重要的研究思路认为，工人们分属不同的就业部门，不同部门的语境不仅对工人的绝对成就有重大影响，也影响教育、职业等因素决定成就的方式。E. M. 贝克（E. M. Beck）、帕特里克·霍兰（Patrick

Horan），和查尔斯·陶博特（Charles Tolbert）三人合作的论文《二元经济中的社会分层》（Stratification in a Dual Economy）充分展示了重视就业部门的研究传统。这篇论文以一组常见变量对年收入进行预测：性别、种族、年龄、教育、职业声望、工会成员身份、工作稳定性，和父母的受教育水平及职业。其特别之处在于，此研究按照受访者的工作类型，把数据（全国调查数据）划分成"核心"和"边缘"两组。通过对两组分别进行估算，来检验效应是否存在差异。论文结果发现，不仅两组间的回报差异巨大，并且不同变量对收入的影响程度也不同。这说明语境至关重要。这些个体不应该被当成一群彼此间无差别的人，而是应该看到他们实际上被分入截然不同的两个劳动力"市场"中。

值得指出的是，这篇文章也可以被认为使用了上一章的描述式启发法里的分解策略。作者并没有对这里的语境做特别精细化的论述；他们只是把工人分为两个群体。相比之下，一则更清晰的例子就是汉南和弗里曼合作的《组织的人口生态学》一文，这篇论文开启了关于组织分析的全新范式。前面已经提过，这篇著名论文是"借鉴"的实例，而借鉴的内容就是语境模型。汉南和弗里曼指出，这些组织应被认为处于竞争性的生态系统中，而不是孤立存在。这些组织应被认为是受限的，无法随意调整，它们的未来实际上由同侪竞争压力所决定，而并非可以有意识地适应环境带来的机会和威胁。汉南和弗里曼直接借鉴生物学的形式化模型，完成了对组织理论的全面重构。

就像之前提过的洛兰和怀特论文那样，汉南和弗里曼的论文包括了许多形式化模型，后来的文献都舍弃了这些。尽管如此，他们论文的核心是坚持"语境是影响组织发展轨迹最重要的决定因素"。毫不意外，遵循这一传统的学者对组织的建立和解体过程进行了详尽研究，并使用了利基市场（niche）和大众市场（generalist）这样的概念。之后，初始理论中的激进语境主义不再流行；那些并没有显著语境化的惯常方法（久期模型）成了人口-生态学研究的标准方法。但是我们回头想想会发现，这一领域始于激进的语境化浪潮，这一浪潮本身就使用了不同寻常的形式化语境的研究法。

伊丽莎白·博特（Elizabeth Bott）的论文《城市家庭》（Urban Families），同样是关于语境化的绝妙案例，属于另一个研究传统，是其著作《家庭与社会网络》（*Family and Social Network*）的缩简版。博特的论文与前面介绍过的几篇论文有密切联系，尤其是关于社会网络和家庭劳动分工的论文。位于伦敦的塔维斯托克研究所（Tavistock Institute，一家主要从事心理学研究的科研机构）赞助了博特的研究。她的最初目的是"进一步从社会学和心理学的角度推动人们对家庭的理解"，而她的研究设计——对二十个家庭的深入调查——以极具深度的分析见证了这一研究兴趣。

这一研究本身产生了非同寻常的结论：家庭劳动的分工与丈夫的、妻子的或两者的心理特质并没有密切关系，而是与家庭社会网络的连接程度有密切关系。博特没有发现前述乔治·法卡斯论文中那种强烈的"亚文化"模式。尽管比起社会地位较低的家庭，职业性家庭可能更愿意共同承担家务，但也存在大量例外与反例。结果唯一的绝对规律是，那些存在鲜明角色分工的家庭，都拥有紧密的、充分连通的社会网络。这里再次说明，语境很重要。

博特并没有详细说明因果机制的发生路径，虽然其论证倾向于认为家庭网络决定了家庭分工，而非反过来。对本书的读者们来说，重要的是博特在探索家庭劳动分工的起源时，她转而向外，且转向了社会关系——也就是社会语境来看待这一问题，而不是其追随塔维斯托克研究所对心理学或精神动力解释的偏好。需要说明的是，二十多年后，法卡斯进行了量化研究，这时博特诉诸语境分析的做法已经被遗忘了。

不过，我们也不能只往语境分析的方向走。有时也需要抵抗语境化的压力。这种反语境化冲动在标准因果分析和形式化中比较常见。不过，其实这种反语境化的方法在历史研究中也不少。在历史研究中，反语境化采取的方式是回到原始档案，并从档案中重新发现历史。

阿曼达·维克瑞（Amanda Vickery）杰出的作品《绅士的女儿》(*The Gentleman's Daughter*)，这是近年来此类研究的优秀范例。维克瑞想知道在 18 世纪上流社会女性身上究竟发生了什么。对这一时期女性的研究，一般强调女性如何被排除在生产活动之外，出现了"空闲的家庭生活"，以及男性和女性"分开的领域"如何兴起。维克瑞从很多方面对这种传统观点提出了挑战。首先，学者们把这些变化的起点定在了从 16 世纪到 19 世纪之间的不同时间。其次，这些论点通常源于一个简单（且错误的）推论，即从中世纪的生产型家庭到 19 世纪晚期绝对分开的领域体系之间，必定存在某种逐步的过渡。学者们基于这一过渡假设来解读数据。当然，维克瑞也批判了这些研究的方法论基础，因为它们通常基于印刷材料（而印刷材料往往是高度选择性的）。她同样指出，学者们有一种依照相关政治与经济语境把握家庭发展趋势的欲望，导致了一种从语境性证据（如政治，或工业革命中的生产）推导到家庭情况的论证方式（比如，假定随着生产过程从家庭转向工厂之后，女性在生产中必然扮演了更小的角色）。需要指明，这些研究除了使用了语境分析之外，还涉及其他多种类型的启发法。

维克瑞将消费兴起、经济转型，以及社会生活的重新塑造等语境式现象搁置在一边。她也将 18 世纪"更宏大的"英格兰历史放在一边。英国历史的第一位首相罗伯特·沃波尔（Robert Walpole）、贵族皮特家族、七年战争、美国独立战争、工业革命等等重要的历史人物或事件也几乎都付之阙如。相反，维克瑞立足即时境况，从英格兰北部一百多位女性（以及少量的男性）上千页的日记和信件入手进行分析。从这些海量细节中，在"文雅""爱与责任""坚毅与顺从""谨慎节俭""优雅""端庄与粗俗"以及"得体"的不同名目下，她塑造了这些女性日常世界的复杂图景。当然，这些女性被置于高度地方性的语境细节中。读者只能通过她们的视角才能看到宏观语境。读者只能看到档案材料中讨论的内容。无视宏大事件确实是此书经验主义色彩的一部分，也帮助刻画了这些女性所知的世界的一部分。

因此在某种程度上，此书用一种语境（日常生活的经验语境：邻居、朋友、通信者、零售商等等）置换了另一种语境

（理论家观察到的宏大社会进程）。这样看来，历史学家其实从未完全摆脱语境。维克瑞写出来的是一本蕴含丰富细节的书，书中对女性生活的描绘坚决抗拒于被整合进更宏大叙事的尝试。在花样百出的理论争鸣中，维克瑞一次又一次地寻找折中之道。以婚姻为例，她总结道：

> 婚姻既可能带来和睦的生活，也可能导致痛苦的奴役，这一点长久以来一直如此。正如劳伦·斯通（Lawrence Stone）声称的那样，在现代家庭的发展过程中，父权制婚姻和友伴式婚姻并非前后相继的，而是像凯斯·怀特森（Keith Wrightson）明智地指出的那样，"社会中婚姻关系的持久两极是既接受男性权威的主导地位，也承认婚姻作为实际和情感伙伴关系的理想。"（Vickery 1998:86）

维克瑞将女性体验从一般性讨论的掌控中独立出来，也将其与政治和社会历史的重要领域区分开来，并且按女性独有的经验视角进行认识。通过这一方法，维克瑞在去语境化的同时又在重新语境化。其结果是，这本书很难被总结并归纳为抽象发现，也没办法嵌入欧洲家庭和性别的理论争鸣中。这个例子非常清楚地说明，语境议题是非常复杂的。大多数脱离某个语境的研究都试图强调另一种语境。当运用语境化/非语境化的启发法时，一定要深深地意识到语境的多样性。即便是标准因果分析（最显著的非语境化研究），也是将其研究对象安置于某处语境中。

七、选择与约束

选择和约束这对启发法生发自我所说的问题所在，也就是那些我们看来成问题的世上的事物。有些学者认为，理解世界的关键在于"选择"，有些学者则认为关键在"约束"。正如我在第二章中介绍这场争论时所指出的那样，选择与约束的对立往往反映了经济学家与许多社会科学家的对立。但我还是想把这场争论作为一种富有成效的启发法工具加以挽救。

近年来，社会科学中出现了一系列运用选择与约束的杰出成果，我将采用这些范例来展示这种启发法的力量。经济学家有关成瘾的经济学模型即是其中之一。成瘾是经济学研究的难题，因为看上去当事人明明知道会带来负收益，却仍然选择了致瘾行为。对此，经济学家试图通过设置一个未来回报的高贴现率来加以解释，即成瘾带来的短期快感——即便快感很小——会压倒远期（可能很高）的成本，这些成本发生在他们所来不及想的将来，故而在当下，成本已被贴现。尽管这个模型在成瘾这样不确定的领域保留了选择的概念，但它仍不能有效地解释这一事实，即成瘾者经常尝试限制自己未来的行为。

对此，心理学家乔治·安斯利（George Ainslie）的观点十分精彩，他展示了可以解释成瘾行为以及其他类型"暂时性偏好"的观点，即在个体内创造一套"微型经济学"（picoeconomics）（1992），一种在两个维度上不同于标准经济学的迷你经济学。首先，微型经济学并非由经济学家制定的标准选择规则和贴现曲线决定，而是采用了一套不同规则和贴现方法（即双曲型贴现，而不是指数型贴现）。其次，微型经济学中的"行动者"并非个体，而是个体内部连续出现的动机状态，这些状态的兴趣点会随着它们所影响的未来时段而变化。这样，成瘾者的内心生活就变成了一个经济竞技场，多个关注长期的自我和一个关注短期的自我进行竞争，目标是"赢取""奖赏"——成瘾者的行为遵从其中一个自我的愿望。内在的多重状态让矛盾情绪成为可能，而双曲型贴现曲线能以指数型曲线所不能的方式相互交错，从而确保了成瘾者对"暂时性偏好"的矛盾态度得以形成。

因此，这一模型将经济学家眼中的理性个体变成可以进行选择的微型经济体，从而完成了对经济学家的"选择超越"（outchoiced），虽然这些选择遵循了与标准经济学有所不同的规则。显然，安斯利花了很长时间逐步建构了这个观点（他没有让自己沉溺于批评经济学的短期乐趣中，而是花了近二十年将其全部观点整理成书）。他的做法表明，在一个深度使用选择作为事务模型的系统中，引入更多选择可以产生强大力量。

与此同时，也有学者试图提出对选择施加某种形式约束的观点。比如我多次提到的赫伯特·西蒙的"有限理性"论述（1982）。其起点是基于选择的人类事务模型，然后探究约束的影响。其中最重要同时也是被研究最多的是"信息"方面的约束：人类不是总能获得充分的信息去做出"理性选择"，而且获取信息需要付出一些成本，这些成本必须从总体回报中扣除。大量文献都在检验这些"理性的边界"。

社会分层领域文献的特点之一，是在转向选择和转向约束之间游移不定。一些研究地位获得过程（status-attainment process）的学者忽视了就业机会对流动性的约束；但也有一些学者重视这一约束。同样，在本书里反复提及的布劳和邓肯的《美国的职业结构》中，他们基本上没太关注对流动性选择的约束。相反，劳动力市场分割（segmented-labor-market）的文献强烈关注一级和二级劳动力市场之间受约束的流动性。西摩·斯皮尔曼（Seymour Spilerman）（1977）等学者认为，职业生涯是一生中诸多受约束的选择结果的序列。诚然，一些研究者试图探究两种选择的连锁关系：个人选择工作和工作选择个人。这是劳动经济学中"工作匹配"文献的主题。这些文献的多样性清楚地表明，在研究问题中探讨选择与约束的作用，是很实用的启发式策略。换个新思考方式能够开启学术研究的全新境界。

八、冲突与共识

冲突与共识的配对也可以被用于启发式策略。大多数学者对此有清楚的偏好，但在启发式研究中值得对其进行重新看待。在思考冲突的来源与影响时，冲突论与共识论各自的信奉者对人性的看法大相径庭。其中，共识论一派认为人是无序和贪婪的，社会冲突来自人性中的这些特质。他们对冲突的来源不感兴趣（这对他们来说不言自明），但对冲突如何被限制或消纳充满兴趣。相反，冲突论一派认为人在本质上是有序的，社会冲突是被不正当的社会制度所强加的。他们寻找这些制度的起源。

当把两派的观点铺开后，我们发现两者的对比很鲜明，但是二者的某些部分可以组成颇具价值的启发法，以下让我用一些例子加以说明。

运用冲突论与共识论之间争论的最著名成果，可能来自那些研究（用杰拉德·萨特斯的话来说）"贫民窟里的社会秩序"（The Social Order of the Slum）的学者。关于贫民窟的经典理论起源自19、20世纪之交的进步主义，它认为贫民窟是缺乏社会秩序的场所。在贫民窟里，未驯服的人性原始力量得以释放。由于缺少社会管控，这些力量产生了让城市改革者担心的失序：贫穷、绝望、犯罪、离婚等。这绝对是一种共识论立场的研究。

但是威廉·F. 怀特的优秀作品《街角社会》却表明，让城市管理者恐惧的波士顿"北端"（North End）[1]，实际上是高度秩序化的社区，有着自己的精细规则和制度。怀特研究了"街角男孩"中的保龄球比赛，发现这些男孩的保龄球得分与各自的社会地位完全匹配，由一套隐性规则和控制所维系。他研究了彩票赌博（一种关于赛马的非法彩票），发现其为社区提供了稳定的就业机会和稳定的影响。他还研究了当地政治，发现腐败在促进与规范社区生活上起着重要的作用。简而言之，他发现了一套高度有序的社会体系，有着运作良好的制度和规则，只不过这些规则与非移民社区的规则略有差异。萨特斯的《贫民窟里的社会秩序》对一个更复杂的社区做了类似研究，也就是20世纪60年代坐落在芝加哥西区附近、有三个族群的社区。这

---

[1] North End 位于波士顿市区北部，早年是意大利移民聚居区。——译者注

项研究再次发现，虽然城市结构的共识论视角强调失序，但在表面的失序之下，存在着一组精细且复杂的社会规则——与一般规则诚然不同，但是精细且格外强大。

与之相对的是，马克·萨奇曼（Mark Suchman）和米亚·卡希尔（Mia Cahill）研究20世纪90年代的加州硅谷律师时（1996），情况截然不同。在这个领域中的标准观点是某种冲突理论。在研究文献中，律师们通常被认为因引入了对抗立场而造成扰乱影响，并且阻碍了简单的市场关系。根据这一视角，企业家和风险资本家本来可以相处良好，拥有平稳、非正式以及冲突相对和缓的关系，只是律师让关系变充斥着复杂、手续和争议。萨奇曼访谈了几十位企业家、律师以及其他相关人士，发现律师们远非带来失序，事实上却是硅谷创业生活中最重要的推动者（facilitator）。他们依结果而定的酬金结构减少了企业家的不确定性。他们的意见书帮助投资者管控了不确定性。他们是服务于非正式融资以及创业网络的守门人和构建者。简而言之，当冲突理论将律师视作扰乱性的力量时，萨奇曼和卡希尔则秉持更加共识性的观点——将其视为社群中必要的秩序机制。

所以，在这两个案例里，我们都可以看到有的学者如何在其他人认定为失序的地方看到了秩序。但是在第一个案例里，这些"其他人"秉持了共识理论；而在第二个案例里，"其他人"则坚持冲突理论。同样的做法——但却是在相当不同的两个知识语境中。

詹姆斯·库克林斯基（James Kuklinski）和他的同事在一

篇关于政治宽容的影响巨大的论文中（1991）采取了不同做法。像大多数研究政治宽容的文献一样，这篇论文建立在共识框架的基础上。论文假定人类有强烈的爱憎，所以诸如宽容、慎议以及公民自由等制度是防止过度爱憎或者破坏性表达所必需。库克林斯基和他的同事们从"文化到行为"的角度开始，坚持认为不仅要调查受访者对不同群体的喜好或憎恶，也要调查他们对这些群体可能行为的态度。所以研究问题不仅要包括"你赞成某某主义者吗？"（或对三K党及其他组织的态度），也包括"你赞成某某主义者举办集会吗？"（或你对三K党举办集会的态度或对别的组织举办一场集会或教授一门课程，乃至别的活动的态度）。但是库克林斯基和他的同事们也引入了多样的主题引导。部分受访者没有收到关于如何回答的引导，另外一部分受访者则被告知要不经思考、基于直觉做出回答，还有一些受访者被告知要仔细思考相关行动的后果。其结果显示，反思明显削弱了宽容。

然后，这一做法是为了从经验层面入手，来研究共识体系内部的关键"约束性"制度之中有没有哪个真正支持了这个体系。研究结果显示，宽容和慎议这两个重要的"共识"价值之间似乎起了冲突。这一启发法没有太多地转向冲突理论，而是对共识理论的基础做了简单的经验性质疑。

朝向冲突论一边的类似做法是罗纳德·科斯的《企业的性质》（The Nature of the Firm），这篇论文在发表了几十年后，才被认定为是20世纪里最为经典的经济学论文之一。这篇论文以我们早先谈过的启发法开篇，它问了一个问题："为何存在企业?"更完整地说,科斯问道:"如果价格机制和市场如此完美,那么又为什么要以另一种方式——通过命令和非市场性的协调(这就是企业的做法),来组织任何活动呢?"这是于无疑处有疑。古典经济学通常把企业当成理所应当的产物。但科斯不这么认为。他的推导过程很好地契合冲突论/共识论的启发法。

在某种程度上,古典微观经济学化解了冲突论/共识论之间的对立。一方面,它采用人性贪婪的假设,这是共识理论的看法。另一方面,除非被混乱且不正当的制度破坏掉,否则这种(贪婪)本性会在"自然"状态中创造事物的最佳状态,这和冲突理论观点一致。在这里,我们没有必要去调和冲突论/共识论之间所存在着的显而易见的难题。(我的观点是,"经济人"只是部分贪婪,贪婪是受到约束的;微观经济学悄悄地假定了在经济关系中存在大量的控制。)在此,科斯只讨论了第二点,即经济学中的冲突理论。那么作为混乱且不正当制度代名词的企业会搅乱市场这一最佳体系吗?对此,科斯说:不!企业之所以存在,是因为在使用价格机制做出决定时存在"成本"。比如拟定采购和销售合同时需要成本。推销商品和提供服务时需要成本。拟定长期需求的特定合同也需要成本,这种长期需求最后可能与初始的预期不同。简而言之,科斯说道,企业之所以存在,是因为这是人类选择以成本尽可能低的方式组织协调活动,有时候企业就是成本最低的方式。(当然,他也谨慎地讨论了为什么这种方式没有用来组织所有事情。)

因此,科斯也通过提出一个观点来维护价格机制作为资源分配的绝对原则,即人们有时候基于成本考量而选择不采用价格机制。企业的存在看上去触犯了普遍适用的价格逻辑，但在更深层次上它是价格机制运作最清晰的证明。价格原则具有递归性，它甚至可以为自身的消失辩护。总之，企业看上去是非理性的制度，阻碍了以市场为基础的交换的自由流动，但它实际上不是非理性的、制造混乱的制度。它本身就是价格逻辑自由流动的一种体现。

因此，科斯也在冲突论/共识论的争论中游刃有余。此处的各种例子说明，对很多学术信念进行追问是多么有用，无论是行为的有序抑或无序，还是制度在本质上是控制手段还是产生失序的手段。这一系列提问通过多种方式来帮助学者反思研究问题，与其他的分形争论一样，冲突论/共识论被证明拥有启发式用途。

九、超验知识与境遇知识

知识是超验的还是境遇的，这一问题在社会科学界引起激烈的争论。这场争论的背后很大程度上受政治因素的影响。但是此处我们不关注这些争论的驱动力，而是争论为什么可以被用于启发法，以及如何被用于启发法。最好的起点是理解这一政治版本的启发法是如何运作的。

当代诸多社科学研究的逻辑，很多时候是从一个认识开始："X 是真的"往往意味着"X 对中产阶级白人男性而言是真的"（或更糟糕，"X 对我所接触的一些大学生来说是真的"）。数以千计的研究者坚持研究某些真理在妇女、黑人、越南移民、老

第六章　分形启发法

人、工薪阶级的拉丁裔母亲或其他群体那里是否成立。这类工作的启发式步骤相当直接。第一步，声明某些看起来普遍性的知识，实际上是境遇性或地方性的。第二步，寻找其他形式的地方性知识。一旦这些研究走出了反对超验的第一步，通常就直接进入加法启发法的领域："X 在那里是对的，那么 X 在这里也是对的吗？"很多时候，对此问题的回答是否定的，这样就为使用不同类型的启发可能提供了机会。

然而，尽管在以境遇／超验之争为基础的启发法中，反对超验是迄今最常见的一种，不过也有其他一些做法同样值得通过例子来介绍一下。

这里我将用两篇基于超验知识的论文来做个简单说明，这两篇论文不但有名，而且经典。第一篇是压力研究领域最有影响的论文之一，这篇名为《社会再适应评价量表》（Social Readjustment Rating Scale，下文简称 SRRS）的论文迄今仍被广泛引用，作者是托马斯·霍尔姆斯（Thomas Holmes）和理查德·拉赫（Richard Rahe）。这篇论文之所以经典，是因为它高度依赖超验。数十年来的临床研究已经发现了一长串塑造人类生活的关键事件。这些研究清楚地表明，对于这一长串生活事件中的任何一桩，"不同患者赋予的心理意义或给出的情绪响应差异巨大"（1976:216）。最终，这些事件以评分任务的形式呈现给了一个庞大而多样的人群样本（"按 1—100 给这些事件的重要性打分"）。每一桩事件的全部得分结果被平均，各事件最后的平均得分整体上形成了一份评分量表。关键步骤如下所示：

尽管人群中一些离散子群给予这些事件不同的排序和重视程度，但样本中不同人群评价的相似程度令人印象深刻。结果的高度共识也表明，群体与个体对所研究的生活事件的重要性存在普遍共识，这种共识超出了年龄、性别、婚姻状态、教育、社会阶级、美国人代际、宗教以及种族间的差异。（1967:217）

霍尔姆斯和拉赫仰赖超验（就像前文所述霍奇、西格尔和罗西在职业声望的论文中所做的那样）。虽然这一量表忽视的某些变异仍有待后续研究，运用这一量表的后续研究非常庞大。押注超验性的优点在于它能激发出如此众多有趣的研究工作。不过，其风险在于，我们不好确切地评估这些工作的价值有多高，因为我们对它选择忽略的变异视而不见。顺带一提，两位作者们在使用这种方法时，有着高度的自觉。支撑 SRRS 的是长期的临床（即医学中的民族志）传统，这一传统可以追溯到 19、20 世纪之交的精神病学家阿道夫·迈耶（Adolf Meyer）那里。当然，大部分使用 SRRS 的学者缺乏这一自觉。这就带来了一个长期的隐患，即知识变成了无本之木。不过从我们的视角来看，运用境遇知识的启发法恰恰可以将先前依赖超验知识的研究作为目标。霍尔姆斯和拉赫注意到了哪些系统性变异呢？它们随着时间的推移变得更有影响了吗？是否存在真正差异显著的子群体？在已有评价量表上的每一次尝试，都为反方向的探究打开了大门。

第二个例子也是著名的超验式研究，但这一次的论证却带有悖论，即一项事实因为本身就是超验的，那么从研究角度来看就无足轻重。在这篇名为《年龄与犯罪的解释》（Age and the Explanation of Crime）的现代犯罪学经典文献中，特拉维斯·赫胥（Travis Hirschi）和迈克尔·高特弗莱德森（Michael Gottfredson）指出，年龄与犯罪之间的关系是如此系统、如此恒定，以至于不再需要研究年龄分布与犯罪的关系。既然分布没有变化，就不能通过变化的因素来进行解释。这篇文章相当独特：因为它是一篇立论非常消极的论文。就本书而言，令人震惊的不是通过超验观点推动进一步的研究——这是刚才霍尔姆斯和拉赫一文中的做法——而是通过超验观点打击进一步研究。赫胥和高特福莱德森表示，年龄之于犯罪的关系没有研究价值，因为这一关系是恒定不变的。

在讨论了超验/境遇之争及其相关启发法具体研究手法之后，分形启发法章节也将告一段落。本章的目标是为了展现，这些学术论争曾孕育出如此多的或众声喧哗、或激动人心的学术范式与争论，实际上从学生的视角来看，能够成为启发他们想出数以百计的新观点、新讨论的强大工具。社会科学研究中很多重要成果正是通过以令人激动的方式来探索这些争论而青史留名的。学生们没有理由不使用同样的工具去开展研究。读者应该对这些争论有所了解，最重要的是，不把它们当作理所应当的真理，或是需要选边站队的投靠、不可触犯的天条，而是当作可以使用的工具。这些争论是极为精深的工具，可以为社会科学带来创新。而任何优秀的学子们都应该藉此付诸行动。

第七章

观点与谜题

至此，我们已经花了四章讨论产生新观点的启发法。但是新观点并非都是好的。因此，究竟该如何甄别观点的好坏呢？

对于这个问题，部分答案取决于什么是好观点。有时候，"好观点"意味着一个目前值得记录下来的观点（记住，"目前"可长可短——五分钟、一个下午，或是在更好的观点出现之前等）。但有时，"好观点"意味着在某些绝对尺度上是好的。一个好观点之所以好，是因为其自身的正确性，或者因为我们真心认同它。很明显，在我们根据这第二种定义判断某个观点的好坏之前，需要先对其进行检验。

在我们识别并培养好观点的过程中，有几种不同的策略。首先是我们自己设定的检验标准。众所周知，批评始于自身。所以，我们可以通过一些个人方式检验这些观点，从而对这些观点是否值得进一步发展和深化形成一个自己的判断。其次是通过互动检验，即尝试与他人分享和测试这些观点。请其他人检验自己观点的常用方式相当费神。学生们在课堂内外经常把自己的想法当作武器，而把别人的观点成攻击的靶子。我们会习惯性地用"也许吧，但是在我看来……"反驳。然而智识生

第七章 观点与谜题

活既不是一场枪战,也不是一系列随机意见的堆砌。相反,这是相互间的挑战(a mutual challenge),而且相互和挑战同等重要。他人的想法能帮助我们分辨自己众多观点的好坏。

最后,我们需要针对某个议题既有的学术文献来检验我们的观点。如果你还记得——本书开篇时我曾表示,这本书的起因是我听到很多同学抱怨"我没有什么(新观点)可说的。"现在你已经读了许多寻找新观点的方法,那么文献看上去应该不再显得那么令人望而却步般的左右逢源且无所不包了。因此,你已经做好准备,可以利用这些文献来评估和丰富你的观点了。如果你想要提出一些对于其他社科文献的写作者们有意义的创见,就必须要理解社科文献的运作机制。

以上内容自然导向了下面更宏大的议题:如何获得对观点的优良品味,以及如何了解自身的智识个性。品味问题至关重要。长期来看,好的学术品味是通向优秀观点的最佳通行证。不过,要是无路可走,那有通行证也没什么用。因此,学者的个性也同样重要。每个人都有各自的思维习惯,这让某些思考方式会变得更危险、更有用或更简便。品味与个性这两大话题最终促使我们思考"谜题"的问题。好观点意味着在社会世界中能够洞察到某些令人困惑的谜题。如何培养这种对谜题的敏感度将是本书结尾部分的关注重点。

一、检验观点

显然,检验观点的第一步是试验,拿它和一些数据进行对比。在实践中，大多数观点产生的第一步都是通过审视研究数据获得的。只有形式化方法是来自无数据式的思考，而且即使是在形式化方法中，观点也通常产生于对常识知识的反思，而不是纯演绎。换言之，大多数学者通过思考已有数据或已知经验事实来获得灵感。

一旦有了一个观点，就需要用一些新的研究数据来测试其有效性。如果你是一名研究福利-就业培训项目（welfare-to-work training program）的民族志学者，或许你已经注意到了，项目培训师的讲话中强调了要摆脱种族刻板印象行为的倾向，那么你就要开始在你的数据集的其他部分寻找种族再教育的明显或隐微痕迹。或者，如果你是巴林顿·摩尔，研究的是通向现代化的革命历史，你就会注意到美国和法国的旧土地贵族在革命中被荡涤殆尽，而德国的土地贵族不仅在革命中幸存了下来，而且还主宰了政治；那么这时，你就要开始研究其他案例，尝试预判一个政府在现代化过程中对待其旧土地贵族的方式，以此来判断它是否有转向法西斯主义的趋势。

这不仅仅关系到寻找同一现象或已识别关系的其他案例。它同样也关系到寻找你的观点中其他与数据有关的蕴含命题。比如你是一位问卷调查的研究者，希望通过问卷来研究已婚女性的劳动力参与，你突然产生某个观点，即已婚女性的这种劳动力参与背后的驱动力是她需要习得一技之长，保有工作经验，以便在离婚情况下自食其力。从这一观点中可以推断，女性参加劳动的长期趋势应该与离婚率的长期整体趋势密切相关。这个相关性是新观点的逻辑后承，因为如果女性离婚率没有上升

（并且没有遭受离婚带来的经济损失），那么（根据你的论证）学习一技之长作为预防性措施就不太必要。你的观点还蕴含着，如果女性（在个人层面）有不受离婚影响的其他资源（如继承的财富）时，就不会通过工作来获取资源，所以你的理论会蕴含她们工作的可能性更小（这也可能出于其他理由）。以上这些经验预测都能通过正式或非正式的方式得以检验。

形式化方法可以最清楚地展示出如何得到推论，因为这些模型通常给出了清晰的预测。例如，托马斯·谢林在他的名作《微观动机与宏观行为》中通过形式化论证，对交通堵塞、社会运动以及骚乱等现象提出了清晰推论。可以说形式化模型最大的好处是能产生丰富的推论。

但实际上，不论使用什么方法，所有观点都会需要从数据中进行推论。研究者应该养成持续生成这些推论的习惯，并且持续将观点用到新案例或新数据上。这应该成为一种本能，在提出观点时几乎会自动运转。我的朋友兼同事罗杰·古尔德（Roger Gould）是这方面的大师。要是有人说一些俗语，像"年轻人相互之间的批评是最尖刻的"，那么他会立即反驳道："呃，如果这是对的，那么对研究生来说，参加论文答辩应该比跟朋友共进午餐更容易"，或者"你真的认为对年轻人最尖刻批评总是来自同辈吗？按照这个逻辑，对老年人最尖刻的批评也是来自其他老年人了"，如此等等。请注意，只因为观点几次不能通过检验——比如做出了糟糕的预测，在不少案例中不适用——并不意味着它必须被抛弃。大多数时候，我们通过此类方式来更新观点；我们学会了如何不断进行改进，以牺牲一部分为代价扩展另一部分。(这就是罗杰对"年轻人相互之间的批评是最尖刻的"进行普遍化所暗示的)。这就好比装修一间屋子;你试着装修了,然后后退两步看一下,挪一挪家具,再后退看看,尝试一些别的重整方案,如此循环。

对观点持续的追踪与检验,归根结底依赖于对逻辑的深刻理解。研究者需要将基本的逻辑形式——蕴含命题、否命题、逆命题等——深深地印在脑海里,这样追踪过程就一直在后台运行,就像计算机后台运行的杀毒软件一样。这其实也是一种练习。如果你的逻辑"软件"最近没有更新,那么进行复习是非常必要的。快速提出某个社会理论的三到四个蕴含命题(无论是正面的还是负面的)是很重要的技能。

想要进行有效的测试,所有观点及其蕴含命题必须是可证伪的。某个观点在大多数时候是成立的,这固然很好,但如果在任何时候都成立,那就可疑了。这个观点可能是众所周知的事,因此没什么研究价值。(尽管有时候我们可以换个角度看不言自明之理,之前已经介绍过这种做法。)令人惊讶的是,数不清的研究者——甚至包括硕博们的学位论文——提出的理论是不可能错的。诸如"对精神病院的设立进行新制度主义视角分析"或"本文综合采用了戈夫曼式互动理论和语言符号学方法来分析性别侮辱行为"之类研究,实在非常乏味,因为它们提出了一些是不可证伪的观点。归根结底,它们其实不过是将某个现象进行归类,或者换种方式对某些理论进行举例说明而已。

与之相似的是,普遍性的陈述,或者叫全称谓词(universal predicates)也没什么意思,即使它们带有重要的意义。例如,

第七章 观点与谜题

现实中的某个维度——无论是性别角色或会计职业——是被社会建构的，这种观点没啥意思。某种程度上，甚至很大程度上，任何事物都由社会建构。真正有意思的问题在于性别角色是如何被社会建构的？或者如果会计师的本质是被建构的，那会造成什么样的后果？要小心全称谓词。

换句话说，好的观点应该有真正的替代方案，它不会是单纯的否定。把思考的命题从"A 为真或者 A 为假"转变为"A 为真或者 B 为真"更为有益。如果你得到了一个真正的谜题，你就会想解决它，而非仅仅确认某个解决方案行不通。特别是在民族志和历史研究领域，缺乏替代方案的思考非常危险，因为人们会本能地希望提出圆融连贯的解释（也有在研究最后展示出圆融连贯的解释的需求），这促使研究者只注意那些与既有观点一致的现实维度。虽然标准量化研究经常检验那些字面意义上被称为"零假设"的观点，但其实不考虑备选假设的做法同样非常普遍。大部分发表的量化论文都不存在两个让论文作者感到都需要考虑的替代选项。大多数时候，作者事先就有了偏好，悬念只是一种修辞策略。作者们的统计检验把自己的观点和基于随机原则的数据进行对比，尽管没有人真的认为社会生活是纯粹随机的。上述种种皆是错的。如果某个观点有真正的替代方案，这个观点总能发挥它的最大潜力。因此，对你的研究计划请永远提供两个基本观点，并且试着一视同仁来看待这些观点。

不过，自明之理并非注定行不通。如果能把自明之理变成可证伪的观点，那也是颇为有益的尝试。假设我们想要对老掉牙的笑话"导致离婚的首要原因是结婚"做一些阐发。要对其进行有意义的解释，只需要将婚姻重新定义为关系的正式化（formalization of a relationship），而离婚是关系的崩溃或破坏，这里就产生了非常有趣的研究假设，即恋爱关系的正式化削弱了关系品质的某些面向，因此让它更可能解体。这也是一种老生常谈（在非技术性的浪漫文学意义上如此，在正式版本的韦伯"克里斯玛常规化"意义上同样如此），但并非绝对正确，在经验上有可能被证明是错的。即便并不那么有趣，但这种表达方式比类似"婚姻是导致离婚的原因"这样的单调陈述更好。

因此，不会出错标志着一个观点是糟糕的。毫无疑问，如果一个观点完全没有经验对象，那同样也标志着这是个糟糕的观点。诸如"组织的人口-生态理论其实就是冲突论的另一版本"这样的观点没什么意思。学者们会出于很多原因为此写一篇论战的论文，但除非从实证研究入手，把它转化为"人口-生态理论在历史上源自冲突理论"，否则它就不是一个强有力或令人激动的观点。虽然表述还有些模糊，但这个版本的论述至少有了一个好观点的雏形。最早的那版表述只是分类练习。而第二个表述才是对社会科学历史的实证论断。

因此，好的观点应该存在现实世界中的指示对象。这并非拒斥纯社会理论，但是绝大部分社会理论实际上只是在做重新命名的工作。所有有实质意义的理论，不管建构程度多么抽象，都源自试图理解社会世界的经验研究。对于学生而言，避免撰写纯理论是明智的选择。这会走向空洞。

继续多说一点，我们应该注意到，如果一个观点可以飞速

第七章　观点与谜题

地被用于研究，或者极为顺畅地被应用于研究，也不是个好兆头。这通常意味着研究者重新贴标签了已知或已接受的事物。当你有了某个观点，比如说特定类型的行为受到社会规范的引导，大概率你只是在重新贴标签这一事实：即该行为往往是规律和一致的。规范这个概念并没有给"规律性"这一事实增加任何东西，除非它提出明确的论断，即规律性是由强制性的、涌现的规则生成。要是这样的话，就又会产生新的问题，你需要证明这些规则独立于其强制的行为而存在。这个"存在性问题"才是关键，如果你不解决它们，那么你的研究仅仅是给一些简单的事情贴上了华丽的标签而已。

在社会科学中，重新贴标签是常见做法，因为它让人们在不需要做太多工作的情况下显得颇具创新。新理论家的作品常常因其用词的新颖而显得非常有说服力，但不久你会发现，其实大多是新瓶装旧酒而已。比如，社会学界对皮埃尔·布尔迪厄的实践概念倾心已久，但在许多情况下，其他社会学者在使用这一概念时，其实就等同于"规律性行为"。这不过是一个已经被长久讨论过的事情的新表述。这个概念之所以被认为有新意，在于它包含了一个论断，这种行为有某种自我维持的特性，即规律地进行某项行为会增加我们将来继续进行该行为的可能性与倾向。这是一个更为有力的论断——一个需要从实证角度进行验证的主张——不过，它也相当古老且众所周知。（比如斯廷科姆［Stinchcombe 1968］将这一机制称为"历史主义的解释"。）

对事物进行重新分类的观点往往也很无趣。"社会工作是真正的职业"这个话题从辩论的角度而言或许非常有趣，但如果从研究的视角来看，它只有在能深刻揭示我们对社会工作的某些疑惑之处时才具备吸引力。比如，声称社会工作是真正的职业的观点可以解释，为什么从业者收入菲薄却仍然不离开。这个观点还有更强大的形式，即更一般化的论断诸如"人们总是愿意以声望换取薪水，而被认为是职业人士则会带来高度的声望"。这与"社会工作是真正的职业"有着本质的不同。因此，单纯分类的观点并不引人入胜，但它常暗含着有趣的研究问题。所以，面对这种分类观点，我们应该问自己：我为什么认为这种分类重要？真正有争议的论点是什么？此外还要注意，最大规模的重新分类通常是类比，这是最强大的启发策略之一。加里·贝克尔声称家庭和其他单位一样追求效用最大化，这让他获得了诺贝尔经济学奖。

  我们迄今为止讨论的好观点的标准都属于短期标准。当然，这些并非全部。毋庸赘述，评判一个好观点的最重要标准之一是当你睡了一觉第二天醒来，或者忙了几天别的工作再回头来看时，它是否依然显得是个好观点。人们在研究中常常忘了这种显而易见的方法。从这一显而易见的事实可知，好论文不是坐在那边一下子写出来的，一代又一代的大学生（包括我）的研究也是这样。如果你不真的从某个研究观点中抽离出来——彻底抽离，以至于你忘记了它的重要部分——你就无法以局外人的眼光审视它，从而判断它的优劣。一个好的观点，是那种即使你去尝试其他观点时也依然让你忠诚不渝的观点。验证它的唯一方法，就是亲自去尝试。

第七章 观点与谜题

长期来看，关于好观点的最佳个人标准是哲学家伊姆雷·拉卡托斯在三十年前（1970）提出的。在他看来，一个好观点是"非退化"（nondegenerating）的。它会有益于学术生产。一个好观点能产生更多观点、更多谜题以及更多可能性。它的发展曲线是上扬的。与此同时，它并不骗人，不会用不言自明之理或重新贴标签创造"所有事情都突然解决了"的错觉。一个好观点会跟我们的认知产生一些抵牾。有时它在我们需要它时却不如我们所愿，有时我们没想着要使用它，它却出奇有效。

最终，好观点可以随时间推移带来踏实的感觉。一个好观点会让学者在繁重的基础工作期间感到安心：清洗量化数据、在民族志田野中的孤独经历、档案里的苦苦翻检等。脑海里带着好观点时，研究者知道为什么要从事这些繁重的工作。这会赋予你坏观点所无法提供的信心和忍耐力。在没有指导性观点时，你很容易感到绝望；你会期望某个观点在下一个模型系数、下一篇难以理解的文献或者下一次对话中如变魔术般地出现。确实，学生们经常会沉浸于具体的工作，来躲避脑子空空的感觉。但这不是解决问题的方式。专注于培养你的观点，那些繁重的工作也会变得更可承受。

二、他人

一旦一个观点通过了我们自己的初步筛选后，我们就需要其他人来检验它。这种检验有时是正式的，有时是非正式的。

让他人来检验观点从一开始就与自己检验大相径庭。其他人不会像作为研究者的你自己那样对待这个观点。这并不只是因为他们不同意或是不懂它。更深层次的原因在于，观点在自己的脑海里受到很多无意识的支持，比如各种假设、各种自认理所应当的道理。就像唱歌一样。除了歌声以外的任何乐器演奏出来的声音，演奏者和听众都是通过同样的方式听到的：耳朵。但对于歌者而言，歌声通过自己脑袋里的骨传导传到内耳耳蜗，也会通过空气振动被外耳接收，歌者与其他人听到的从来不一样。所以歌手要通过听自己的录音来试图了解别人对自己声音的感知。

同理，当我们分享研究观点时也是如此。别人听到的与自己想象的从来都不一样。要记住，对大多数学者来说，传递给其他人的声音才有价值：无论是对老师、对读者、还是我们希望说服的专业听众或者大众。自大的学者不容易认识到这一点。你可以用在你看来完美无瑕、富有洞察力和才华横溢的方式说出事情。但如果别人听不见或无法理解你的表达，那么你就必须寻找更有效的沟通方式。否则，你的声音就会被埋没。

说出"你的观点在别人耳朵里听起来并不相同"实际上是在强调一点：当你在介绍自己的研究观点时，总会遗漏一些关键部分。事实上，只有仔细倾听别人对自己观点的回应——他们补充了什么，希望你澄清什么，误解了什么——你才能搞清楚自身观点中必要与非必要部分。所以，如果他人希望你进一步澄清观点时，请认真接纳。

不过与此同时，需要大量解释的观点往往不太好。一个观点需要解释，有时意味着观点很可能无法成立。请注意，这两

第七章 观点与谜题

种论点指向了不同方向。第一个论点指出，你应该从别人那里了解你的观点中需要解释、增加或者移除之处，以此提升观点的有效性。这意味着别人提出的问题越多，你就越可能解决这些问题。第二个论点是，如果你不得不花费大量时间解释你的观点，那么这个观点可能不怎么样；其他人提的问题越多，这个观点就越站不住脚。向他人学习的技巧——这是一个技巧，和其他技巧一样——取决于如何正确地处理这两个矛盾的过程。

在这两者之中，第一个更为重要。无论你多么聪明，始终要坚持这样一个假设：在自己的观点不被理解时，通常是因为你不能准确地表述自己的观点，而不是其他人愚蠢、无趣或嫉妒等。这种假设的原因并不必然正确，其他人可能确实愚蠢或无趣。但这样想能让你最大程度地从别人那里学习。在与匿名评审人（为期刊发表进行论文评审的人，通常是其他大学的匿名同行）打交道的过程中，每位社会科学家都能学到这一点。面对他们的批评，学者们的第一反应往往是愤怒地拍案而起。但是即便评审人们确实是一群蠢货，其误解方式也告诉作者，如何写得对读者更加友好。

我们中有些人面对负面评价时的反应不是生气，而是会感到不知所措，甚至被其压垮。不过即便你所信服的某个人说你的观点毫无价值，你也应该认为，这个聪明人之所以会这样认为，是你自己没有表述对，而不是你的观点本身很糟糕。这种假设能帮助你利用他人的批评来改进自己的观点，使之尽可能达到最佳水准。最终的结果可能会比你所预料的要好得多。

从打消他人误解的过程中，你也可以学到相当具体的东西。首先，你会注意到论证中忽略的中间步骤，在那些未被注意到的隐藏推导步骤中可能存在未被解决的难题。你还会意识到自己的隐藏假设——往往是你思考世界的一般方式的一部分——而其他人未必赞同。如果你足够小心的话，还可以了解到人们赋予你的用词的特定（通常互相矛盾的）意义。比如我之所以将自己关于职业的著作起名为《职业系统》(*The Systems of Professions*)，多少是因为自己喜欢这个标题的发音，在早期一篇同样主题的论文中我也使用了这一标题。在我写作这本书所花的五年时间里，这个标题让我感到踏实。但我在那之后发现，许多人从"系统"一词推断说职业运作方式背后存在某种宏大意图，好似所有社会职业都是某个宏大计划中的一部分。实际上，这本书的观点恰恰相反，但我确实忘记了"系统"这个词之于大多数读者的意义。因此要记住，社会科学中的大多数基本概念——如身份、结构、文化、民族等等——并没有广泛认同的定义。事实上，这一直以来都是我们认识误解的开端：先看看陈述你的观点时所用的概念是如何被定义的。

要注意，我还没有提及如若别人认为你的观点不错这种情况。这里只讨论了其他人可能误解你的观点。非常重要的一点是，别只看其他人对你观点的第一反应的表面意思。无论他们的评价是好是坏，这一条都成立。如果其他人给了积极评价，可能他们没有你理解得深，而实际上你的观点是一个你们都误解的糟糕观点。也可能是，他们并不关心，只是出于礼貌表示同意。还可能是，你的个性比较强势，他人迫于压力，不敢表示反对。同样的，如果他们认为你的观点很糟糕，情况可能类似：他们可能都误解了你的研究；评论者可能理解了观点，但没认识到其卓越意义；也可能评论者是那种倾向于贬低他人的人，除了自己谁都不认。总之，不要过于看重其他人的第一反应。

当你对自己能够清晰、有效并且简洁地陈述自己的观点感到自信时，这就是你已经超越了初步反应阶段的一个信号。当其他人也能以你认可和同意的方式向你本人重述你的观点时，关键时刻就到了。要是某个本科生想检验课程论文观点，这个时刻可能发生在与四五个人讨论、并反复打磨细节后。要是某个硕博研究生准备进行学位论文开题，这个时刻会发生在几个月的研究工作和更新了几版草稿后。

无论这一时刻在何时到来，他人能清晰地复述你的观点是一道分水岭。从那一刻起，你就可以对他们的判断有所信赖了。当然，还得考虑他们的个性特点。自大的人往往只喜欢自己的观点；消极的人则不喜欢一切观点；盲目乐观的人喜欢任何观点。你需要依据谈话对象调整自己的衡量标准。如果消极的人认为这个观点还不是他听过的最糟的，可能就是个好消息。顺便提一句，这种相对主义观点对其他人适用，包括对教师也适用；教师有很多类型，轻率傲慢的，绝望地否定的，盲目给予支持的。虽然只有他们自己的硕博研究生真正懂得如何解读这些教师，不过大家也要意识到每一个人都有独特个性。你可能能够认识其中主要的个性，对于其余的部分，则需要通过推敲来理解。

你会发现，聚起一小群惺惺相惜且具有批判性思考的人是多么可贵。（当然要做到这点，自己在他们面前也要扮演同样的角色。）在不同场合坚持讲述自己的观点也十分重要。对你来说，朋友们比较熟悉你，也往往过于宽容（他们了解隐含假设，甚至帮助你填补隐含假设）。找到一群愿意倾听、阅读并且能深思你的不成型观点的人，这是你所能做的诸多事情中最为重要的一件，也是最艰巨的一件。

对严肃学者而言，一个好观点的终极检验来自出租车司机。你需要在去研讨会的路上，用不超过五句话说清研究想法，使出租车司机或飞机邻座乘客能明白并意识到其价值，如若做不到这一点，说明你自己理解得还不够到位。也说明你还没有做好去讲演的准备。这与观点的复杂程度无关。只有用日常用语对没有专门研究兴趣的普通人描述清楚，才算是理解到位了。即便对大多数从事深奥的形式化研究的学者来说，这也是检验他是否真正理解一个概念的最终标准。

三、文献

至此，我已经讨论了将观点诉诸自己的判断和诉诸朋友们的判断。但是新观点与之前已发表的成果是什么关系呢？对于本科生来说，这是最棘手的问题。似乎所有能讨论的话题都已经被讨论过了。他们时常觉得，已经没有可进入的领域、可开启的空间了。不仅如此，当本科生脑子里冒出来一些有火花的想法和新点子时，得到的文献反馈（从老师那）往往是一头雾水或不屑一顾。

第七章 观点与谜题

首先，可能确实所有能说的话都已经被说过了，至少在本科生可能想到的抽象层次是这样。可这并不妨碍老师们一遍又一遍地重复相同的话题——但是以新的方式、采用新的证据，在新的语境中。事实上，这就是一大部分优秀社会科学成果的内容：新瓶装旧酒。（要是不一遍又一遍地重复，那么它们可能会被忘记，这样就不好了。）教师们清楚学生们不知道的——也正是这一点使他们能把旧知识变成新见解——那就是文献那约定俗成的特性。教师们知道哪些旧事需要被重述。他们也知道文献如何定义了重述与新说的边界。

然而，本科生甚至大部分研究生都完全不了解这一套学界惯例体系（system of conventions）。假设你修了一门关于社会分层的课并读了分层的文献。然后你发现，许多你产生的疑问在很多学者撰写的研究文献中似乎都不成问题。比如，为什么要通过某一特定年份某人的成就来评判其成功呢？为什么我们认为每个人都是以同一尺度评判成功？为什么要通过询问丈夫的工作来判断家庭的社会地位？甚至是，为什么测量社会地位比测量其他事情更加重要，比如说，个人对幸福或满足的判断？如此等等。当然，这些事情偶尔会被讨论。但社会分层文献大部分时候却乐意提出新的研究难题和议题，而不是花点时间来深究你的疑惑。这些问题被大家默认忽略了。然而它们对本科生来说真的非常重要，也理应非常重要。

正如我之前反复强调的，研究文献本身是通过对某些事物做出简化假设，来让研究者对其他事物进行复杂分析。这是学术界的"动物本能"。无论通过什么研究方法，在没有简化假设的情况下从事社会科学研究都是不可能的。这些假设帮助研究者避免在采取某项方法论开局的初期就深陷各种泥沼。例如，问卷调查的研究者对态度与行为的关联做出假设，民族志学者则依据他们的假设来分析信息提供者到底有没有歪曲真相。而这些假设并不局限于方法论的初期，它们也深入到了研究的具体内容中，正如我刚才提及的社会分层研究的例子那样。

教师们对这些学界惯例了如指掌，以至于常常没有意识到这些只不过是惯例而已。结果是，很多本科生一眼就能想到的观点，在教师们看来可能完全不着边际。"我们在几年前就证明这个想法不重要了""这只是一个关于方法和技术的问题，而不触及实质内容"，以及"这不是问题真正的核心所在"等，这些都是教授们对于聪明的本科生们提出的显而易见的问题的典型回应。这所有一切的原因在于，教师已经忘了这些问题其实是合理的问题，因为它们已经被文献依据的惯例常态所规避。（当然，并不是说教师们的此类反应必然都意味着如此，但可能如此。）

正如第三章至第六章所陈述的那样，一个好观点往往意味着是对现有研究惯例的挑战。但一个好观点并不意味着要同时挑战多项常态。还拿社会分层来说，如果测量家庭地位的指标是妻子的职业声望而非丈夫的职业声望，或者用两者的平均值，那么教育和家庭社会地位这一标准关系会发生什么变化？这会非常有趣。此种研究通过进一步分析其中的某项传统假设，极大地丰富了相关文献。不过，假设有学者对关系两侧都各改变一个指标，不仅是将妻子的职业声望当作地位指标，也将教育指标从学位和在校年限（标准指标）改变为一个实际的结果变量，如 SAT 考试成绩（假设 SAT 真正衡量了以前的学习成绩和教学水平，而不是独立于学校教育的个人天赋），那会发生什么呢？这会将注意力转移到准大学生身上，同时也会改变对教育意义的概念性认识。研究在此处开始脱离社会分层的传统文献，因为在那些文献中，一旦提及阶层分化，习惯上想到的是家庭经济支柱的雇佣情况，提到教育则习惯上想到的是学历（学历与职业和收入有更直接的联系）而不是成绩（后者测量的是一种未实现、但可能更通用的资源）。所以你可能完成了一项加倍出色的研究，但还没有与现有文献建立坚实的关联。

在所有的方法和文献中，惯例常规都扮演着重要角色。倾向于历史方法的学生可能会对 20 世纪律师职业模式的变化感兴趣，并决定通过阅读二三十本律师传记，来建立一个律师生活的概念模型。但是指导教师可能会做出惯例性的判断——学生要么应该去做量化分析，从一段时期内规模很大但又随机的样本中去挖掘简洁的信息，或者应该对这个世纪里的两、三名律师进行深入研究。这个惯例或者要求研究者要么完全科学化，拥有一套自辩策略和一致认可的职业生涯测量模式，要么是深度诠释性的。然而对于前一项计划，人们可以很容易地反驳说，由于律师工作性质的变化，这意味着 1900 年和 2000 年的编码类别，比如"为律师事务所工作"这样的分类，指涉的是完全不同的两类东西；从这个意义上说，没有一套稳定的职业分类能够在超过一个世纪的时间里都确保其编码具有意义。而对于第二种方案，反对意见可能会说抽样过于武断，以致得出的任何结论都不可靠。尽管如此，惯例意味着你可以进行实证主义分析或诠释性分析，但如果你选择走中间道路，即写二三十名律师的生活，同样会遇到麻烦。

面对学术惯例，学生们往往是做也不是，不做也不是。学界公认，最出色的成果几乎总会颠覆某些惯例。然而与此同时，人们一般的偏好则是遵循惯例，特别是在刚起步的时候。遵循惯例显得缺乏冒险精神，而不守规矩、不遵循惯例则带来拒稿信和误读。学生们学习这些研究惯例的最佳方式，是仔细阅读当下的文献，而最简单的获得行之有效的观点的做法，则是克隆现有研究、同时改变一处具体细节：如引入一个新变量、改变研究的时间范围、或增加更多的案例。（这是第三章中所说的加法启发法。）不过这么做有时会被批评为胆小。

对于这种两难困境，也没有别的方法能够避免，毕竟它是社会科学创造力困境的缩影。尽管如此，理解惯例的那些问题依然很重要，因为理解那些比你更精通某一领域的人——可能是资历较深的学生或老师——是让你了解到这个领域的专业人士会对你的某一观点做出何种回应的关键。教师们经常推动学生遵循既定惯例，其理由也很充分，挑战传统常态的研究往往更困难。学生的研究计划经常过于理想，而教师们在鼓励学生兴趣的同时，也要帮忙把研究变得更加可行。鼓励学生去了解学界惯例的研究模型和撰写常规论文，正是这种努力的一部分。学生需要意识到惯例研究、原创性研究和可行性之间的复杂张力——并在必要的时候愿意做一些妥协。

四、品味

研究惯例及其识别问题引发我们思考"品味"如何帮助我们甄别观点的好坏。当一名学者培养出学术品味后，评判自己的观点就会变得容易起来。所谓品味，指的是对观点是否优秀有一种总体性、直觉性的预感。当然重要的是，不能成为品味的奴隶，而要像尝试新食物一样尝试新事物。但是建立品味会让整个过程变得轻松许多。

良好品味的基础——正如良好启发法的基础那样——源于广泛的阅读。并不是说所有的阅读材料都必须高质量，关键在于阅读要广泛，且在阅读过程中持续进行判断与反思。这里用音乐来比喻会非常奏效。一位优秀钢琴家不仅练习技巧和曲目，也会大量视奏（sight-reading）。广泛的阅读之于社会科学家，就像视奏之于钢琴家那样。练习视奏的钢琴家会随机挑一份乐谱，通读一下，然后尝试连贯地弹奏而无视错误和遗漏。同样，你也应该尝试随机选读社会科学、社会学或任何领域的研究，不管你是否理解其方法细节，是否意识到观点的复杂性，甚至是否喜欢其分析方式，都通读一遍。最简单的办法是随手拿起近期的学术期刊，并且快速翻阅。

你能通过泛读学到很多。首先，你能了解所在学科的各个研究领域。你还能熟悉每个领域中的常规惯例并且发现自己的好恶。你能会发现哪些内容吸引你，哪些不够有吸引力。当然，就像在"视读"（sight-reading）时会忽视那些你不赞同的某类研究惯例一样，你也不应该让兴趣主宰自己的偏好。当你对某篇论文的方法论不感兴趣，或者认为概念说不通时，试着挑战自己继续阅读，并且自问你如何能够从中学到些什么——或许是一些事实、一种假说、甚至（在最糟糕的案例中）是有用的参考文献。在顶尖的学科期刊中，每篇文章都能教你一些东西，即便这些文章完全与你个人的偏好不搭界也无妨。

这个建议同样适用于参加研讨会或是去听讲座，这些也是能够有效提升你学术品味的好场合。若某次讲座或研讨会使用的方法你不喜欢，那么忍到最后、然后心中责骂"实证主义白痴"或者"后现代废话"，这样做真的毫无意义。这种态度只会固化你的偏见，而没有其他教益。要带有一些尊重去根据讲座或者论文本身的研究目标去评判它们。是，这样是很难，但研究者如此一来会更确切地了解自身学术偏好倾向的优势或者劣势。你将会从以前认为一无所用的材料中收获有用的观点、理论、事实以及方法技巧。

当然，你难免会遇到很多不尽如人意的东西：糟糕的著作、糟糕的论文、糟糕的讲座。它们的病症通常都十分明显：满嘴大道理、逻辑混乱、漫无目的、迷信权威。其他的特征还包括过度关注方法而不是实质内容，对发言人或作者在各种重要争论上的立场进行冗长讨论。但是，即便是糟糕的材料，也能有可取之处。其中最重要的是，它们会教你学会根据一篇文章或一次讲座的自身情况来设定评判标准。作者想要完成什么？对于真正糟糕的作品，作者本应该试图完成什么？最后这个问题能让你从材料自身的基础出发进行评价，想象它本应该承担的任务是什么。

第七章 观点与谜题

当然，自觉地阅读好文献也同样重要。说来也怪，好作品给你的启示可能不如糟糕作品来得多。在事后看来，伟大的社会科学研究往往显得是证自明，当文章写得流畅时，你可能难以察觉到是什么样的洞见开启了一个新的学术范式。好作品能提供的，更多的是痛快兴奋和清晰透彻，是轻松写意与顺畅无比的感觉。虽然这些特质很难模仿，但它们确立了理想中学术研究的模样。

那么如何发现这种好作品呢？一开始，可以向认识的人——教师、朋友或同学请教。同时，也可以留意影响巨大的成果，尽管同样奇怪的是——容我再次指出——很多影响巨大的文献论证薄弱且行文晦涩。不过，很快你就会培养出自己的品味，并开始更多地信赖自己的判断力。在此过程中，没有任何东西能替代练习，特别是对于"视读"来说。你需要学习阅读并且做出判断，总是努力克服自己的偏见，以区分劣质作品和那些你只是不喜欢的作品。

建立起对他人观点的品味判断是自我评价的关键一步。即便这一章提供了诸多线索，但判断你自己学术观点的好坏仍是极艰巨的挑战。唯一的提高方法是，首先培养出对优劣作品的某种总体性品味，并以此谨慎且艰难地来审视自己的思考。学习那种判断他人作品优劣的技巧有助于帮助你在自己的作品中作出类似的区分。

五、个性

　　培养对好观点的品味，部分在于认识到你自己作为思考者的强项与弱点。你最终必须学会对自身的学术判断进行反思。这种反思来源于对自己作为学者和思考者更整体的性格亦即智识个性（intellectual personality）的理解。你的智识个性理所当然地基于你的日常个性基础，但在此之上以意想不到的方式加以拓展。你的智识个性的长处与短板直接地影响了你对观点的评价方式，实际上，这影响了你思考方式的方方面面。

　　重要的是要从一开始就明白，你的智识个性和日常个性一样，既是优点也可能是缺点。在日常生活里，某一种语境下的珍贵忠诚，在另一种语境中或许会演变为无脑的固执。这种矛盾性在学术世界同样存在。在一种情境下是大胆的类比，在另一种情境下则是危险的含混不清。因此，让我们把某些个性特征（character traits）视为智识上的美与恶。你需要自己判断，搞清楚自身在每种尺度上的位置。正如《傲慢与偏见》（Pride and Prejudice）里的达西先生所说："谁的脾气都难免会有某种短处，一种天生的缺陷，任你受到再好的教育，也还是克服不了。"我们每个人身上都至少有一个巨大的缺点；理解它就意味着你已经迈出了很大的一步去克服它。

　　让我们来思考一下智识性格的某些特质。就拿条理有序（orderliness）举例吧。对于任何重要的研究课题来说，条理有序都是绝对必要的。从本科论文到多人合作研究项目，都需要对研究设计的敏锐直觉、对记录和归档的热心、在分析中遵守

第七章 观点与谜题

严谨的纪律——这些都是承担任何大型研究项目所必需的条理有序的表现。然而，条理有序在思考过程中也同等重要。拥有一个条理有序的大脑对思考非常有益。比如，在写下一大串观点时，要养成一个习惯，即时常对这些观点重新归类、时不时地改变分类体系，不断对它们进行改进。正如我在撰写这一章时，我首先写了十余条对观点进行评价的自由联想。接着我对它们进行了归类；有些是自己要留意的，有些则是要与他人讨论的，等等。在这之后（增加更多的观点后），我把这些分类排序以适应写作要求，我想象从个体自身转向群体与文献，从具体个性转向总体个性。当看到这个逐渐成型的新提纲时，我意识到需要新划一个类别，并重新标记其他某些类别。接下来我开始着手写作，在各个标题中创立一些分类（比如个性品质的不同类别）并在撰写每一部分时进行排序。这对我来说是个有用的策略，因为当我面对一长串彼此相关的观点、但是其中的结构却模糊不清时，我会感到焦虑。

很明显，思考问题时适度地有条理是一种优良品质。不过如果这种个性过于主导的话，就会带来问题。它就是带给我们如前所述的那些热衷于"重新分类"的论文的根本原因。它们的唯一目标就把一些观点或现象从文件抽屉里取出来，再放到另一个文件抽屉里。而那些喜好归类的人往往难以发现真正令人困惑的现象。他们的主要关切往往是把事物放入正确的盒子。更糟的是，有时候归类者有一套别人所没有的、独特的分类标准。这类人经常对研究对象进行削足适履以便将它们塑造成可以分类的模样。他们无法接受研究对象以模糊和开放的情形呈

236

现出来。然而，对于一位严肃思考者来说，把无法解决的事情保留下来是绝对必要的。

因此，条理有序这种品质可以产生正反两方面的效果。忠诚——尤其是忠诚于某些观点——也同样如此。一方面，忠诚于某些观点有着巨大的优势。好观点往往不是一开始就光彩夺目的。它会面临批评或压力。在面对各种各样的批评时，保持对自己观点的忠诚是一种力量。与此同时，忠诚也可能会变成一种累赘。你需要懂得何时该放弃某个观点，何时该将其弃之一旁并继续前进。我们大多数人心中都有一座收藏馆，里面陈列着一些我们很不情愿、但因为种种原因而被弃置的宝贵想法。把这些观点保存在个人收藏馆里是没问题的，但它们最好还是留在那里。

习惯也是一种既有利又有弊的品质。许多习惯极为有益。在深入思考自己的观点之前，自动验证其逻辑结构的习惯非常有价值。养成像既倾听他人、又审视自己观点的习惯也非常重要。熟悉自己研究领域的惯例和规范的做法也也非常必要。与此同时，习惯也会麻痹我们。它可能带来墨守成规，也可能完全遮蔽想象力的道路。

广泛的兴趣也具有两面性。拥有广泛的兴趣是很棒的，这样就可以在任何议题中看出很多不同面向的问题。广泛的兴趣可以导向强有力的类比。它可以为生僻的研究方法找到新用途。与此同时，和习惯一样，兴趣的广度（和深度）过度膨胀的话可能让人麻痹。事实上，青年学者最常见的毛病之一就是在一篇文章要把所有知道的事情都说出来。过于广泛的兴趣也可能

第七章　观点与谜题

导致其他很多毛病：比如，为了处理如此多元的兴趣而做过度精细的分类；或者，为了某种方式的整合而采取武断的论证；甚至是因为话题覆盖范围过于宽泛而彻底陷入困境。

和兴趣广度相关的，是另一种影响力变幻莫测的品质：想象力。在一本旨在提升想象力的著作的尾声说到讨论想象力过剩似乎很奇怪，但实际上对想象力的反思有其价值。爱迪生的名言"天才是 99% 的汗水加 1% 的灵感"，这句话蕴含了诸多道理。观点绝对需要被仔细地考察和发展。而这样的发展过程并非易事。不能因为"别人没能看出我富有想象力联系之所在"等理由，而躲在舒适圈里，避免与别人对话。在大多数情况下，当你的观点没有通过本章前述的检验，那么它们很可能就是不成熟的观点。如果这些观点不能被细致地阐述——实际上若它们看起来无需阐述——那么此类观点可能仅仅是空洞无物的脆弱类比。所以，要警惕自己因想象力而沾沾自喜。那可能只是肤浅思考的一种掩饰。

此外，这里还涉及一种根深蒂固的个性差异。有些人习惯于通过类比发现事物间的相似之处，而另一些人则倾向于通过区分发掘事物间的差异。许多年前，贝尔实验室（Bell Laboratories）的人事主管注意到这一倾向在员工中非常强烈，于是他们试着安排 S 型（即相似型，similarities）工程师为 S 型上司工作，而 D 型（即差异型，differences）工程师则为 D 型上司工作。这种寻找相似或差异的特质，在一个关于拓扑学家的老数学笑话中得到了幽默的体现：拓扑学家是一些分不清甜甜圈和咖啡杯的数学家（从拓扑角度看，甜甜圈和咖啡杯的拓扑形态是同构的，因为切割它们的平面可以切割出两个不相连的部分，这和像铅笔或者网球这样的物体不一样，后两者在拓扑学意义上彼此同构，但和甜甜圈或咖啡杯不同构）。拓扑学家是从事非常抽象数学研究的学者。某些在我们其他人眼里看上去完全不同的事情，在拓扑学家眼中却呈现出相似性。[1]

正如贝尔实验室的例子所示，我们究竟是看到相似或差异，在很大程度上是关系性的，取决于你周遭人的习惯。在一群 D 型人中做一个 S 型人，意味着会被视为梦想家或幻想家。而在一群 S 型人中做一个 D 型人，则会被认为是单调乏味的归类者或是实干家。因此，了解你自己的一般习惯很有价值。你是喜欢寻找相似么？将抽象概念展开？做出大胆的假设？或是善于发现差异？从归纳开始提炼？把所有的细节都说清楚？正如许多品质一样，如果可能的话，最好可尽能在不同风格之间游走。

我们接下来讨论更容易为公众所察觉的智识个性特征。其中，自信毫无疑问是最重要的一项。一般来说，学术圈通过话痨程度评价一个人自信与否。然而实际上，滔滔不绝的高谈阔论中还包含了许多其他的东西。人们高谈阔论可能是因为他们知识渊博，或者也可能是来自健谈的文化，抑或是试着自我说服自己是有话可说的，而在某些情况下，这仅仅是出于他们的

---

[1] 多年前，我从我父亲那里得知了贝尔实验室里科学家的讨论。从这些讨论中，我想，父亲正确地看到了他很难和我谈论数学和其他技术学科的原因：他喜欢差异，我却喜欢相似。直到多年以后，我才领会到他想说的是我们俩，而不是什么抽象议题。在这个特定例子里，他看到了相似性，而我没有。不仅如此，当我给他看这条注解时，他告诉我，他也认为自己是追求相似性的人。所以他看到了我没看到的另一种相似性。

自大。

恰当把握自己的自信水平或许是至关重要的一件事。判断是否过于自信其实并不难。如果你难以快速列举出最近在你自认为精通的领域里教给过你重要知识的两三个人，那你可能就过于自信了。如果课堂上大多数时间或是朋友圈里都是你一个人在高谈阔论，那么你可能过于自信了。如果你觉得你不需要把论文重写三到四遍，那么你可能过于自信了。如果你不能接受批评，那么你可能过于自信了。总体而言，过度自信的学生往往意识不到自己的过度自信。如果他们确实能意识到自己倾向于主宰他人，很可能会将其归结为其他东西：教育背景优势，之前的学习经历，乐于助人，等等。相反，缺乏自信的学生通常能意识到自己的羞涩，但是他们往往不会觉得这是自己的问题，而是觉得这是因为那些（在他们看来）主宰他人的同学。

奇怪的是，过于自信的人和缺乏自信的人实际上面临一样的问题。双方都无法获得学习和成长所必要的他人反馈。过度自信的人就算花时间听其他人的评论，也不太会关心这些话具体说了什么。因此，他们会错过许多他人的宝贵意见。这会使他们自身的智识进步更加困难。他们只能靠自身的力量去评判和改进自己的观点。他们无法察觉他人注意到的事实，也未能了解到别人尝试了某些思路并发现其无效的经历。这就像马克·格兰诺维特所研究的求职者（第四章中提到），他们试图独自找到一份工作，没有利用那些弱关系——虽然可能，但很费时间。这种人短期内可能总占上风，但长期来看则代价巨大。他们拒绝了别人可以给予的帮助。只有真正拥有卓越天赋的人才可以在这样的阻碍下取得一定的进步，但即便如此，也是付出了巨大努力的代价。

缺乏自信的人们同样会错过他人的教益，但并非因为充耳不闻。相反，他们倾听得过于频繁，却从未冒险试着让自己的观点单枪匹马去外界试水。结果，这导致他们总会止于依据自身之外的事物来做决断——一本书、一个朋友、一位老师——而从未真正学会自己独立思考。在特定的学术条件下，他们可能会表现出色——特别是师从过于自信的老师——但如此他们还是无法学会自主思考，因为他们不愿冒险去试炼自己的观点。

最后，让我用一些篇幅来讨论观点的情绪（emotions of ideas）。追求好观点是一件很情绪化的事情。你需要意识到情绪何时开始支配一切。对于那些喜欢类比的人而言（比如我自己），当我们沉浸在类比的情绪中时，整个世界似乎都可以被比作是市场、网络、嵌套二分法，或是其他我们在彼时彼刻沉迷的想法。这就像坠入爱河。你读到的每样东西都似乎完美符合那个类比，就像爱慕对象的一切都完美契合自己的所喜和所欲。对于其他风格的智识个性的人来说，情绪同样可以极为强烈。归类者会甜蜜地在若干种视角中犹豫不决，考虑四五种选择中哪一种是看待世袭官僚制度的最佳方法，同时推敲各种细节，考虑如何更精确地将其分类，或许是将其细分为最初就有意为之的世袭官僚制度和从优绩行政体系逐渐衰败而来的世袭式官僚制度。每种智识个性都会有那样的激动时刻，艰苦的工作变成了享受，爱迪生所言的 99% 的汗水似乎突然融入了那 1% 的天才之中。

和爱情一样，你可以让自己短暂地迷醉在兴奋之中，或许也可以沉浸好一阵子。让自己纵情其中，沉醉于你的观点里。但请记住，观点最终是为了与他人进行交流，因此你需要退一步来审视它们，就像你需要退一步决定是否与所爱之人同居或共度一生。你所认真考虑的一个观点就像是值得共同生活的伴侣。你对它越来越熟悉。你会每天与它厮守。你会看它最真实的样子，穿着浴衣和拖鞋，没有搽化妆品或须后水。但你应当始终感到，你永远探索不尽它的精妙，它始终保留着最初吸引你的那份新鲜感和挑战性，不断地激励着你。你不应该与一个缺乏此种无穷动力与兴奋感的携手同居。

爱情的比喻还有一层重要的意涵。请记住，你和你的观点需要独处，不能分心。这意味着不放音乐、不看电视、不要与室友谈论。你必须创造一个私密世界以便深入了解自己的观点。对我个人而言，这意味着（我坦白）走来走去，跟一个隐形同伴大声谈论我的观点。（我的隐形同伴并不介意我说两遍、不断重复、或是感到不耐烦，这很有用。）在某种程度上，与想象中的人详细讨论这些观点，让我更能够感知到其他人会如何理解它们。（当然，这也很有趣；一位想象出来的听众总是恰到好处地给你压力，以及知道何时该闭嘴。）

毫无疑问，你会选择不同的方式：或许找个特定的地方坐下来看看特别的景致，或许在坐下来思考之前，先听听某些音乐来放空大脑，或许来一场长途步行。关键在于观点——正如本书开篇所讨论的社会现实那样——需要你去追求才能得到。它们不会直接穿戴整齐出现在你面前，好似已经准备好参加一场派对。它们需要你全神贯注，而不是三心二意。

六、谜题

以上的讨论都将我们引向最后一个话题：关于谜题的问题。本书开篇指出了社会科学的奇怪特点，即我们经常出于对某个领域相对宽泛的兴趣而开始课题研究。随着逐渐深入，我们发现真正的谜题连同其解决方法一齐到来。接下来，我会对这一观点进行澄清。

研究总是始于一个宽泛的兴趣，并且开始时对于具体的谜题并不清楚——这究竟是什么意思呢？让我们来看一个罕见的反例吧：偶尔，一个研究项目始于一个有冲击力、清晰、但让人困惑的事实。我曾经注意到，在专业领域内部和圈外人眼中，专业人士的地位排序是不同的。专业人士自己最尊敬那些几乎不接触客户的同僚：如会诊医生、律所领导、精英学者。相反，公众最尊敬身处一线、勤勉地解决客户问题的专业人士：如基层医师、出庭律师，以及授课教师。这种情况的成因是什么？我那时正研究精神科领域，在某个早晨当我思考一个事实时——地位高的精神科医生与生活问题较少的中产阶级或上流人士的客户打交道，而在精神病院工作的地位低的精神科医生却主要与问题重重的底层阶级的客户打交道，这也是我和大多数人想象中的那种精神科——这个经验性的谜题出现在了我脑海里。这是那种罕见的机会，存在一个显而易见的实证谜题，研究工作可以直接从谜题推进到解答之法。

但是在大多数时候，清晰的谜题并不会从研究数据中浮现。我们更有可能是从着手数据来开始常规科学的研究工作，尝试各种加法启发法技巧：换另外一个变量会造成什么效应？某个发现在另外一个设定中也成立吗？与此同时，学者在踏入社会科学研究的第一步时，通常都会被普遍（但无解的）问题激励：为什么社会上存在社会地位？真实的社会变迁是如何发生的？是什么导致了劳动分工？价格和价值是如何建立起来的？这类问题虽然非常有趣，但几乎没有实质的内容。我们也无法推导出答案，因为它们中的每一个词都包含数不清的相互竞争的含义。地位、社会变迁、劳工分化、价格、价值——没有一个具有固定的、不受语境限制的含义。

所以在大多数时候，我们学者会发现自己对某个类型议题有宽泛的关切，会关注到与研究兴趣相关的大量数据，会有某种将关切与数据相结合的直觉（hunch），这种直觉会导引我们走向更具体的谜题及解决方案。核心问题在于，如何在这种模糊的研究兴趣和数据的不规则对抗之间，识别出一道真正的谜题。

与提出观点类似，品味和知识对于发现研究谜题来说至关重要。知识这一部分显而易见。只有当预期与实际存在不同，你才能说某个议题令你感到困惑。这种预期取决于研究者已有的知识。所以，发现事物惊奇之处的基础，是了解那些不令人惊奇的事物。这也是本科专业需要安排概览课程，而博士研究生（应该）有资格考（general examinations）的原因——你得先了解背景，才能识别出反常的现象。这也解释了为何研究纯社会理论的人难有大的突破。如果你对这个世界一无所知，那么就很难发现世界上的哪一部分需要解释。最后只能研究理论的理论。

不过这里也涉及个人品味的问题。把万物看作谜题意味着你愿意与不确定性共存。如果你在遇到任何非同寻常的事实时，第一本能是将它们归类，或根据自己偏爱的观点进行合理化，那么你就不容易看到背后的谜题。我们的大脑是强大的合理化工具，能够发现谜题部分意味着暂时抑制这台强大的模式制造机器（pattern-making machine），或者更准确地来说，让它稍稍偏移。值得注意的是，过度自信在这里也是一重障碍。那些自信满满的人，特别是那些自大的家伙，往往不乐意让机器稍微停下片刻放空自己。但是短暂的停顿经常让人看到新的谜题；不急于找到答案，正是走向成功的关键。

我们中的一些学者依赖于外界的"谜题制造机"。因此，对于很多社会科学家而言，认识谜题的过程来源于其政治或道德信念。20世纪60年代是一个人们有着强烈的（各式各样）政治和道德信念的时代——在那个时代涉足社会科学的学者，通常对不平等、战争、社会变迁等等议题充满灼热的关切。不管他们的信念有没有特定指向，这些人在进入社会科学领域时已经认定这些现象异常吸引人。他们可能认为不平等是错的，抑或对那些认为不平等是错的人感到愤怒，但是无论如何他们都认为不平等极度重要，并且在很多方面令人感到困惑。

从道德或政治的视角寻找谜题的风险在于，人们总是围绕着同一个谜题打转。就如我的一位女性同事所批评的，这种研究仅仅是"添加女性角色并搅拌"的套路。类似研究很快会变得枯燥，沦为一成不变的常规科学。只有当道德或政治角度出发的谜题探索允许一名学者从其更广泛的关注中不断孕育出新的谜题时，这一取径才显得有意义。比方说，你可以从女性和男性的行为往往存在差异这一谜题出发进行探索，然后将目光延展到女性群体内部，考虑为何其中常常重复出现我们在两性间观察到的同样差异模式。然后，这些"子谜题"可能会与原初的主要谜题产生冲突，从而迫使研究者需要在"坚持原初谜题"与"让子谜题自行发展其逻辑"之间作出抉择。对于那些最杰出、动机源于政治或道德关切的研究者而言，正是两种逻辑间的张力驱动了他们的创造力。

对一些学者——主要是20世纪60年代后出生的这一代人的特征——社会世界之所以令人困惑，很大程度上是因为他们对自己在其中的位置感到迷惑不解。如今，这一态度常见的表现形式是身份认同研究（identity research）。身份认同研究受研究者自身的特定身份认同或属性（比如性别、族裔、种族等）所驱动并专注于此。这种研究常常呈现出一种"世界上还有谁的悲伤能比得上我的悲伤？"的形式，在这里我们可以看到我上文刚刚提及的政治-道德谜题的优势和劣势。优势在于对研究主题的执着和深入的兴趣，劣势则是易于产生偏见和堕入单调乏味的常规科学之中。

人们研究离婚、残障、学校教育或财富的原因，也可能源于与身份认同无关的亲身经历。如果你深入与任何一位教师交流，无论是长谈还是短论，你都会发现很多人受此类动机驱动。

发人深省的是，这些"经历驱动"的教师通常是在对自身不愉快的经历做出反应。托尔斯泰的话说得很对："幸福的家庭家家相似，不幸的家庭个个不同。"根据社会科学的实践来判断，积极的经历似乎并不那么吸引人的注意。尽管"幸福感"学派研究终究扎根在了心理学和经济学的前沿，但还是很少有人研究积极经历。

个人动机研究的诸多劣势其实并不是学生们会面临的问题，而更多是中年学者们的挑战。如果我们已经解决了这些基本谜题，那么我们便失去了研究问题的新来源。这或许这解释了为什么数量令人讶异的社会科学家在年轻时对研究充满激情，但进入中年以后，随着他们的个人问题在充斥着婚姻、子女、学生、业余爱好、专业以及体制内声望等等事项的人生中变得不那么突出，他们在智识上似乎进入了"休眠"状态。

其次，谜题的来源既有个人层面的，也有社会层面的。这些多样化的来源都可能带来风险，因为它们可能使我们对某些特定的结果产生某种特定的期待，可能使我们的思考变得机械化，习惯性地走入日复一日的例行公事。同时，只有当个体关切和社会关切能够持续下去时，这些来源的有效性才得以保留。然而，它们也能赋予我们能量和激情，驱动我们去理解这个充满谜团的世界。这份动力和热情，恰恰是很多杰出的社会科学家们的驱动力量。

最后，有些学者觉得社会世界本质上是非常有趣且令人疑惑的，正如我们中有的人小时候想要了解一切关于蛇或蝌蚪的事情一样。这真是一群幸运的人。坦率地说，也是罕见的人。

每有一位因真正毫无功利心的好奇心而对社会科学充满热情的人，就有几十位学者的研究热情来自个人层面或社会层面的关切。那些对社会世界充满深深困惑、却没有先入为主的个人或社会议程的人，通常最难以接近。他们那充满热情、毫无利害攸关的好奇心，对于我们大多数因个人或社会关怀而介入社会科学研究的学者来说，似乎有些陌生。但他们往往是最具有创造力的一批人。

因此，对谜题的深层追问是所有优秀社会科学家的共同特质，无论是初窥门径的本科生、硕博研究生还是资深教授。不管这些谜题因何而来，最终都会转变为一种推动他们深入探索社会生活本质的内在动力。因此，当你遇到有这种探索精神的老师时，一定要从他们那里汲取知识。尽管他们可能有各种各样的缺点，甚至是很大的错误，但是他们确有很多东西可以传授，并且他们也乐意不断学习新知。正是这些人能够帮助你挖掘和发展自己在社会学领域的想象力天赋。

不过请记住，并非所有活跃且才华横溢的社会科学家都具备这种创新性的探究心态。许多从事社会科学研究的人并不是真正热爱这一行，而只是纯粹为了生计，他们按部就班地做研究，并取得了巨大成功。但相比于探索未知，他们更珍视这些世俗意义上的成功。你可以从他们的行为中辨认出他们：有些人虽聪明，但是傲慢、无趣，另一些人虽然很有名气，但是传统、迂腐。当你在答疑时间遇到这类人，或者遇到那些表面温和、忙忙碌碌、似乎对所有问题都有答案、却又毫无思想的职业人士时，请礼貌地起身离开。因为这些人对你的成长毫无助益。

综上所述，他们缺乏的是想象力。在本书开始的时候我说过，社会科学是一场严谨与想象力之间的对话。既然严谨可以被实践、可以被掌握，那么想象力也可以被发展、可以被珍视。我希望这本书能提供一些培养想象力的有用方法。但这些只不过是引子而已。现在，寻觅并体验创造你自己的启发法乃至重新构想社会世界所带来的那份激动，这就是你的任务了。

术语表

・additive heuristic **加法启发法**。采取更多相同策略的启发式做法包括：搜集更多数据、开辟新的分析维度、应用新的方法技论巧。

・argument heuristic **论证式启发法**。把一个熟悉的观点转化为全新观点的启发式策略。主要的论证启发性技巧有：质疑不言自明之理、逆向思考、提出或拒绝激进假设，以及重新界定概念。

・behaviorism **行为主义**。这一立场认为，人们无法测量（或研究）行为者对行动所赋予的含义。只有行为——那些可以由可靠且可重复的方式测量的外在行动——是可以研究的。与文化主义持对立观点。

・case study **案例分析**。对一个具体的社会行动者、事物或情境进行的深入研究。

・causality **因果关系（因果性）**。指的是事物发生的原因。亚里士多德曾提出，因果关系分为四种不同类型：物质的、形式的、直接的和最终的；而休谟则认为因果关系是无法被知晓的——我们只能识别出事物发生的规律模式，却无法理解其背后的原因。它是传统因果分析研究的核心概念。

　　·cluster analysis **聚类分析**。一种定量分析方法，通过分析对象之间的相似度或距离信息，将对象归为不同的组。参见数据简化/降维技术。

　　·conflict/consensus **冲突与共识**。一场围绕社会生活中失序问题展开的争论。争论的核心在于失序是由于混乱与压迫性的机构（冲突理论的观点）造成的？还是因为本质上无序的个人缺乏足够的规范与控制（共识理论的观点）？

　　·constructionism **建构主义/建构论**。这一观点认为，在社会现实中所遭遇的事物及其属性，是在不断的互动中持续被重新创造和生产的。这一立场与实在论对立。

　　·contextualism **语境主义**。一种信念，认为当社会事实从其所处的社会时间和空间中的其他社会事实中被抽象出时，它们将失去意义。

　　·correlational analysis **相关性分析**。这是一种定量分析方法，它依据变量之间的共同变化关系进行研究。

　　·culturalism **文化主义/文化论**。一种立场，认为文化的象征系统不仅可以而且必须接受研究。这一立场与行为主义对立。

　　·culture **文化**。指一系列象征性系统，社会参与者通过其来理解、体验和引领自身的生活。

　　·data-reduction techniques **数据简化技术**。这包括一系列技术，其目的是通过分组（如聚类分析）或简化为更基本的维度，来将复杂的数据转换为简单形式。其中，简化维度的方法可以是基于不同案例间的距离（多维标度）或对变量直接进行简化

（因子分析）。

· descriptive heuristic **描述式启发法**。这是一种深刻改变我们对社会现实某个方面描述方式的策略。其中，改变语境、调整分析层级以及合并或分解问题，是其中的关键手法。

· emergent **涌现现象**（有的译文也做"突生现象"）。一种真实存在的社会现象，其影响范围超出了个体层面。方法论个人主义对于涌现现象的存在持否定态度。

· ethnography **民族志**。一种通过亲身参与，以不同程度深入被研究场景中，从而分析和理解社会生活的研究方法。

· explanation **解释**。对某一现象进行的令人满意的说明。具体到不同类型，详见语用性解释、语义解释以及句法解释。

· explanatory program **解释程序**。这是一个广泛的方法族类，它们专注于特定的一般策略或某种类型的解释。例如，句法解释性方案特指那些旨在在句法解释领域达到卓越成就的方法。

· factor analysis **因子分析**。一种旨在简化数据处理的技术。它通过在较低维度上构建定量数据的模型（经典因子模型），或通过迭代寻找能够涵盖所有定量信息的最简维度（主成分分析）来实现。另见数据简化技术。

· formalization **形式化**。一种对社会生活进行分析的方法，它强调高度的形式化处理，一般不依赖于典型化事实之外的其他数据。

· fractal debates **分形争论**。这是指在社会科学领域内，关于方法论或概念问题的根本性分歧。这些分歧具有一种分形特性，即它们会在不同层次上以相同的形式反复出现，且每次出现都更加细致。

- fractal heuristic **分形启发法**。这种启发式方法通过借鉴社会科学中的经典争论之一，为分析开拓了新的视角和空间。
- game theory **博弈论**。一种特殊的形式化方法，它把社会现实比作是在遵循特定规则和获利模式下的玩家间的一场游戏。存在着上百种不同的博弈类型，例如囚徒困境、以牙还牙等等。
- general linear model (GLM) **一般线性模型（GLM）**。这是一种广泛应用的数学模型，它将因变量表示为自变量的线性组合加上误差项。在一定假设条件下，此模型的参数是可以被估计出来的。大部分的量化社会科学研究都采用了 GLM 的某个版本，无论是直接应用还是在将变量从非线性形态转换为线性形态之后应用。
- grand narrative **宏大叙事**。这种叙事方式涉及对大规模社会行为体在较长时间内的描述，它通常会省略对子群体、次级问题等细节的讨论。
- heuristic **启发法**。一门聚焦于帮助揭示和创造科学领域内新的事实与观点的学科。
- historical narration **历史叙事**。是一种分析社会生活的方法，它通过阅读大量原始资料并基于此讲述故事。
- interaction effect **交互效应**。在数据的线性模型中，这种现象涉及到变量之间的组合作用，比如变量 X 对变量 Z 的影响可能会根据变量 Y 的水平而变化，反之亦然。交互作用有多种形式，包括乘数效应、抑制效应、曲线效应等。这些交互作用给几乎所有类型的参数估计和解释带来了严峻挑战。与之相对的是主效应，指独立变量在被单独考虑时的影响。

· interpretivism **诠释主义**。这一观点认为，如果不考虑社会事实对特定行为体、特定时间和特定地点的含义，就无法准确测量这些社会事实。这一立场与实证主义形成对立。

· literary structuralism **文学结构主义**。是一个始于 20 世纪六十和七十年代的流派，它倡导通过形式化的方法来分析文学作品。

· metacritique **元批判**。是一种特殊的批评方式，通过使用一种批评方法对另一种方法的实践进行评析，从而实现对该方法的批评。

· method **方法**。指一套既定的程序和假定，用来进行某种形式的严格社会分析。

· methodological individualism **方法论个体主义**。这种观点认为，所有的社会现象实质上只是表面现象，它们没有超出产生这些现象的个体本身的"实际存在"。另见涌现现象；还原。

· methodology **方法论**。这是一个专门研究各种方法的学科领域。这个词常被与"方法"等同使用，例如在提问"你采用的是什么方法论？"时，实际上是在问"你使用了什么方法？"

· microeconomics **微观经济学**。这是经济学的一个分支，专注于研究在简单市场环境下，大量相同行为主体在简化约束条件下的行为模式。它的理论基础基于供给、需求、价格和预算限制之间的关系。

· model **模型**。在定量社会科学领域，指用数学形式描述变量之间关系的方式。这些关系通常涉及标量系数（亦称参数），这些系数需要通过某种数学方法根据数据计算得出。

· multidimensional scaling 多维标度。是一种定量技术，它可以把一组社会对象间的相似性或距离信息转换为一张（通常为二维或三维的）对象地图，旨在地图中尽可能保留原有的距离信息。另见数据简化技术。

· multiple regression 多元回归：这是标准线性模型的另一个名称，用于分析独立变量和因变量之间的关系。要注意，不要将其与普通最小二乘法（OLS）、广义最小二乘法（GLS）或最大似然估计（MLE）等概念混淆，这些术语代表的是不同的假设集和与之相对应算法，这些用于估算各种模型的参数。

· narrative heuristic 叙事式启发法。是一种启发式的思考方式，通过改变我们利用故事和事件来解释社会进程的方法来起作用。重要的叙事启发策略包括让某事物停下来或动起来、重新定义我们对偶然事件的看法、探讨隐性功能以及考虑反事实情况。

· network analysis 网络分析。是一种重视研究行为者、群体或机构之间的连接模式及其结果的形式化方法。虽然起初网络分析是高度形式化的方法，但现在正越来越多地与因果分析方法结合起来。

· normal science 常规科学。库恩所描述的一种科学活动，特点是累积性和日常性，它接受特定范式所规定的基本方法、假设和概念。另见范式。

· paradigm 范式。库恩所指的一套方法、假设和概念组合，它们共同构成了一种特定的常规科学的基础。范式的变迁是科学革命的标志。另见常规科学。

· path analysis **路径分析**。在定量分析中的一种特定方法。它将多元回归技术与特定的假设相结合，使用网络图来展示所谓的"路径系数"，以此来按顺序描述一组变量间的因果影响。

· positivism **实证主义**。这是一种观点，认为社会事实可以通过可靠的方式进行测量，并且在进行测量时无需考虑这些事实对于特定个体的意义。与诠释主义对立。

· pragmatic explanation **语用解释**。这种解释的目的是为了促进实际行动，因此主要关注于解释必要原因。

· rational choice **理性选择**。这个术语通常用来指那些使用经济学中关于选择的理论来模拟非经济领域人类行为的方法。

· realism **实在论**。是一种观点，认为社会现实中人们遇到的事物及其属性在很大程度上是固定和稳定的，而非在人与人的互动中不断地被重新创造。与建构论对立。

· reduction **还原**。是一种解释方式，它通过把更高层次的现象转换为更低层次的现象来进行。另见方法论个人主义，它通常被看作还原的一种形式。

· search heuristic **搜索式启发法**。是一种启发式方法，它通过从研究的常规领域之外寻找新的观点。两个最基本的搜索启发式是进行类比和借鉴方法。

· semantic explanation **语义解释**。这种解释方法通过将难以理解的现象转换为我们能够用常识轻松理解的熟悉现象来进行解释。

- simulation 模拟。是一种形式化的方式，通过反复应用一些旨在捕捉一组行为体行为的简单规则或模式。另见形式化。
- small-N analysis 小样本分析。是一种分析方法的通用名称，它涉及对比标准因果分析允许的更详细地分析相对较少数量的案例。小样本分析通常包括从两三个到几十个案例，并且经常采用多种方法。另见标准因果分析。
- social structure 社会结构。指的是无论规模大小或者涵盖范围，均表现为规律性和常规性的行为模式。
- standard causal analysis (SCA) 标准因果分析（SCA）。是一个涵盖基于将自变量作为社会现象的致因进行研究的量化方法的总称。SCA 既包括一般线性模型分析也包括生存分析。另见因果关系；一般线性模型；因变量；自变量。
- structural equation 结构方程。是一种允许存在双向因果关系的量化模型，因此它淡化了因变量和自变量之间的区别。通过结构方程来做估计非常困难，并且需要依赖非常强大的假设。
- stylized fact 典型化事实。这指的是对数据进行一种简化和高度概括的处理，目的是要抓住变量或参数中的普遍模式，而无须直接测量它们。
- survey method 调查方法。是一种收集数据的方法，其方式是向一组精选的受访者发放问卷或者采用其他的统一调查工具。
- survival method 生存方法。是一种以某个事件发生前的时间为因变量的量化研究方法。它也被称作久期法。
- syntactic explanation 句法解释。这种解释方式强调了解释本身形式的完美性（或者说是优雅、美感、普适性或其他某些特质）。

·time-series method **时间序列方法**。是一种依赖于对一个或多个变量连续数值建模的研究方法。在经济学中，时间序列方法最常见的是对数十个时间周期进行分析，但仅涉及一个变量。而在社会学中，这种方法更常用于少数时间间隔，但同时分析多个变量，这些不同时间间隔的数据通常会被汇集在一起分析。

·variable, dependent **因变量**。在标准因果分析中，指的是那个被所有其他变量预测的变量。另见标准因果分析。

·variables, independent **自变量**。在标准因果分析中，指的是用来预测另一个因变量值的一组变量。另见标准因果分析。

参考书目

Abbott, A. 1988. *The System of Professions*. Chicago: University of Chicago Press.

——. 1995. "Things of Boundaries." *Social Research* 62:857-82.

——. 2001a. *Chaos of Disciplines*. Chicago: University of Chicago Press.

——. 2001b. *Time Matters*. Chicago: University of Chicago Press.

Abbott, A., and A. Hrycak. 1990. "Measuring Resemblance in Social Sequences." *American Journal of Sociology* 96:144-85.

——, and A. Tsay. 2000. "Sequence Analysis and Optimal Matching Methods in Sociology." *Sociological Methods and Research* 29:3-33.

Abell, P. 1987. *The Syntax of Social Life*. Oxford and New York: Clarendon Press.

——. 1990. "Games in Networks." *Rationality and Society* 1:259-82.

Ainslie, G. 1992. *Picoecnomics*. Cambridge: Cambridge University Press.

Allenbrook, W. J. 1983. *Rhythmic Gesture in Mozart*. Chicago: University of Chicago Press.

Barth, F. 1966. *Models of Social Organization*. Occasional Paper, no.23. London: Royal Anthropological Institute.

Beck, E. M., P. M. Horan, and C. M Tolbert II. 1978. "Stratification in a Dual Economy." *American Sociological Review* 43:704-20.

Becker, G. 1957. *The Economics of Discrimination*. Chicago: University of Chicago Press. Becker, Becker, H. S. 1962. "Becoming a Marihuana User." In *Outsiders*, 41-58. New York: Free Press.

Berk, R. A., and S. F. Berk. 1978. "A Simultaneous Equation Model for the Division of Household Labor." *Sociological Methods and Research* 6:431-68.

Blau, P., and O. D. Duncan. 1967. *The American Occupational Structure*. New York:

Free Press.

Bott, E. 1955. "Urban Families." *Human Relations* 8:345-84.

Bourdieu, P. 1984. *Distinction*. Cambridge, Mass.: Harvard University Press.

Braudel, F. [1949] 1972-73. *The Mediterranean and the Mediterranean World in the Age of Philip II*. Trans. Siân Reynolds. 2 vols. New York: Harper and Row.

Burawoy, M. 1979. *Manufacturing Consent*. Chicago: University of Chicago Press

Burke, K. 1969. *A Grammar of Motives*. Berkeley: University of California Press.

Burt, R. S. 1983. "Cohesion versus Structural Equivalence as a Basis for Network Subgroups." In *Applied Network Analysis*, ed. R. S. Burt and M. J. Minor, 262-82. Beverly Hills, Calif.: Sage Publications.

Carlin, J. 1962. *Lawyers on Their Own*. New Brunswick, N.J.: Rutgers University Press.

Chambliss, D. F. 1989. "The Mundanity of Excellence." *Sociological Theory* 7:70-86.

——.1992. "Reply to DeNora's Comment." *Sociological Theory* 10:103-05.

Chandrasekhar, S. 1979. "Beauty and the Quest for Beauty in Science." *Physics Today* 32:25-30.

Clarke, M. L. [1953} 1996. *Rhetoric at Rome*. Revised by D. H. Berry. London: Routledge.

Coase, R. 1937. "The Nature of the Firm." *Economica* 4:386-405.

Cohen, L. C., and M. Felson. 1979. "Social Change and Crime Trends." *American Sociological Review* 44:588-608.

Cole, D. 1985. *Captured Heritage*. Vancouver: University of British Columbia Press.

Cole, D., and I. Chaikin. 1990. *An Iron Hand upon the People*. Vancouver: Douglas and McIntyre.

Collingwood, R. G. 1946. *The Idea of History*. Oxford: Oxford University Press.

Conk, M.A. 1980. *The United States Census and Labor Force Change*. Ann Arbor, Mich.: UMI Research Press.

DeNora, T. 1992. "Comment on Chambliss's 'The Mundanity of Excellence.'" *Sociological Theory* 10:99-102.

Desrosières, A., and L. Thévenot. 1988. *Les catégories socioprofessionnelles*. Paris: Editions La Découverte.

Dewey, J. [1916] 1966. *Democracy and Education*. New York: Free Press.

DiMaggio, P. J., and W. W. Powell. 1983. "The Iron Cage Revisited." *American Sociological Review* 48:147-60.

Douglas, M. 1966. *Purity and Danger*. London: Routledge and Kegan Paul.

Duesenberry, J. 1960. "Comment" in *Demography and Economic Change in Developed Countries*, 231-40. Princeton, N.J.: Princeton University Press.

Duneier, M. 1999. *Sidewalk*. New York: Farrar, Strauss and Giroux.

Durkheim, E. 1897. *Suicide*. Paris: Alcan.

Edwards, R. 1979. *Contested Terrain*. New York: Basic Books.

Elias, N. [1939] 1994. *The Civilizing Process*. Trans. E. Jephcott. Oxford and Cambridge, Mass.: Blackwell.

Epstein, C. F. 1983. *Women in Law*. Garden City, N.Y.: Doubleday.

Evans-Pritchard, E. E. [1937] 1976. *Witchcraft, Oracles, and Magic among the Azande*. Abridged Ed. Oxford: Clarendon Press.

Farkas, G. 1976. "Education, Wage Rates, and the Division of Labor between Husband and Wife." *Journal of Marriage and the Family* 38:473-83.

Fischer, C. 1982. *To Dwell among Friends*. Chicago: University of Chicago Press.

Fleck, L. [1935] 1979. *The Genesis and Development of a Scientific Fact*. Chicago: University of Chicago Press.

Fogel, R. W. 1964. *Railroads and American Economic Growth*. Baltimore: Johns Hopkins University Press.

Fogel, R. W., and S. Engerman. 1974. *Time on the Cross*. 2 vols. Boston: Little, Brown.

Forrester, J. W. 1961. *Industrial Dynamics*. Cambridge, Mass.: MIT Press.

———.1969. *Urban Dynamics*. Cambridge, Mass.: MIT Press.

———.1971. *World Dynamics*. Cambridge, Mass.: Wright Allen Press.

Gallie, W. B. 1968. *Philosophy and the Historical Understanding*. New York: Schocken Books.

Geertz, C. 1973. "Thick Description." In *The Interpretation of Cultures*, 3-30. New York:Basic Books.

Goffman E. 1959. *The Presentation of Self in Everyday Life*. Garden City, N.Y.: Doubleday.

Granovetter, M. 1973. "The Strength of Weak Ties." *American Journal of Sociology* 78:1360-80.

———.1974. *Getting a Job*. Cambridge, Mass.: Harvard University Press.

Gusfield, J. 1981. *The Culture of Public Problems*. Chicago: University of Chicago Press.

Haggett, P., A. Cliff, and A. Frey. 1977. *Locational Analysis in Human Geography*. New York: John Wiley.

Hannan, M. T., and J. Freeman. 1977. "The Population Ecology of Organizations." *American Journal of Sociology* 82:929-64.

Hempel, C. G. 1942. "The Function of General Laws in History." *Journal of Philosophy* 39:35-48.

Hirschi, T., and M. Gottfredson. 1983. "Age and the Explanation of Crime." American Journal of Sociology 89:552-84.

Hochschild, A. 1983. *The Managed Heart*. Berkeley: University of California Press.

Hodge, R. W., P. M. Siegel, and P. H. Rossi. 1966. "Occupational Prestige in the United States, 1925-1963." In *Class, Status and Power*, 2d ed., edited by R. Bendix and S. M. Lipset, 322-34. New York: Free Press.

Holmes, T. H., and R. H. Rahe. 1967. "The Social Readjustment Rating Scale." *Journal of Psychosomatic Research* 11:213-18.

Kahneman, D., and A. Tversky. 1979. "Prospect Theory." *Econometrica* 47:263-92.

Kessler, R. C., R. H. Price, and C. B. Wortman. 1985. "Social Factors in Psychopathology." *Annual Review of Psychology* 36:531-72.

Key, V. O. 1955. "A Theory of Critical Elections." *Journal of Politics* 17:3-18.

Kuhn, T. [1962] 1970. *The Structure of Scientific Revolution*. Chicago: University of Chicago Press.

Kuklinski, J. H., E. Riggle, V. Ottati, N. Schwartz, and R. S. Wyer. 1991. "The Cognitive and Affective Bases of Political Tolerance Judgments." *American Journal of Political Science* 35:1-27.

Lakatos, I. 1970. "Falsification and the Methodology of Scientific Research Programmes.'" In *Criticism and the Growth of Knowledge*, edited by I. Lakatos and A. Musgrave, 91-196. Cambridge: Cambridge University Press.

Latour, B., and S. Woolgar. 1979. *Laboratory Life*. Beverly Hills, Calif.: Sage Publications.

Laumann, E. O., and D. Knoke. 1987. *The Organizational State*. Madison: University of Wisconsin Press.

Leach, Edmund. [1954] 1964. *Political Systems of Highland Burma*. Boston: Beacon Press.

Le Roy Ladurie, E. 1978. *Montaillou*. Trans. B. Bray. New York: George Braziller.

Lesthaeghe, R. 1983. "A Century of Demographic and Cultural Change in Western Europe." *Population and Development Review* 9:411-35.

Lévi-Strauss, C. 1967. "The Structural Study of Myth." In *Structural Anthropology*, 202-38. Garden City, N.Y: Doubleday.

Lieberson, S. 1985. *Making It Count*. Berkeley: University of California Press.

Lorrain, F., and H. C. White. 1971. "Structural Equivalence of Individuals in Social Networks." *Journal of Mathematical Sociology* 1:49-80.

Malinowski, B. [1922] 1961. *Argonauts of the Western Pacific*. New York: E. P. Dutton.

———.[1967] 1989. *A Diary in the Strict Sense of the Term*. Stanford, Calif.: Stanford University Press.

Mandeville, B. [1714, 1729] 1957. *The Fable of the Bees*. Oxford: Clarendon Press.

Mayhew, P., R. Clarke, and D. Eliot. 1989. "Motorcycle Theft, Helmet Registration, and Displacement." *Howard Journal of Criminal Justice* 28:1-8.

Meyer, J. W., and B. Rowan. 1977. "Institutionalized Organizations." *American Journal of Sociology* 83:340-63.

Mills, J. 1946. *The Engineer in Society*. New York: Van Nostrand.

Mintz, S. 1985. *Sweetness and Power*. New York: Viking Press.

Mirowski, P. 1989. *More Heat than Light*. Cambridge: Cambridge University Press.

Mohr, J., and V. Duquenne. 1997. "The Duality of Culture and Practice." *Theory and Society* 26:305-56.

Moore, B. 1966. *The Social Origin of Dictatorship and Democracy*. Boston: Beacon Press.

Morris, C. 1938. *Foundation of the Theory of Signs*. Vol. l, no. 2, of *International Encyclopedia of the Unity of Science*, ed. O. Neurath. Chicago: University of Chicago Press.

Muth, J. F. 1961. "Rational Expectations and the Theory of Price Movements." *Econometrica* 29:315-35.

Nader, R. 1965. *Unsafe at Any Speed*. New York: Grossman.

Namier, L. B. 1929. *The Structure of Politics at the Accession of George III*. London: Macmillan.

Olson, M., Jr. 1965. *The Logic of Collective Action*. Cambridge, Mass.: Harvard University Press.

Paige, J. M. 1975. *Agrarian Revolution*. New York: Free Press.

Park, R. E., E. W. Burgess, and R. D. McKenzie. 1925. *The City*. Chicago: University of Chicago Press.

Parsons, T. 1967a. "On the Concept of Political Power." In *Sociological Theory and Modern Society*, 297-354. New York: Free Press.

———.1967b. "Some Reflections on the Place of Force in Social Process." In *Sociological Theory and Modern Society*, 264-96. New York: Free Press.

Perrow, C. 1984. *Normal Accidents*. New York: Basic Books.

Piore, M. J., and C. F. Sabel. 1984. *The Second Industrial Divide*. New York: Basic Books.

Pólya, G. 1957. *How to Solve It*. Garden City, N.Y.: Doubleday.

Rashevsky, N. 1968. *Looking at History through Mathematics*. Cambridge, Mass.: MIT Press.

Rothman, D. 1971. *The Discovery of the Asylum*. Boston: Little, Brown.

Sahlins, M. 1985. *Islands of History*. Chicago: University of Chicago Press.

Salaff, J. W. 1981. *Working Daughters of Hong Kong*. Cambridge: Cambridge University Press.

Sassen, S. 1991. *The Global City*. Princeton, N.J.: Princeton University Press.

Schelling, T. 1978. *Micromotives and Macrobehavior*. New York: Norton.

Simmel, G. 1950. "The Triad." In *The Sociology of George Simmel*, trans. and ed. K. H. Wolff, 145-69. Glencoe, Ill.: Free Press.

Simon, H. A. 1957. *Models of Man*. New York: John Wiley.

———.1982. *Models of Bounded Rationality*. 2 vols. Cambridge, Mass.: MIT Press.

Spilerman, S. 1977. "Careers, Labor Market Structure, and Socioeconomic Achievement." *American Journal of Sociology* 83:551-93.

Stinchcombe, A. L. 1968. *Constructing Social Theories*. New York: Harcourt, Brace and World.

Suchman, M. C., and M. L. Cahill. 1996. "The Hired Gun as Facilitator." *Law and Social Inquiry* 21:679-712.

Suttles, G. 1968. *The Social Order of the Slum*. Chicago: University of Chicago Press.

———.1984. "The Cumulative Texture of Local Urban Culture." *American Journal of Sociology* 90:283-304.

Szreter, S. 1984. "The Origins of the Registrar General's Social Classification of Occupations." *British Journal of Sociology* 35:522-46.

Taylor, A. J. P. 1961. *The Origins of the Second World War*. London: Hamilton.

Therborn, G. 1977. "The Rule of Capital and the Rise of Democracy." *New Left Review* 103:3-42.

Thernstrom, S. 1964. *Poverty and Progress*. Cambridge, Mass.: Harvard University Press.

Thomas, W. I., and D. S. Thomas. 1928. *The Child in America*. New York: Alfred A. Knopf.

Thomas, W. I., and F. Znaniecki. 1918-20. *The Polish Peasant in Europe and America*. 5 vols. Chicago: University of Chicago Press, and Boston: Badger.

Tocqueville, A. de. [1856] 1955. *The Old Régime and the French Revolution*. Trans. S. Gilbert. Garden City, N.Y.: Doubleday.

Vickery, A. 1998. *The Gentleman's Daughter*. New Haven, Conn.: Yale University Press.

Warner, W. L., M. Meeker, and K. Eells. 1949. *Social Clan in America*. Chicago: Science Research Associates.

Warner, W. L., J. O. Low, P. S. Lunt, and L. Srole. 1963. *Yankee City*. Abridged ed. New Haven, Conn.: Yale University Press.

West, C., and D. H. Zimmerman. 1987. "Doing Gender." *Gender and Society* 1:125-51.

White, H. C. 1970. *Chains of Opportunity*. Cambridge, Mass.: Harvard University Press.

Whyte, W. F. 1943. *Street Corner Society*. Chicago: University of Chicago Press.

Wolf, Eric. 1982. *Europe and the People without History*. Berkeley: University of California Press.

索引

索引页码对应本书边码

A

- Abell, Peter 彼得·埃布尔, 133, 187
- abstraction 抽象, 27, 28, 34, 35, 36, 37, 61, 69, 93-94
- action 行动, 104-6
- actors 行动者, 104-6, 163, 199
- addiction 成瘾, 199-200
- additive heuristic 加法启发法, 6, 88-92, 112, 114, 162, 207, 230, 243
- agent 诱因, 104-5
- Ainslie, George 乔治·安斯利, 199-200
- Allenbrook, W. J., 88
- alternatives to ideas 观点的替代方案, 216-17
- analogy 类比, 113, 114-18, 119, 130, 131, 135, 237, 238
- analysis 分析,
  - counterfactuals 反事实～, 149, 158-61
  - and cycles of critique ～与批判的循环, 63, 65
  - of data ～材料, 4, 13, 14
  - debate about 关于～的争论, 43-44, 51, 53, 57, 58, 59, 171-79
  - and descriptive heuristics ～与描述式启发法, 138-39
  - and ethnography ～与民族志, 53
  - and formalization ～与形式化, 59
  - and fractal heuristics ～与分形启发法, 171-79
  - and heuristics of normal science ～与常规科学启发法, 90-91
  - of latent functions ～隐性功能, 148-49, 156-58

- of levels ～层级，138-39
- and narrative ～与叙事，43-44，51，171-79
- and small-N comparison ～与小样本比较，58
- and standard causal analysis ～与标准因果分析，57
- Anderson，Margo 马戈·安德森，188
- anthropological linguistics 人类语言学，23，68，172-73
- anthropology 人类学，
  - and basic debates ～与基本争论，45
  - and cycles of critique ～与批判的循环，63，68，69
  - and ethnography ～与民族志，26，68，69
  - and explanatory programs ～与解释程序，11，35
  - methods of ～方法，13，26
  - and narrative heuristics ～与叙事式启发法，150-52
  - organization of ～的组织方式，5
  - and search heuristics ～与搜索式启发法，119
  - and small-N comparisons ～与小样本比较，22-23
- anxiety and stress，literature about 关于焦虑和压力的文献，165
- Archimedes 阿基米德，80，81
- argument heuristics 论证式启发法，113，120-36
  - and assumptions ～与假设，122，131-34，135-36
  - characteristics of ～的特征，113
  - and data ～与数据，130-31，134-35
  - and ethnography ～与民族志，125-26，127
  - functions of ～的功能，135-36
  - and general heuristics ～与一般启发法，113，120-36
  - overview of ～概述，120-23，135-36
- Aristotle 亚里士多德，92，93，94，95-97，101，103-4，106，107，137
- assumptions 假设，
  - and argument heuristics ～与论证式启发法，122，131-34，135-36
  - background 背景～，132
  - and descriptive heuristics ～与描述式启发法，138
  - and explanatory programs ～与解释程序，27，32，35
  - functions of ～的功能，131-32

- – and ideas ～与观点，227-28
- – making 做出～，122，131-34，135-36，227-28
- – radical 极端的～，133，136
- – simplifying 简化～，131-34
- – tractability 可操作～，132
- atomism 原子论，46

B
- background 背景，见 context；levels
- Barth, Fredrik 弗雷德里克·巴斯，111
- basic debates 基本争论，见 debates
- Beck, E. M. E. M. 贝克，193
- Becker, Gary 加里·贝克尔，114-15，220
- Becker, Howard 霍华德·贝克尔，127，129，136，179
- behavior 行为，
  - – and culture ～与文化，44-45，48，51，179-83，204
  - – debate about 关于～的争论，44-45，48，51，53，56，57，58，59，179-83
  - – and ethnography ～与民族志，53
  - – and formalization ～与形式化，59
  - – and fractal heuristics ～与分形启发法，179-83，204，206
  - – and narrative ～与叙事，56
  - – and small-N comparisons ～与小样本比较，58
  - – and social ontology ～与社会（生活）本体论，179-83
  - – and standard causal analysis ～与标准因果分析，57
- Bella Coola 贝拉库拉，62，63
- Berk, Richard 理查德·伯克，168-69，172
- Berk, Sarah Fenstermaker 萨拉·芬斯特梅克·伯克，168-69，172
- big-edifice model of science 科学的宏伟大厦模型，88-89
- Blau, Peter 彼得·布劳，20-21，132-33，174，201
- borrowing 借鉴，25，113，116，118-20，131，135，178，194
- Bott, Elizabeth 伊丽莎白·博特，194-95
- boundaries, things of 边界之物，126-27

- "bounded rationality" 有限理性，133，176，200
- Bourdieu, Pierre 皮埃尔·布尔迪厄，36，186，219
- Braudel, Fernand 费尔南·布罗代尔，143-44，145，153-54
- Burawoy, Michael 麦·布洛维，172
- Burgess, E. W. E. W. 伯吉斯，114，115
- Burke, Kenneth, five keys of dramatism of 伯克的戏剧五要素，94，104-6，134
- Burt, Ronald 罗纳德·伯特，186

C

- Cahill, Mia 米亚·卡希尔，203
- Carlin, Jerome 杰罗姆·卡林，146
- categories 范畴，
    - Aristotle's list of 亚里士多德的～清单，103-4
    - and fractal heuristics ～与分形启发法，185-86
    - Kant's list of 康德的～清单，94，97-104，107
- cause / causality 因果关系（因果性），
    - and Aristotle's four causes ～与亚里士多德的四因说，94，95-97，101，103，106，137
    - and contextualism ～与语境主义，196
    - and cycles of critique ～与批判的循环，63，73，74
    - and debates ～与争论，43
    - and descriptive heuristics ～与描述式启发法，139
    - effective 动力因，95-97
    - and explanation ～与解释，9-10，28-29
    - and explanatory programs ～与解释程序，28-29，32，37，38，39
    - final 目的因，95-97
    - formal 形式因，95-97
    - and formalization ～与形式化，74
    - and fractal heuristics 与分形启发法，166，195
    - and heuristics of topics and common-places ～与话题与备忘清单启发法，94，95-97，101，103，106，137
    - levels of ～的层级，139

- logical concept of ～的逻辑概念, 97
- master 主因, 95-97
- material 质料因, 95-97
- necessary 必要的致因, 97
- structural 结构因, 95-97
- sufficient 充分的致因, 97
- 另见 relation; standard causal analysis
- Chaikin, I., 63
- Chambliss, Daniel P. 丹尼尔·钱布利斯, 189-91
- choice 选择,
  - and constraint ～与约束, 48-49, 50, 51, 198-201
  - debate about 关于～的争论, 48-49, 50, 51, 55, 56, 57, 59, 60, 198-201
  - and ethnography ～与民族志, 55
  - and formalization ～与形式化, 60
  - and fractal heuristics ～与分形启发法, 198-201
  - and narrative ～与叙事, 56
  - and rational-choice arguments ～与理性选择论, 156
  - and small-N comparison ～与小样本比较, 59
  - and standard causal analysis ～与标准因果分析, 57
- Cicero 西塞罗, 92, 93
- Clarke, R., 134-35
- classification of methods 方法分类, 28
- classificatory ideas 分类的观点, 219-20
- Cliff, A., 24
- cluster analysis 聚类分析, 36
- Coase, Ronald 罗纳德·科斯, 110-11, 204-6
- Cohen, Lawrence 劳伦斯·科恩, 105-6
- Cole, D., 63
- Coleman, James 詹姆斯·科尔曼, 186
- Collingwood, R. G., 33
- commitments, political and moral 政治和道德信念, 245-46
- commonplaces 备忘清单, 见 lists, *topics*

- comparing and contrasting 比较与对比，93
- concreteness 具象（具体），27-28，29，37，69
- condition setting 条件设定，139，144-46
- conflict 冲突，
    - characteristics of ～的特征，201-2
    - and consensus ～与共识，49-50，51，201-6
    - debate about 关于～的争论，49-50，51，55，56，58，59，60，201-6
    - and ethnography ～与民族志，55
    - and formalization ～与形式化，60
    - and fractal heuristics ～与分形启发法，201-6
    - and narrative ～与叙事，56
    - and small-N comparison ～与小样本比较，59
    - and standard causal analysis ～与标准因果分析，58
- consensus 共识，
    - characteristics of ～的特征，201
    - and conflict ～与冲突，49-50，51，201-6
    - debate about 关于～的争论，49-50，51，55，56，58，59，60，201-6
    - and ethnography ～与民族志，55
    - and formalization ～与形式化，60
    - and fractal heuristics ～与分形启发法，201-6
    - and narrative ～与叙事，56
    - and small-N comparison ～与小样本比较，59
    - and standard causal analysis ～与标准因果分析，58
- constraint 约束，
    - and choice ～与选择，48-49，50，51，198-201
    - debate about 关于～的争论，48-49，50，51，55，56，57，59，60，198-201
    - and ethnography ～与民族志，55
    - and formalization ～与形式化，60
    - and fractal heuristics ～与分形启发法，198-201
    - and narrative ～与叙事，56
    - and small-N comparison ～与小样本比较，59
    - and standard causal analysis ～与标准因果分析，57

索引   251

- constructionism 建构论，
  - debate about 关于～的争论，46-47，48，50-51，56，58，187-91
  - and fractal heuristics ～与分形启发法，163-66，187-91
  - and knowledge ～与知识，163
  - and narrative ～与叙事，56
  - and realism ～与实在论，46-47，48，51，163-66，187-91
  - and small-N comparisons ～与小样本比较，58
  - and statistics ～与统计，187-88
- contested analogies 有争议的类比，119
- context / contextualism 语境 / 语境主义，
  - and borrowing ～与借鉴，194
  - and causality ～与因果关系（因果性），196
  - changing 改变～，140-41
  - and cycles of critique ～与批判的循环，68
  - debate about 关于～的争论，47-48，51，53，55，56，57，58，60，192-98
  - and descriptive heuristics ～与描述式启发法，138，140-41，144
  - and ethnography ～与民族志，53，55，68
  - and formalization ～与形式化，60，196
  - and fractal heuristics ～与分形启发法，192-98
  - and generalizability ～与一般化 / 泛化，192
  - and narrative ～与叙事，56
  - and noncontextualism ～与非语境主义，47-48，51，192-98
  - and small-N comparisons ～与小样本比较，58
  - and standard causal analysis ～与标准因果分析，57
- contingency 偶然性，70，147-48，154-56
  - 另见 modality
- conventions, and ideas 惯例与观点 227-31，232，237
- correlational analysis 相关性分析，119
- counterfactuals 反事实，149，158-61
- "covering law" 覆盖律 12
- crime, sociology of 犯罪社会学，164
- critiques 批判（批评），

- as fractals ～作为分形，78
- and heuristics ～与启发法，75-79
- 另见 cycles of critique；metacritique
- culture 文化，
  - and behavior ～与行为，44-45，48，51，179-83，204
  - and cycles of critique ～与批判的循环，64，69
  - debate about 关于～的争论，44-45，48，51，53，55，56，57，58，59，179-83
  - and ethnography ～与民族志，53，55
  - and formalization ～与形式化，59
  - and fractal heuristics ～与分形启发法，170，179-83，204，206
  - and narrative ～与叙事，56，69
  - and small-N comparisons ～与小样本比较，58
  - and social ontology ～与社会本体论，179-83
  - and standard causal analysis ～与标准因果分析，57
- cycles of critique 批判的循环，
  - and abstraction ～与抽象，61
  - and analysis ～与分析，63，65
  - and causality ～与因果关系（因果性），63
  - and concreteness ～与具象，69
  - and contextualism ～与语境主义，68
  - and culture ～与文化，64，69
  - and debate ～与争论，60-79
  - and ethnography ～与民族志，60，62，63-64，65，68-69，70-71，72，73，74
  - and explanation ～与解释，74
  - and explanatory programs ～与解释程序，61
  - and formalization ～与形式化，60-61，64，68-69，71，73-74
  - and generalization ～与一般化/泛化，64
  - going from，to heuristics 从～到启发法，76-79，111
  - and metacritique ～与元批判，65
  - and narrative ～与叙事，63，64，65，68，69-71，72，73，74
  - overview about ～概述，60-66

- and revisionism ～与修正主义，65
- and small-N analysis ～与小样本分析，68，72-73，74-75
- and social structure ～与社会结构，62，63
- and standard causal analysis ～与标准因果分析，62-63，64，68，69，70，72-73，74

D
- data 数据 / 材料，
  - acquisition of 获取～，13，14，22，62，83
  - analysis of 分析～，4，13，14
  - and argument heuristics ～与论证式启发法，130-31，134-35
  - and cycles of critique ～与批判的循环，62，68，69
  - direct interpretation of 直接诠释～，14
  - and ethnography ～与民族志，69
  - and explanatory programs ～与解释程序，34，36，37，38
  - formal modeling of 对～的形式化建模，14
  - and heuristics ～与启发法，83，84，90，91，114-16
  - and methods ～与方法，13，14
  - and puzzles ～与谜题，243，244
  - and small-N comparison 小样本比较，22
  - and tests of ideas ～与检验观点，213，214
  - 另见 specific methods
- debate 争论，
  - about analysis 关于分析的～，43-44，51，53，57，58，59，171-79
  - basic 基本～，43-53
  - about behavior 关于行为的～，44-45，48，51，53，56，57，58，59，179-83
  - about choice 关于选择的～，48-49，50，51，55，56，57，59，60，198-201
  - complexity of ～的复杂性，78-79
  - about conflict 关于冲突的～，49-50，51，55，56，58，59，60，201-6
  - about consensus 关于共识的～，48-49，50，51，55，56，58，59，60，201-6

- about constraint 关于约束的～, 48-49, 50, 51, 55, 56, 57, 59, 60, 198-201
- about constructionism 关于建构论的～, 46-47, 48, 50-51, 56, 58, 187-91
- about context / contextualism 关于语境 / 语境主义的～, 47-48, 51, 53, 55, 56, 57, 58, 60, 192-98
- about culture 关于文化的～, 44-45, 48, 51, 53, 55, 56, 57, 58, 59, 179-83
- and cycles of critique ～与批判的循环, 60-79
- about emergentism 关于涌现主义的～, 45-46, 48, 51, 56, 57, 183-87
- about ethnography 关于民族志的～, 55-57
- about formalization 关于形式化的～, 59-60
- fractal nature of ～的分形本质, 42, 78-79, 111, 162-210
- and generalization ～与一般化 / 泛化, 55
- and heuristics ～与启发法, 78-79, 111
- importance of ～的重要性, 166
- about individualism 关于个人主义的～, 45-46, 48, 51, 53, 56, 57, 59, 183-87
- about interpretivism 关于诠释主义的～, 43, 44, 45, 51, 55, 58, 168-71
- about knowledge 关于知识的～, 50-51, 55, 56-57, 58-59, 60, 201-6
- and methods ～与方法, 53-60
- about narrative 关于叙事的～, 43-44, 51, 53, 55-57, 58, 59, 171-79
- about noncontextualism 关于非语境主义的～, 47-48, 51, 192-98
- overview about ～概述, 42, 51-53
- about positivism 关于实证主义的～, 43, 44, 45, 51, 57, 59, 168-71
- about realism 关于实在论的～, 46-47, 48, 51, 53, 56, 57, 58, 59, 187-91
- and small-N comparison 关于小样本比较的～, 58-59
- about social ontology 关于社会本体论的～, 44-48, 51, 53, 56, 57, 59, 179-83

- – and social structure ～与社会结构，53，55，56
- – and standard causal analysis ～与标准因果分析，55，57-58
- – and structure ～与结构，56，57，58，59
- demography 人口学，44，131-32
- DeNora，Tia 蒂娅·德诺拉，190
- dependence 依赖，见 dependent variables；relation
- dependent variables 因变量，20，21，37，57-58，72，90，132
- descriptive heuristics 描述式启发法，138-46，161
- Desrosières，Alain 阿兰·德罗西埃，187-88
- DiMaggio，Paul 保罗·迪马吉奥，129
- disciplines 学科，
  - – and heuristics ～与启发法，108，116，117，141，166
  - – zones of research in ～的各个研究领域，232
  - – 另见 specific discipline
- distinctions，making 区分，36，238
- Douglas，Mary 玛丽·道格拉斯，117
- dramatism，Burke's five keys of 伯克的戏剧五要素，94，134
- drunk driving，Gusfield's analysis of 古斯菲尔德对酒驾的分析，104-5，134
- Duesenberry，James 詹姆斯·杜森贝里，49
- Duncan，Otis Dudley 奥蒂斯·达德利·邓肯，20-21，132-33，136，174，201
- Duneier，Mitchell 米切尔·邓奈尔，168
- Duquenne，V.，170
- durational models 久期法／持续时间模型，37
- Durkheim，Émile 涂尔干，46，183
- dynamism，and narrative heuristics 动态与叙事式启发法，147，149-54

E

- ecological models / analogies 生态模型／类比，114，115
- economics 经济学，
  - – and basic debates ～与基本争论，48-49
  - – and choice and constraint ～与选择和约束，199-200
  - – and cycles of critique ～与批判的循环，74

- and explanatory programs ～与解释程序，11，38-39
- and formalization ～与形式化，24，25，59，74
- and heuristics ～与启发法，111，114-15，116-17，149，153，199-200
- organization of ～的组织方式，5
- 另见 microeconomics
- Edwards，Richard 理查德·爱德华兹，157-58
- Eells，K.，173
- effective cause / causality 动力因，95-97
- elections，critical 关键选举，169，170-71
- Elias，Norbert 诺贝特·埃利亚斯，145，146
- Eliot，D.，134-35
- emergentism 涌现主义 / 涌现论，45-46，48，51，56，57，183-87
- emotions of ideas 观点的情绪，240-41
- empirical referents for ideas 观点的经验对象，217-18
- empiricism，and theory 经验主义与理论，218
- Engerman，Stanley 斯坦利·恩格尔曼，123-24
- Epstein，Cynthia 辛西娅·爱普斯坦，146
- equality 平等，125
- ethnography 民族志，
  - and analysis ～与分析，53
  - and argument heuristics ～与论证式启发法，125-26，127
  - and behavior ～与行为，53
  - and choice ～与选择，55
  - and concreteness ～与具象，27，69
  - and conflict ～与冲突，55
  - and consensus ～与共识，55
  - and constraint ～与约束，55
  - and contextualism ～与语境主义，53，55，68
  - and culture ～与文化，53，55
  - and cycles of critique ～与批判的循环，60，62，63-64，65，68-69，70-71，72，73，74
  - debate about 关于～的争论，55-57
  - description of ～的描述，14

索引

- and explanatory programs ～与解释程序，27，29-31，32，33，37
- and formalization ～与形式化，60-61，68-69，74
- and fractal heuristics ～与分形启发法，168，172，173，180，183
- and generalization ～与一般化/泛化，55
- and heuristics ～与启发法，76，77，78，89，90，91
- and individualism ～与个人主义，53
- and interpretivism ～与诠释主义，168
- and knowledge ～与知识，55
- and metacritique ～与元批判，69，73
- as method 作为方法的～，4，14，26
- and narrative ～与叙事，53，65，68，70
- and narrative heuristics ～与叙事式启发法，152-53
- overview about ～概述，15-17，26
- and positivism ～与实证主义，168
- and realism ～与实在论，53
- and small-N analysis ～与小样本分析，22，68，74
- and social structure ～与社会结构，53，55
- and standard causal analysis ～与标准因果分析，68，69，72，73，76，77
- and tests of ideas ～与检验观点，213，216

· evaluation 评估，7，38
· Evans-Pritchard，E. E. E. E. 埃文思-普里查德，16-17，31-32，151，152
· existence 存在，另见 modality
· experimental designs 实验设计，119
· explanation 解释，
  - as aim / goal of social science ～作为社会科学的目标，5，12-13
  - and causality ～与因果关系（因果性），28-29
  - characteristics of ～的特征，8-9，11-13
  - and cycles of critique ～与批判的循环，74
  - logical structure of ～的逻辑结构，11-13
  - overview of ～概述，8-13
  - senses of ～的感觉，27
  - and switching questions ～与转换问题，7-8

- 另见 explanatory programs；methods
- explanatory programs 解释程序，26-40
    - and abstraction ～与抽象，27，28，34，35，36，37
    - and assumptions ～与假设，27，32，35
    - and causality ～与因果关系，27-29，32
    - and concreteness ～与具象，27-28，29，37
    - and cycles of critique ～与批判的循环，61
    - and data ～与数据，34，36，37，38
    - definition of ～的定义，5
    - and ethnography ～与民族志，27，29-31，32，33，37
    - and formalization ～与形式化，27，33-34，37
    - and heuristics ～与启发法，27
    - hybrid 混合～，38
    - and narrative ～与叙事，27，29-30，32-33，34，39
    - and patterns ～与模式，28，34，36-37
    - pragmatic 实用/语用～，8-13，27-28，32，37-38，39，40，106-7
    - semantic 语义～，8-9，10-11，12，27，28，29-31，32，33，34，35，36-37，38-39，40
    - and standard causal analysis ～与标准因果分析，37-38
    - syntactic 句法～，9，11-13，27，28，29-30，31，32，33-34，35-37，38，39，40
    - and temporality ～与时间性，30，34，36，37
    - and universalizing ～与普遍化，28
    - and variables ～与变量，37，38，39

F
- factor analysis 因子分析，181-83
- Farkas, George 乔治·法卡斯，180-81，183，195
- Felson, Marcus 马科斯·费尔逊，105-6
- final cause / causality 目的因，95-97
- Fischer, Claude 克劳德·费舍尔，124-25
- Fisher, Irving 欧文·费雪，35
- Fisher, Ronald 罗纳德·费雪，37-38

索引　　259

- Fitzgerald，F. Scott 菲茨杰拉德，166
- Fleck，Ludwik 卢德维克·弗莱克，111
- focus groups 焦点小组，68
- Fogel，Robert 罗伯特·福格尔，123-24，159-60
- followability 易领会性，33
- foreground. 见 context；levels
- formal cause / causality 形式因，95-97
- formalization 形式化，
  - and abstraction 〜与抽象，27
  - and analysis 〜与分析，59
  - and behavior 〜与行为，59
  - and causality 〜与因果关系（因果性），74
  - and choice 〜与选择，60
  - and conflict 〜与冲突，60
  - and consensus 〜与共识，60
  - and constraint 〜与约束，60
  - and contextualism 〜与语境主义，60，196
  - and culture 〜与文化，59
  - and cycles of critique 〜与批判的循环，60-61，64，68-69，71，73-74
  - debate about 关于〜的争论，59-60
  - and ethnography 〜与民族志，60-61，68-69，74
  - and explanation 〜与解释，74
  - and explanatory programs 〜与解释程序，27，33-34，37
  - and heuristics 〜与启发法，76-77，90，184-86，196
  - and individualism 〜与个人主义，59
  - and inferences 〜与推断，68
  - and knowledge 〜与知识，60
  - measurement 〜的测量，59
  - metacritique of 〜的元批判，73-74
  - and narrative 〜与叙事，59，71，74，76-77
  - overview about 〜概述，23-26
  - and positivism 〜与实证主义，59
  - and realism 〜与实在论，59

- and small-N analysis ～与小样本分析，74
- and social ontology ～与社会本体论，59
- and structure ～与结构，59
- and tests of ideas ～与检验观点，213，214，217
- formal modeling 形式建模，14
- Forrester, Jay 杰伊·弗瑞斯特，34
- fractal heuristics 分形启发法，162-210
  - and analysis ～与分析，171-79
  - and behavior ～与行为，179-83，204，206
  - and borrowing ～与借鉴，178，194
  - and causality ～与因果关系（因果性），166，195
  - and choice ～与选择，198-201
  - and conflict ～与冲突，201-6
  - and consensus ～与共识，201-6
  - and constraint ～与约束，198-201
  - and constructionism ～与建构主义，163-66，187-91
  - and contextualism ～与语境主义，192-98
  - and culture ～与文化，170，179-83，204，206
  - and debates ～与争论，162-210
  - and emergentism ～与涌现主义，183-87
  - and ethnography ～与民族志，168，172，173，180，183
  - and factor analysis ～与因子分析，181-83
  - and formalization ～与形式化，184-86，196
  - and individualism ～与个人主义，183-87
  - and interpretivism ～与诠释主义，168-71
  - and knowledge ～与知识，163，206-9
  - and levels ～与层级，171，183
  - and lumping ～与合并，169，181-83
  - and narrative ～与叙事，164，169，170，171-79，184
  - and noncontextualism ～与非语境主义，192-98
  - order for invoking ～援引的顺序，178-79
  - overview of ～概述，162-67，209-10
  - and positivism ～与实证主义，168-71

- and realism ～与实在论，163-66，187-91
- and reinterpretation ～与重新解释，164
- and reversals ～与颠倒，166，179
- and social ontology ～与社会本体论，179-83，192-98
- and standard causal analysis ～与标准因果分析，168，170，172，179-83，186-87，192，196，198
- and structuralism ～与结构主义，186
- fractals，definition of 分形的定义，162-63
- Freeman，John 约翰·弗里曼，114，115，129，193-94
- Frey，A.，24
- functional analysis 功能分析，148-49，156-58

G

- Gallie，W. B.，33
- game theory 博弈论，34，35，59，61，64，68，71，187
- Geertz，Clifford 克利福德·格尔茨，119
- general heuristics 一般启发法，
  - characteristics of ～的特征，112
  - functions of ～的功能，162
  - overview about ～概述，110-13，137，161
  - 另见 argument heuristics；descriptive heuristics；narrative heuristics；search heuristics
- generalization 一般化／泛化，14，22，55，64，72-73，74，100，192
- geography 地理，24
- globalization 全球化，143-44，145，172
- Goffman，Erving 欧文·戈夫曼，50，117
- Gottfredson，Michael 迈克尔·高特弗莱德森，209
- Gould，Roger 罗杰·古尔德，214-15
- Granovetter，Mark 马克·格兰诺维特，127-28，129，192-93，240
- grant-funded projects 资助项目，84
- "great man" history "大人物"历史，184
- group theory 群论，34，35
- Gusfield，Joseph 约瑟夫·古斯菲尔德，104-5，134

H

- habits 习惯，236-37
- Haggett, P., 24
- Hannan, Michael 迈克·汉南，114，115，129，193-94
- Hempel, Carl 卡尔·亨普尔，12
- heuristic programming 启发式程序设计，81
- heuristics 启发法，
    - and action ～与行动，107
    - aim of ～的目标，88，92
    - and analysis ～与分析，90-91
    - and Aristotle's four causes ～与亚里士多德的四因说，94，95-97
    - and Burke's five keys of dramatism ～与伯克的戏剧五要素，94，104-6
    - and causality ～与因果关系（因果性），101，103，106
    - and commonplaces ～与备忘清单，92-109
    - and cycles of critique ～与批判的循环，76-79，
    - and debate ～与争论，78-79，111
    - definition of ～的定义，79
    - and difference between mathematics and social sciences ～与数学和社会科学的区别，82-83
    - and disciplines ～与学科，108
    - and ethnography ～与民族志，76，77，78，89，90，91
    - and explanatory programs ～与解释程序，27
    - and formalization ～与形式化，76-77，90
    - general 一般～，6，110-36，137-61
    - idea of ～的观点，80-88
    - and interpretivists ～与诠释主义者，78
    - and Kant's list of categories ～与康德的范畴清单，94，97-104
    - and knowledge ～与知识，107，120
    - limitations on practice of ～的局限与实践，111
    - and lists ～与清单，92-109，162，190
    - and mathematics ～与数学，81-83
    - and methods ～与方法，83，84，91，112

- and modeling ～与建模，91
- and Morris's three modes of language ～与莫里斯的语言三模型，94，106-7
- and narrative ～与叙事，76-77
- and normal science ～与常规科学，77
- and positivism ～与实证主义，78，100
- and reality ～与现实，103
- and rules ～与规则，77
- and social ontologyc ～与社会本体论，112
- and space ～与空间，30，104
- and stages in intellectual life ～与智识生活的不同阶段，84-88
- and standard causal analysis ～与标准因果分析，76，77，89-90，91，119
- and theory ～与理论，84，91
- and time ～与时间，30，104
- of topics 话题～，77，92-109
- 另见 examples of heuristic or specific strategy
- Hirschi, Travis 特拉维斯·赫胥，209
- historical narration. 见 Narrative
- historical sociology 历史社会学，22，23，72，163，167
- history（历）史（学），
  - and cycles of critique ～与批判的循环，64
  - description of ～的描述，14
  - and explanatory programs ～与解释程序，37
  - and heuristics ～与启发法，89，184，196
  - and metacritique ～与元批判，73
  - and methods ～与方法，14，26
  - organization of ～的组织方式，5
  - philosophy of ～的哲学，32，33
  - and small-N comparison ～与小样本比较，22
  - 另见 narrative
- Hobbes, Thomas 托马斯·霍布斯，49
- Hochschild, Arlie 阿莉·霍克希尔德，140-41

- Hodge，Robert 罗伯特·霍奇，174-75，208
- Holmes，Thomas 托马斯·霍尔姆斯，207-9
- Horan，Patrick 帕特里克·霍兰，193
- Human Relations Area Files 人类关系区域档案，62
- hypotheses 假设，26，78，119，217

I
- ideas 观点，
    - and alternatives ～与替代方案，216-17
    - and analogies ～与类比，237，238-39
    - and assumptions ～与假设，227-28
    - clarification of ～的分类，242-48
    - classificatory 分类的～，219-20
    - comparison of previously published work against own 比较已经发表的研究与自己的～，212，226-31
    - and context ～与语境，227
    - and conventions ～与惯例，227-31，232，237
    - emotions of ～的情绪，240-41
    - empirical referents for ～的经验对象，217-18
    - explanation of ～的解释，222
    - good 好～，211-12，213-21
    - and literature ～与文献，212，226-31
    - loyalty to 对～的忠诚，236
    - negative comments about 对～的负面评价，223-24
    - "nondegenerating" "非退化的"～，220-21
    - other people's views of 其他人对～的看法，212，221-26
    - and personality ～与个性，212，224，225，234-42
    - and prediction ～与预测，214-15
    - and puzzles ～与谜题，212-13，242-48
    - and reading ～与阅读，231-34
    - relabeling / restating of 给～重新贴标签，重述～，218-19，225
    - and taste ～与品味，212，231-34
    - testing of, against own judgment 用自己的判断检验～，211-12，213-

索引

  21
- wrong 错误的～, 215-16, 217
- identity research 身份认同研究, 246-47
- imagination 想象力, 4, 6, 237-38, 248
- "imperative function" argument "强制功能"论, 156
- independent variables 自变量, 20, 37, 57-58, 72, 90, 91, 132
- individualism 个人主义,
    - debate about 关于～的争论, 45-46, 48, 51, 53, 56, 57, 59, 183-87
    - and emergentism ～与涌现主义, 45-46, 48, 51, 183-87
    - and ethnography ～与民族志, 53
    - and formalization ～与形式化, 59
    - and fractal heuristics ～与分形启发法, 183-87
    - and narrative ～与叙事, 56
    - and standard causal analysis ～与标准因果分析, 57
- inferences 推断, 13, 68
    - 另见 standard causal analysis
- intellectual character 智识性格, 234-42
- intellectual life, stages in 智识生活的不同阶段, 84-88
- interpretivism 诠释主义, 43, 44, 45, 51, 55, 58, 78, 168-71
- intuition 直觉, 3, 231
- Isocrates 伊索克拉底, 92

K

- Kant, Immanuel, list of categories of 康德的范畴清单, 94, 97-104, 107, 137
- Kessler, R. C, 166
- Keynesian economics 凯恩斯主义经济学, 176
- Key, V. O. 小瓦尔迪默·奥兰多·基, 169, 170-71
- kinship analysis 亲属关系分析, 35
- Knoke, David 戴维·诺克, 121-22
- knowledge 知识,
    - aims of ～的目标, 59
    - and constructionism ～与建构主义, 163

- debate about 关于～的争论, 50-51, 55, 56-57, 58-59, 60, 201-6
- and ethnography ～与民族志, 55
- and formalization ～与形式化, 60
- and heuristics ～与启发法, 107, 120, 163, 206-9
- and narrative ～与叙事, 56-57
- and puzzles ～与谜题, 244
- and realists ～与实在论者, 163
- and small-N comparisons ～与小样本比较, 58-59
- and standard causal analysis ～与标准因果分析, 58
- and tests of ideas ～与检验观点, 213
- Kuhn, Thomas 托马斯·库恩, 88-89, 111
- Kuklinski, James 詹姆斯·库克林斯基, 204
- Kwakiutl people 夸夸嘉夸族, 63

L

- Lakatos, Imre 伊姆雷·拉卡托斯, 220
- language, Morris's three modes of 莫里斯的语言三模型, 94, 106-7
- large-N analysis 大样本分析, 14
- latent functions 隐性功能分析, 148-49, 156-58
- Latour, Bruno 布鲁诺·拉图尔, 125-26
- Laumann, Edward 爱德华·劳曼, 121-22
- Leach, Edmund 埃德蒙·利奇, 150-52
- Lesthaeghe, Ron 罗恩·莱斯泰格, 181-83
- levels 层级, 138-39, 142-44, 171, 183
- Lévi-Strauss, Claude 克洛德·列维-斯特劳斯, 24, 32, 59, 60-61, 62, 68
- Le Roy Ladurie, Emanuel 埃马纽埃尔·勒华拉杜里, 152-53
- life table 生命表, 24
- limitation. 见 quality
- Lipset, Seymour Martin 西摩·李普塞特, 175
- lists 清单,
  - cautions about 关于～的警告, 108
  - and heuristics ～与启发法, 92-109, 162,

索引

- – overuse of 过度使用～，108
- – reality of ～的实在性，108
- – of social function ～的社会功能，107-8
- – topical 话题～，92-109，137
- – 另见 *specific list*；*topics*
- literary structuralism 文学结构主义，59
- literature，ideas compared to published 把观点与已发表的文献对比，212，226-31
- logic 逻辑，215
- Lorrain, Francois 弗朗索瓦·洛兰，185-86，194
- Lucas, Robert 罗伯特·卢卡斯，176
- lumping 合并，144-46，169，181-83

M

- Malinowski, Bronisław 布罗尼斯拉夫·马林诺夫斯基，16，30-31，183
- Mandeville, Bernard 伯纳德·曼德维尔，45
- market research 市场研究，36
- Markovian tradition 马尔可夫传统，34，131
- Marx, Karl 卡尔·马克思，32，50，57，107
- material cause / causality 质料因，95-97
- mathematics 数学，81-83
- Mayhew, P.，134-35
- measurement, social 社会测量，43，57；59，72
- Meeker, M.，173
- metacritique 元批判，65，69-70，73-74，75
- methods 方法，
  - – basic questions of ～的基本问题，13
  - – borrowing 借鉴～，113，116，118-20
  - – categorization of ～的类别，15
  - – classification of 对～分类，28
  - – and commonalities in social science ～在社会科学中的共性，5
  - – conceptual issues and ～与概念性议题，5-6
  - – critique of 对～的批判，6

- cycles of critique of ～的批判循环，42，76，111
- and debates ～与争论，53-60
- and explanatory programs ～与解释程序，26-40
- and heuristics ～与启发法，83，84，91，112，119-20
- hybrids of ～的混合，15，77
- internal strands within ～内部的流派，6
- overview about ～概述，13-26
- and successful methodological traditions ～与成功的方法论传统，15
- suitability of ～的适用性，26-40
- types of ～的类型，5
- 另见 *specific method*

- Meyer, Adolf 阿道夫·迈耶，208
- microeconomics 微观经济学，34，35，61，71
- Mills, C. Wright C. 赖特·米尔斯，99
- Mirowski, P.，131
- mobility literature（社会）流动文献，34，130-31，200-201
  - 另见 *specific research*
- modality, and Kant's list of categories 模态与康德的范畴清单，97-104
- modeling 建模，14，33-34，37，71，73，91
  - 另见 *specific model*
- Mohr, John 约翰·莫尔，170
- Moore, Barrington 巴林顿·摩尔，23，175，213
- moral commitments 道德信念，245-46
- Morris, Charles, three modes of language of 查尔斯·莫里斯的语言三模型，94，106-7
- motivation 动机，
  - experience 经历～，246-47
  - personal and social 个人与社会～，245-46，247
- Mozart, Wolfgang Amadeus 莫扎特，87-88
- multicase analysis 多案例分析，22
- multiple regression 多元回归分析，112，119
- Muth, John 约翰·穆斯，176-77

索引

N

- Nader, Ralph 拉尔夫·内德, 134
- Namier, Lewis 刘易斯·纳米尔, 30
- narrative 叙事,
  - and analysis 〜与分析, 43-44, 51, 171-79
  - and behavior 〜与行为, 56
  - and choice 〜与选择, 56
  - and conflict 〜与冲突, 56
  - and consensus 〜与共识, 56
  - and constraint 〜与约束, 56
  - and constructionism 〜与建构主义, 56
  - and contextualism 〜与语境主义, 56
  - and contingency 〜与偶然性, 70
  - and culture 〜与文化, 56, 69
  - and cycles of critique 〜与批判的循环, 63, 64, 65, 68, 69-71, 72, 73, 74
  - and data analysis 〜与数据分析, 14
  - debate about 关于〜的争论, 43-44, 51, 53, 55-57, 58, 59, 171-79
  - and emergentism 〜与涌现主义, 56
  - and ethnography 〜与民族志, 53, 65, 68, 70
  - and explanatory programs 〜与解释程序, 27, 29-30, 32-33, 34, 39
  - and formalization 〜与形式化, 59, 71, 74, 76-77
  - and fractal heuristics 〜与分形启发法, 164, 169, 170, 171-79, 184
  - and general heuristics 〜与一般启发法, 76-77
  - and individualism 〜与个人主义, 56
  - and interpretivism 〜与诠释主义, 55
  - and knowledge 〜与知识, 56-57
  - and metacritique 〜与元批判, 69-70
  - overview about 〜概述, 17-19, 26
  - positivism 〜实证主义, 72, 73
  - and questions 〜与问题, 17
  - and realism 〜与实在论, 56
  - and small-N analysis 〜与小样本分析, 58, 70-71, 74

- and social ontology ～与社会本体论, 56
- and social structure ～与社会结构, 56
- and standard causal analysis ～与标准因果分析, 55, 57, 70, 72, 73, 77
- and structure ～与结构, 56, 69, 71
- and synthesis ～与综合, 18
- and tests of ideas 检验观点, 216
- 另见 narrative heuristics

- narrative heuristics 叙事式启发法, 146-61
  - and dynamics ～与动态, 147, 149-54
  - function of ～的功能, 146
  - and grand narratives ～与宏大叙事, 147
  - and latent functions ～与隐性功能, 148-49, 156-58
  - overview about ～概述, 146-49, 161
  - and problematizing the obvious ～与质疑不言自明之理, 148-49, 159-60
  - and static ～与静态, 147, 149-54
- narrow-neck pattern 狭颈模式, 9-10
- necessary cause / causality 必要因, 97
- necessity. 见 modality
- negation 否定性, 99-100
  - 另见 quality
- networks 网络, 34, 35, 36, 58, 185-87, 192-93, 194-95
- Newton, Isaac 牛顿, 7, 8
- noncontextualism 非语境主义, 47-48, 51,
- nonexistence. 见 modality
- normal science 常规科学, 77, 88-92, 245
- norms 规范, 218
- novelty, and heuristic gambits 新颖性及启发式招数, 6-7
- null hypotheses 零假设, 217

O

- obvious, problematizing the 质疑不言自明之理, 120-21, 123-26, 135-36,

索引

148-49，159-60
- Olson，Mancur Jr. 曼瑟·奥尔森，184-85
- originality，and ideas 观点与原创性，231
- other people（其）他人，
  - and ideas ～与观点，212，221-26
  - and personality ～与个性，240

P
- paradigm-changing science 范式转换的科学，89
- Park，R. E. 罗伯特·帕克，114，115
- Parsons，Talcott 塔尔科特·帕森斯，7-8，50，107-8，116-17
- path analysis 路径分析，37
- patterns 模式，28，34，36-37
  - 另见 standard causal analysis
- Perrow，Charles 查尔斯·佩罗，155
- personality 个性，212，224，225，234-42
- philosophy 哲学，100，103
- philosophy of history 历史哲学，32，33
- pigeonholers 喜好归类的人，236，241
- Piore，Michael 迈克尔·皮奥雷，154-55
- Plato 柏拉图，107
- plurality. 见 quantity
- political commitments 政治信念，245-46
- political history，debate about 关于政治史的争论，56
- political science 政治（科）学，5，22，23，39
- political tolerance literature 政治宽容性的文献，204
- Pólya，George 乔治·波利亚，81-82，88，92
- positive sociology 实证主义社会学，100
- positivism 实证主义，
  - and cycles of critique ～与批判的循环，72，73
  - debate about 关于～的争论，43，44，45，51，57，59，168-71
  - and ethnography ～与民族志，168
  - and formalization ～与形式化，59

- and heuristics ～与启发法, 78, 100, 168-71
- importance of ～的重要性, 44
- and interpretivism ～与诠释主义, 43, 44, 45, 51, 168-71
- narrative 叙事实证主义, 72, 73
- and standard causal analysis ～与标准因果分析, 57, 72
- possibility. 见 modality
- poverty, studies of 对贫困的研究, 170, 173-74
- Powell, Walter 沃尔特·鲍威尔, 129
- power, Parsons' analysis of 帕森斯对权力的分析, 116-17
- pragmatic explanatory program 语用的解释程序, 8-13, 27-28, 32, 37-38, 39, 40, 106-7
- pragmatic relations 语用关系,
  - definition of ～的定义, 106
  - and Morris's modes of language ～与莫里斯的语言模型, 106-7
- prediction 预测, 20, 214-15
- Price, R. H., 166
- problematics 问题所在, 198-99
- problematizing the obvious 质疑不言自明之理, 120-21, 123-26, 135-36, 148-49, 159-60
- problems, as source of new ideas 问题作为新观点的来源, 76
- psychology 心理学, 28, 36, 38
- purpose, and Burke's five keys of dramatism 目标及伯克的戏剧五要素, 104-6
- puzzles 谜题 / 疑惑, 212-13, 236, 242-48

Q

- quality, and Kant's list of categories 质的范畴及康德的范畴清单, 97-104
- quantitative analysis 量化分析, 14
- quantity, and Kant's list of categories 量的范畴及康德的范畴清单, 97-104
- quasi-experimental designs 准实验设计, 119
- questions 问题,
  - and Aristotle's four causes ～与亚里士多德的四因说, 96
  - case-study analysis of 对～的案例分析, 14

- – and heuristics ～与启发法，87，96，123-26
- – Large-N analysis of 对～的大样本分析，14
- – and methods ～与方法，13，14-15
- – and narrative ～与叙事，17
- – posing 提出～，13，14-15
- – small-N analysis of 对～的小样本分析，14
- Quintilian 昆体良，92

R

- Rahe, Richard 理查德·拉赫，207-9
- random-error surveyors 相信随机误差的研究者，78
- randomness 随机性，217
- range of application 应用的范围，139
- Rashevsky, Nicolas 尼古拉斯·拉谢夫斯基，71
- rational-choice models 理性选择模型，91，114，156，173
- rational decisions 理性的决策，200
- rational-expectations hypothesis 理性-期望假设，176-77
- reading, and ideas 阅读与观点，231-34
- realism / reality 实在论 / 实在，
  - – and constructionism ～与建构主义，46-47，48，51，163-66，187-91
  - – debate about 关于～的争论，46-47，48，51，53，56，57，58，59，187-91
  - – and ethnography ～与民族志，53
  - – and formalization ～与形式化，59
  - – and heuristics ～与启发法，103，163-66，187-91
  - – and knowledge ～与知识，163
  - – and narrative ～与叙事，56
  - – and small-N comparisons ～与小样本比较，58
  - – and standard causal analysis ～与标准因果分析，57
  - – and statistics ～与统计，187-88
  - – and tests of ideas ～与检验观点，216-18
  - – 另见 social ontology
- reciprocity. See relation 交互关联；另见关系的范畴

- reclassification 重新分类，219-20，
- reconceptualizing 重新概念化，122-23，
- record-based analysis 档案分析，14
- recursive theory 递归理论，71
- reductionism 还原论，11
- reenactment 重演，33
- reification 具体化，99，100，108，
- reinterpretation 重新解释，165
- relabeling ideas 重新贴标签来产生观点，218-19
- relation，and Kant's list of categories 关系的范畴及康德的范畴清单，97-104
- relational，creativity as 关系性的创新，111
- replication 复制，43
- respondent-bias surveyors 相信受访者存在偏见的研究者，78
- restating ideas 重述观点，225
- reversals 颠倒，121-22，126-31，133，135-36，144，166，179，243
- revisionism 修正主义，65
- rhetoric 修辞，92-93
    - 另见 explanations；methods
- Rock-Paper-Scissors 石头—剪刀—布，61-62，64
- Rossi，Peter 彼得·罗西，174-75，208
- Rothman，David 大卫·罗斯曼，117
- Rousseau，Jean Jacques 卢梭，50
- Routine-activities theory 日常活动理论，105-6
- rules，and heuristics 启发法与规则，77

S

- Sabel，Charles 查尔斯·撒贝尔，154-55
- Sahlins，Marshall 马歇尔·萨林斯，152，172，184
- Salaff，Janet 珍妮特·萨拉福，172
- Sassen，Saskia 丝奇雅·沙森，142-43，
- satisficed 足意度，133
- SCA. 见 standard causal analysis
- Scaling techniques 标度技法，36

- Schelling，Thomas 托马斯·谢林，25-26，60，214
- science 科学，
  - big-edifice model of 宏伟大厦的～模型，88-89
  - as conversation ～作为对话，3，248
  - normal 常规～，77，88-92，245
  - paradigm-changing 范式转换的～，89
  - 另见 social science
- scope conditions 范围条件，100
- search heuristics 搜索式启发法，112-20，135-36
- segregation models 隔离模型，25-26，60
- self-confidence 自信，239-40，245
- selfishness 自私，9，10
- semantic explanatory program 语义解释程序，8-9，10-11，12，27，28，29-31，32，33，34，35，36-37，38~39，40，61
- semantic relations 语义关系，
  - definition of ～的定义，106
  - and Morris's modes of language ～与莫里斯的语言模型，106-7
- "sequencing" methods "测序"方法，119-20
- setting, and Burke's five keys of dramatism 背景及伯克的戏剧五要素，104-6
- Siegel，Paul 保罗·西格尔，174-75，208
- similarity，network 相似性网络，186
- Simmel，Georg 格奥尔格·齐美尔，95
- Simon，Herbert 赫伯特·西蒙，122，133，176，200
- simulation 模拟，33-34
- single-case analysis 单案例分析，22
- situated knowledge 境遇知识，50-51，55，56-57，58-59，206-9
- small-N analysis 小样本分析，
  - and additive heuristics ～与加法启发法，90
  - aims of ～的目标，58，59
  - and behavior ～与行为，58
  - and choice ～与选择，59
  - as compromise strategy ～作为一种妥协策略，75
  - and conflict ～与冲突，59

- – and consensus ～与共识，59
- – and constraint ～与约束，59
- – and constructionism ～与建构主义，58
- – and contextualism ～与语境主义，58
- – and culture ～与文化，58
- – and cycles of critique ～与批判的循环，68，72-73，74-75
- – and debates ～与争论，58-59
- – and ethnography ～与民族志，68，74
- – and formalization ～与形式化，74
- – as hybrid method ～作为混合方法，58
- – and interpretivism ～与诠释主义，58
- – and knowledge ～与知识，58-59
- – metacritique of ～的元批判，75
- – and narrative ～与叙事，58，70-71，74
- – overview about ～概述，21-23，26
- – and realism ～与实在论，58
- – and standard causal analysis ～与标准因果分析，58，72-73，74
- – and structure ～与结构，58
- small-N comparison. 见 small-N analysis
- social capital 社会资本，186-87
- social change 社会变革，7-8，125
- social function, lists of 社会功能的清单，107-8
- social ontology 社会本体论，
  - – and behavior ～与行为，179-83
  - – and culture ～与文化，179-83
  - – debate about 关于～的争论，44-48，51，53，56，57，59，179-83
  - – and formalization ～与形式化，59
  - – and heuristics ～与启发法，112，179-83，192-98
  - – and methodology ～与方法论，4
  - – and narrative ～与叙事，56
  - – and standard causal analysis ～与标准因果分析，57
- social reality. 见 Social ontology
- social science 社会科学，

- aims / goals of ～的目标，8，12-13，111-12
- commonalities in ～间的共性，5
- concepts and definitions in ～中的概念和定义，224
- as conversation ～作为对话，3，248
- difference between mathematics and 数学与～的区别，82-83
- distinctions among disciplines in ～中学科的区别，5
- explanation as purpose of 解释作为～的目的，5
- heuristic of ～的启发法，4
- and imagination ～与想象力，4
- machinery of ～的机制，3-4
• social science history 社会科学史，70，77
• social theory, pure 纯社会理论，218，244
• sociology 社会学，
  - comparative historical 比较历史～，72
  - of crime 犯罪～，163
  - and ethnography ～与民族志，78
  - and explanatory programs ～与解释程序，39
  - and formalization ～与形式化，25
  - and heuristics ～与启发法，78，100，163
  - interpretivist 诠释论者的～，78
  - and Kantian relational categories ～与康德的关系范畴，100
  - organization of ～的组织方式，5
  - positive 实证～，78，100
  - and realists and constructionists ～与实在论和建构论者，163-64
  - and small-N analysis ～与小样本分析，22，23
  - and standard causal analysis ～与标准因果分析，58
  - See also specific subfield 另见特定的子领域
• sociology of science 科学社会学，111，122，163-64
• space, as heuristic 空间作为启发法，7，104，137
• Spencer, Herbert 赫伯特·斯宾塞，32，57
• Spilerman, Seymour 西摩·斯皮尔曼，201
• splitting 分解，144-46
• standard causal analysis (SCA) 标准因果分析，

- and abstraction ～与抽象，27
- and behavior ～与行为，57
- and choice ～与选择，57
- and conflict ～与冲突，58
- and consensus ～与共识，58
- and constraint ～与约束，57
- and contextualism ～与语境主义，57
- and culture ～与文化，57
- and cycles of critique ～与批判的循环，62-63，64，68，69，70，72-73，74
- debate about 关于～的争论，55，57-58
- and emergentism ～与涌现主义，57
- and ethnography ～与民族志，68，69，72，73，76，77
- and explanatory programs ～与解释程序，27，37-38
- and formalization ～与形式化，74
- and fractal heuristics ～与分形启发法，168，170，172，179-83，186-87，192，196，198
- and general heuristics ～与一般启发法，76，77，89-90，91，119
- and individualism ～与个人主义，57
- and knowledge ～与知识，58
- and measurement ～与测量，57
- and metacritique ～与元批判，73
- and narrative ～与叙事，55，57，70，72，73，77
- overview about ～概述，19-21，26
- and positivism ～与实证主义，57
- purpose of ～的目的，39
- and small-N analysis ～与小样本分析，58，72-73，74
- and social ontology ～与社会本体论，57
- and structuralism ～与结构主义，57
- and variables ～与变量，57-58

- static 静态，147，149-54
- statistics 统计（学），14，37-38，187-88
  - 另见 standard causal analysis

- Stinchcombe，A. L. 阿瑟·斯廷科姆，219
- Stone，Lawrence 劳伦斯·斯通，198
- stopping and putting in motion，as narrative heuristic 停下来与动起来作为叙事式启发法，149-54
- stratification literature / scholars 社会分层文献 / 学者，163，193，200-201，227，228-29
- structural cause 结构因，95-97
- structural equations models 结构方程，37
- structure 结构，
    - and cycles of critique ～与批判的循环，62，63，69
    - debate about 关于～的争论，44-45，49，53，55，56，57，58，59
    - and ethnography ～与民族志，53，55
    - and formalization ～与形式化，59
    - and fractal heuristics ～与分形启发法，186
    - literary 文学～，59
    - and narrative ～与叙事，56，69，71
    - and small-N comparisons ～与小样本比较，58
    - and standard causal analysis ～与标准因果分析，57
    - 另见 *specific researcher*
- stylized facts 典型化事实，23-24
- substance. 见 relation
- Suchman，Mark 马克·萨奇曼，203
- sufficient causality 充分的致因，97
- surveys / survey analysts 问卷调查的研究者，4，14，163，164-65，213-14，228
- Suttles，Gerald 杰拉尔德·萨特斯，143，202-3
- symbolic systems 象征 / 符号系统，45
- syntactic explanatory program 句法解释程序，9，11-13，27，28，29-30，31，32，33-34，35-37，38，39，40，61
- syntactic relations 句法关系，
    - definition of ～的定义，106
    - and Morris's modes of language ～与莫里斯的语言模型，106-7
- synthesis 综合，16，18

- Szreter, Simon 西蒙·施雷泽, 187-88

T

- taste 品味, 212, 231-34, 244-45
- Tavistock Institute 塔维斯托克研究所, 195
- taxi-driver test 出租车司机检验, 226
- Taylor, A. J. P. A.J.P. 泰勒, 18-19, 149
- temporality 时间性, 30, 34, 36, 37
- tests of ideas 检验观点, 211-12, 213-21
- textual-analysis methods 文本分析方法, 119
- theory 理论,
  - and argument heuristics 〜与论证式启发法, 127
  - and empiricism 〜与经验主义, 218
  - and formalization 〜与形式化, 23-24
  - and heuristics 〜与启发法, 84, 91
  - pure social 纯社会〜, 218, 244
  - and search heuristics 〜与搜索式启发法, 114-16
  - world-systems 世界体系〜, 144
- Therborn, Goran 戈兰·瑟伯恩, 175-76
- Thernstrom, Stephan 斯蒂芬·塞恩斯特罗姆, 173-74
- Thomas, D. S., 191
- Thomas, W. I. W.I. 托马斯, 183-84, 191
- Thucydides 修昔底德, 30
- time 时间, 7, 30, 104, 137
- Tocqueville, Alexis de 托克维尔, 32
- Tolbert, Charles 查尔斯·陶博特, 193
- Tolstoy, Leo 托尔斯泰, 246
- topics 话题,
  - heuristics of 〜的启发法, 77, 92-109, 135, 137, 162
  - overview of 〜概述, 92-95, 107-9
  - reporters' list of 记者的〜清单, 106
- totality. 见 quantity
- transcendent knowledge 超验知识, 50-51, 59, 60, 206-9

索引

- 另见 universal knowledge
- truisms 自明之理，123-26，215-16，217
- truth 真理，76，108，207

U

- unity 见 quantity
- universalizing 普遍化，28
- universal knowledge 普适知识，55，57，58-59
- universal predicates 全称谓词，216

V

- vacancy-chain model 空缺链模型，24，130-31，148，156
- values，social 社会价值，49-50
- variables 变量，
  - and cycles of critique ～与批判的循环，63，68，70-71，74-75
  - and explanatory programs ～与解释程序，37，38，39
  - and fractal heuristics ～与分形启发法，181-82
  - interdependence of ～的相互依赖，20
  - "intervening" "干预" ～ 21
  - and narrative ～与叙事，70-71
  - and small-N analysis ～与小样本分析，22，74-75
  - 另见 dependent variables；independent variables；standard causal analysis
- Vickery，Amanda 阿曼达·维克瑞，196-98

W

- Warner，W. Lloyd W. 劳埃德·沃纳，173
- Weber，Max 马克斯·韦伯，32，139，217
- West，Candace 坎达丝·韦斯特，172
- White，Harrison 哈里森·怀特，24，130-31，148，156，185-86，187，194
- Whyte，William F. 威廉·F. 怀特，168，202
- Woolgar，Steve 斯蒂夫·伍尔加，125-26
- world history 世界史，57
- world-systems theory 世界体系理论，144

- Wortman，C. B.，166
- Wrightson，Keith，198
- wrong ideas 可被证伪的观点，215-16，217

Z
- Zimmerman，Don 唐·齐默尔曼，172
- Znaniecki，Florian 弗洛里安·兹纳涅茨基，183-84

图书在版编目（CIP）数据

探索之道：社会科学的启发式研究法 /（美）安德鲁·阿伯特著；宋奇，杨端程译. -- 上海：上海文艺出版社，2025(2025.7重印). --（艺文志）. -- ISBN 978-7-5321-9181-9

Ⅰ.C3

中国国家版本馆CIP数据核字第2025CR7927号

Copyright © 2004 by W. W. Norton & Company, Inc.
All rights reserved.
著作权合同登记图字：09-2023-0934

策划编辑：肖海鸥
责任编辑：鲍夏挺
特约编辑：高远致
封面设计：甘信宇
内文制作：常　亭

书　　名：探索之道：社会科学的启发式研究法
作　　者：[美]安德鲁·阿伯特
译　　者：宋　奇　杨端程
出　　版：上海世纪出版集团　上海文艺出版社
地　　址：上海市闵行区号景路159弄A座2楼　201101
发　　行：上海文艺出版社发行中心
　　　　　上海市闵行区号景路159弄A座2楼206室　201101　www.ewen.co
印　　刷：苏州市越洋印刷有限公司
开　　本：1240×890　1/32
印　　张：9.375
插　　页：2
字　　数：202,000
印　　次：2025年2月第1版　2025年7月第2次印刷
ＩＳＢＮ：978-7-5321-9181-9/C.112
定　　价：78.00元
告　读　者：如发现本书有质量问题请与印刷厂质量科联系　T:0512-68180628